Arend Remmers

Du aber ...

Eine Auslegung des
1. und 2. Timotheusbriefes

© 2001 by Christliche Schriftenverbreitung, 42490 Hückeswagen
Überarbeitete Ausgabe von „In Gottseligkeit leben" (1. Timotheusbrief) und „Den Glauben bewahren" (2. Timotheusbrief)

Satz und Gestaltung: CSV
Umschlaggestaltung: Eberhard Platte, Wuppertal
Druck: BrockhausDruck, Dillenburg

ISBN 3-89287-221-x

Arend Remmers

Du aber ...

Eine Auslegung des
ersten und zweiten Timotheusbriefes

Christliche Schriftenverbreitung
Postfach 10 01 53, D-42490 Hückeswagen

Inhalt

Auslegung des 1. Timotheusbriefes 7
Verfasser des Briefes 9
Empfänger des Briefes 12
Übersicht 15

Kapitel 1:
Gesetz und Gnade 17

Kapitel 2:
Das Gebet und die Stellung der Frau 46

Kapitel 3:
Älteste und Diener 76

Kapitel 4:
Falsche und rechte Lehre 106

Kapitel 5:
Witwen und Älteste 129

Kapitel 6:
Genügsamkeit und Reichtum 158

Auslegung des 2. Timotheusbriefes **189**
Empfänger des Briefes 191
Umstände und Zeit der Abfassung des Briefes 193
Anlass und Zweck des Briefes 195
Übersicht 197

Kapitel 1:
Die Leiden eines Dieners 199

Kapitel 2:
Die Aufgaben eines Dieners 237

Kapitel 3:
Hilfsmittel eines Dieners im Verfall 273

Kapitel 4:
Der treue Herr eines treuen Dieners 301

Eine Auslegung des
1. Timotheusbriefes

Einleitung

Verfasser des Briefes

Paulus, der sich im ersten Vers des Briefes nach der Schreibgewohnheit der Antike als Verfasser vorstellt, war ein Jude aus dem Stamm Benjamin (Phil 3,5). Er stammte aus Tarsus in Zilizien (im Südosten der heutigen Türkei) und besaß von Geburt an das römische Bürgerrecht (Apg 22,3.28). Bei dem Rabbi Gamaliel genoss er in Jerusalem eine Ausbildung nach den strengen Maßstäben der Pharisäer (Apg 26,5).

Im NT wird Paulus, der damals noch Saulus hieß, zum ersten Mal bei der Steinigung des Stephanus erwähnt (Apg 7,58). Unmittelbar danach werden seine grausamen Aktivitäten als Verfolger der Versammlung[1] berichtet, an die er sich in seinen Briefen noch manchmal mit großer Trauer erinnert (Apg 8,1-3; 9,1-2; 1. Kor 15,9; Gal 1,13; 1. Tim 1,13).

Auf einer Reise nach Damaskus stellte sich ihm der verherrlichte Herr Jesus Christus in den Weg. Saulus bekehrte sich, und Gott, der ihn bereits vom Mutterleib an abgesondert hatte, berief ihn nun dazu, Seinen Sohn unter den heidnischen Nationen zu verkündigen. Unmittelbar nach seiner Errettung predigte er die frohe Botschaft zunächst in den Synagogen der Juden in Damaskus. Da die dortigen Juden ihn umbringen wollten, floh er nach Arabien. Über die drei Jahre, die er dort verbrachte, wird uns nichts mitgeteilt. Danach kam er nach Jerusalem, wo er Petrus kennen lernte (Gal 1,18).

---

[1] Das griechische Wort *ekklesia* (Kirche, Gemeinde oder Versammlung) gebe ich durchweg wörtlich mit „Versammlung" wieder.

Auch in Jerusalem trachteten die Juden nach seinem Leben, und er flüchtete über Cäsarea in seine Heimatstadt Tarsus. Dort suchte Barnabas ihn auf, der ihn nach Antiochien holte, wo beide dann einige Zeit gemeinsam im Dienst für den Herrn arbeiteten (Apg 11,25-26).

In Antiochien begannen Barnabas und Paulus ihre erste größere Missionsreise nach Zypern und Kleinasien (um 46-49 n. Chr.). Die Stationen dieser Reise waren Salamis, Paphos, Perge, Antiochien (Pisidien), lkonium, Lystra und Derbe. Hier war auch die Heimat des Timotheus. Auf dem Rückweg besuchten sie fast alle Orte nochmals, bevor sie über Attalia nach Antiochien heimkehrten (Apg 13 und 14).

Nach einem zweiten Besuch in Jerusalem (Apg 15 und Gal 2) ging Paulus wiederum von Antiochien auf seine nächste Missionsreise (um 51-54), nun allerdings nicht mehr in Begleitung von Barnabas, sondern von Silas. Diesmal gelangte Paulus zum ersten Mal nach Europa. Zunächst besuchte er nochmals Derbe und Lystra, wo er den jungen Gläubigen Timotheus fand und als weiteren Begleiter mitnahm. In Europa war die erste Station Philippi, dann folgten Amphipolis, Thessalonich, Beröa, Athen und Korinth. Hier blieb Paulus 18 Monate. Von dort kehrte er über Kenchreä, Ephesus und Cäsarea nach Antiochien zurück (Apg 15,36–18,22).

Kurz danach trat er seine dritte Missionsreise an (um 54-58), auf der er zeitweilig auch Lukas als Begleiter hatte. Über Galatien und Phrygien gelangte er nach Ephesus, wo er drei Jahre blieb, von dort nach Mazedonien und Griechenland. Die Rückreise führte ihn wieder über Mazedonien nach Kleinasien und die vorgelagerten griechischen Inseln nach Jerusalem (Apg 18,23 –21,17).

Hier wurde Paulus kurz nach seiner Ankunft von feindseligen Juden im Tempel ergriffen und von den Römern in

Haft genommen. Nach einer zweijährigen Gefangenschaft in Cäsarea wurde er nach Rom gesandt, weil er sich als römischer Bürger auf den Kaiser berufen hatte. Dort blieb er noch zwei weitere Jahre unter relativ günstigen Verhältnissen gefangen (Apg 21-28). Aus der Gefangenschaft schrieb er Briefe an die Epheser, Philipper und Kolosser sowie an Philemon. Darin drückt er die Hoffnung auf eine baldige Freilassung aus (Phil 1,25; 2,24; Phlm 22). Über den weiteren Lebenslauf des Apostels finden wir außer den Mitteilungen in den Pastoralbriefen (1. und 2. Timotheus, Titus) im NT keine weiteren Angaben.

In 1. Timotheus 1,3 erwähnt Paulus nun, dass er Timotheus in Ephesus zurückgelassen habe, während er selbst nach Mazedonien gereist sei. Diese Mitteilung kann sich weder auf seinen ersten kurzen Besuch in Ephesus auf der Rückkehr von der zweiten Missionsreise (Apg 18,19) noch auf seinen zweiten Aufenthalt in dieser Stadt während der dritten Reise beziehen, denn Paulus zog damals zwar weiter nach Mazedonien und Griechenland; aber in Apostelgeschichte 20,4 wird berichtet, dass Timotheus ihn wieder bis nach Kleinasien zurückbegleitete.

Ein Vergleich des Briefes an die Epheser mit dem ersten Brief an Timotheus zeigt, dass der Zustand der Versammlung zu Ephesus sich verschlechtert hatte (1. Tim 1,3.6.19; 6,10.21).

Schließlich erwähnt Paulus im ersten Brief an Timotheus nichts von einer Gefangenschaft (ebenso im Brief an Titus). Im Epheserbrief hatte er diese Tatsache mehrfach genannt (Eph 3,1; 4,1; 6,20). In dem später geschriebenen zweiten Timotheusbrief bezieht Paulus sich wieder sehr häufig auf seine Gefangenschaft (Kap 1,8.12.16; 2,9; 4,16) und auch auf seinen bevorstehenden Tod (Kap 4,6-7).

Wir dürfen daher wohl annehmen, dass Paulus' Hoffnung auf Befreiung aus der ersten Gefangenschaft sich erfüllt hatte. Er besuchte dann die Versammlung in Ephesus, wo er Timotheus zurückließ, während er selbst nach Mazedonien weiterreiste. Seinem Mitarbeiter Titus teilte er mit, dass er beabsichtigte, einen Winter in Nikopolis zu verbringen (Tit 3,12). Dann zog er noch einmal nach Troas, wo er seinen Mantel und seine Bücher zurückließ (2. Tim 4,13), vielleicht auch nach Ephesus (l. Tim 3,14). Von dort führte ihn sein Weg wohl wieder über Milet und Korinth (2. Tim 4,20) zu seiner zweiten Gefangennahme, deren Ursache und nähere Umstände uns allerdings nicht mitgeteilt werden.

Der erste Brief an Timotheus ist demnach wohl kurz nach dem in Kapitel 1,3 erwähnten letzten Besuch des Apostels in Ephesus in der Zeit zwischen den Jahren 63 und 66 geschrieben worden. Auch die Abfassung des Titusbriefes fällt in diese Zeit. Nach seiner erneuten Gefangennahme schrieb Paulus dann als letztes inspiriertes Zeugnis – wahrscheinlich im Herbst des Jahres 66 – seinen zweiten Brief an Timotheus.

Empfänger des Briefes

Timotheus war der Sohn eines griechischen Vaters und einer jüdischen Mutter. Sowohl seine Großmutter Lois als auch seine Mutter Eunike hatten ihn von seiner Kindheit an mit dem AT, das ja auch die Heilige Schrift der Juden ist, bekannt gemacht (Apg 16,1; 2. Tim 1,5; 3,15). Paulus wurde auf seiner zweiten Missionsreise in der Gegend von Derbe und Lystra (Lykaonien) auf den jungen Gläubigen Timotheus aufmerksam, weil er ein gutes Zeugnis von den Brüdern in Lystra und lkonium hatte (Apg 16,2). Da Paulus bereits auf seiner ersten Reise (Apg 13-15) in dieser Gegend evangelisiert hatte – wobei er die Orte Lystra und lkonium zweimal besucht hatte (Apg 14,1.8.21) –, dürfen wir annehmen, dass Timotheus bereits damals die Botschaft vom Kreuz gehört und im Glauben angenommen hatte. Auch die Mutter und die Großmutter des Timotheus kamen zum Glauben.

Damit ihm die Abkunft von einem heidnischen Vater im Dienst an den Juden nicht hinderlich wäre, beschnitt Paulus den Timotheus (Apg 16,3). Mit diesem neuen Begleiter zogen Paulus und Silas nun durch Kleinasien nach Mazedonien. Von Beröa reiste Paulus allein weiter nach Athen. Silas und Timotheus folgten ihm später dorthin (Apg 17,14; 1. Thes 3,12). Paulus sandte Timotheus jedoch aus geistlicher Sorge um diese junge Versammlung noch einmal nach Thessalonich zurück (1. Thes 3,1-6). Erst in Korinth trafen sie wieder zusammen und schrieben von dort aus den ersten Brief an die Thessalonicher (Apg 18,5; 1. Thes 1,1).

Auch auf der dritten Missionsreise begleitete Timotheus den Apostel Paulus. Von Ephesus wurde er dann gemeinsam mit Erastus nach Mazedonien und weiter nach Korinth gesandt, wo er nach Ankunft des ersten Korintherbriefes eintraf (Apg 19,22; 1. Kor 4,17; 16,10). Bei der Abfassung des zweiten Korintherbriefes befand Timotheus sich wieder bei Paulus in Mazedonien (2. Kor 1,1). Als Paulus nach einem dreimonatigen Aufenthalt in Griechenland über Mazedonien nach Kleinasien zurückkehrte, wartete Timotheus mit einigen anderen Brüdern in Troas auf ihn (Apg 20,3-6). Wahrscheinlich ist er dann aber nicht mit nach Jerusalem gezogen, sondern in Ephesus geblieben, wo er auch später auf Bitten des Apostels gearbeitet hat. Als Paulus gefangen genommen und nach Rom gebracht worden war, besuchte Timotheus ihn dort. In den Briefen an die Philipper, an die Kolosser und Philemon wird Timotheus in den einleitenden Grußworten neben Paulus erwähnt. Da Paulus selbst die Möglichkeit eines Besuches versagt war, äußerte er im Philipperbrief die Absicht, Timotheus zu ihnen zu senden. Nannte Paulus ihn am Anfang ihrer Zusammenarbeit noch „unseren Bruder und Mitarbeiter Gottes in dem Evangelium" (l. Thes 3,2), so spricht er im ersten Brief an die Korinther von ihm schon als von seinem geliebten und treuen Kind in dem Herrn (l. Kor 4,17). Die wärmsten und liebevollsten Ausdrücke gebraucht er jedoch in Philipper 2,19-22: „Ich hoffe aber in dem Herrn Jesus, Timotheus bald zu euch zu senden, dass auch ich guten Mutes sei, wenn ich eure Umstände weiß. Denn ich habe niemand gleich gesinnt, der von Herzen für das Eure besorgt sein wird; denn alle suchen das Ihrige, nicht das, was Jesu Christi ist. Ihr kennt aber seine Bewährung, dass er, wie ein Kind dem Vater, mit mir gedient hat an dem Evangelium. Diesen nun hoffe ich sofort zu euch zu senden, wenn ich gesehen haben werde, wie es um mich steht."

Dieser junge und schüchterne, aber treue Diener des Herrn und Mitarbeiter des Apostels Paulus war einer der wenigen, die auch dann noch fest an seiner Seite standen, als viele sich eines gefangenen Paulus schämten und sich von ihm abwandten. Als Paulus nach seiner Freilassung noch einmal einige seiner früheren Wirkungsstätten besuchte, konnte er Timotheus vertrauensvoll in Ephesus zurücklassen. In der Hoffnung, bald zu ihm zu kommen, aber ahnend, dass der Herr einen anderen Weg für ihn ersehen hatte, schrieb er Timotheus seinen ersten Brief.

Der besseren Übersicht halber können wir den ersten Timotheusbrief wie folgt einteilen:

Kapitel 1   Gruß und Gnade
            Verse 1- 2   Absender, Empfänger und Gruß
            Verse 3- 4   Warnung vor falscher Lehre
            Verse 5-11   Die Bedeutung des Gesetzes
            Verse 12-17   Paulus dankt für die Gnade
            Verse 18-20   Nochmals: Falsche Lehre

Kapitel 2   Gebet und die Stellung der Frau
            Verse 1- 8   Das Gebet
            Verse 9-15   Die Stellung der Frau

Kapitel 3   Aufseher und Diener
            Verse 1- 7   Der Aufseher
            Verse 8-13   Die Diener
            Verse 14-16   Das Verhalten in der Versammlung

Kapitel 4   Falsche und rechte Lehre
            Verse 1- 5   Gefährliche Lehren
            Verse 6-16   Voraussetzungen eines Dieners

Kapitel 5   Witwen und Älteste
            Verse 1-16   Fürsorge für die Witwen
            Verse 17-21   Verhalten gegenüber Ältesten
            Verse 22-25   Persönliches Verhalten

Kapitel 6   Genügsamkeit und Reichtum
            Verse 1-2   Sklaven und Herren
            Verse 3-10   Gewinnstreben
            Verse 11-16   Der Mensch Gottes
            Verse 17-19   Reichtum
            Verse 20-21   Schluss

Gesetz und Gnade

1. Timotheus 1

> Vers 1-2: *Paulus, Apostel Christi Jesu nach Befehl Gottes, unseres Heilandes, und Christi Jesu, unserer Hoffnung, Timotheus, (meinem)[1] echten Kind im Glauben: Gnade, Barmherzigkeit, Friede von Gott, (dem) Vater, und Christus Jesus, unserem Herrn!*

In der Zeit, in der das NT geschrieben wurde, herrschte die Gewohnheit, dass der Absender eines Briefes seinen eigenen Namen zuerst nannte und dann dem Empfänger des Briefes seinen Gruß entbot (vgl. hierzu den Brief des römischen Obersten von Jerusalem an den Landpfleger Felix in Apg 23, 26-30).

Wie in den Briefen an die Korinther, Galater, Epheser, Kolosser und an Titus stellt Paulus sich hier als Apostel vor. Er war ein Gesandter (griech. *apostolos*) Christi Jesu. Während Seines Erdenlebens hatte der Herr Jesus zwölf Apostel auserwählt und ausgesandt. Zwischen Seiner Auferstehung und Himmelfahrt hatte Er Seinen Sendungsbefehl an sie wiederholt (Mt 28 und Mk 16). Die Aussendung der zwölf Apostel war also eine irdische, weil sie von dem Herrn Jesus auf der Erde vorgenommen worden war. Dies kam auch in dem Auftrag, den Er ihnen erteilte, zum Ausdruck. Paulus dagegen war von dem verherrlichten, zur Rechten Gottes im Himmel thronenden Christus berufen und ausgesandt worden. Dieser Unterschied ist sehr wichtig. Zwar richtete Paulus seinen

---

[1] Die eingeklammerten Worte stehen nicht im griechischen Text.

Dienst nach dem Befehl des ewigen Gottes ebenso an alle Nationen wie die anderen Apostel des Herrn (vgl. Röm 16,26 mit Mt 28,19). Aber während diese von dem Herrn beauftragt worden waren, alle Nationen zu Jüngern zu machen, indem sie sie tauften und lehrten, hatte Paulus von Anfang an einen anderen Dienst empfangen. Der verherrlichte Mensch Christus Jesus offenbarte sich ihm als das Haupt Seines Leibes, der Versammlung. Er offenbarte ihm dadurch ein Geheimnis, das in allen vorigen Zeitaltern verborgen war. Dieses Geheimnis bildete das Hauptthema der Predigt des Apostels Paulus (siehe Gal 1,11-2,10; Röm 16,25-26; Eph 3,2-11; 5,32; Kol 1,25-27; 2,2-3). Der Unterschied zwischen dem Dienst des Apostels Paulus und dem der übrigen Apostel kommt schon in den Namen des Herrn in den verschiedenen Briefen zum Ausdruck. Nach dem neuesten Stand der Textforschung nennt Paulus sich in den Briefen, in denen er sich als Apostel vorstellt, mit zwei Ausnahmen (Gal 1,1; Tit 1,1) immer *Apostel Christi Jesu* (1. Kor 1,1; 2. Kor 1,1; Eph 1,1; Kol 1,1; 1. Tim 1,1; 2. Tim 1,1), während Petrus in seinen beiden Briefen schreibt: „*Apostel Jesu Christi*". Der Titel *Christus* spricht von der Erhöhung Dessen, der alle Ratschlüsse Gottes erfüllt (Apg 2,34-36), während der Name Jesus dem Sohn Gottes in Seiner Erniedrigung als Mensch gegeben wurde. Wenn beide Bezeichnungen zusammen verwendet werden, zeigt die Voranstellung, worauf der Nachdruck oder die Betonung gelegt wird.

Paulus war also ein Abgesandter des verherrlichten Sohnes des Menschen, der das Geheimnis der Einheit Christi, des Hauptes im Himmel, mit Seinem Leib, der Versammlung, verkünden sollte. Aber er war auch Apostel „nach Befehl Gottes, unseres Heilandes, und Christi Jesu, unserer Hoffnung". Er war Apostel nicht nur durch Gottes Willen (1. Kor 1,1; 2. Kor 1,1; Eph 1,1; Kol 1,1; 2. Tim 1,1), sondern nach Seinem ausdrücklichen Befehl. Dieser Befehl Gottes betraf nicht nur sein Apostelamt, auch die Predigt war ihm gemäß Titus 1,3 „nach Befehl unseres Heilandes-Gottes" anvertraut worden. „Denn wenn ich das Evangelium verkündige, so habe ich keinen Ruhm, denn eine Notwendigkeit liegt mir auf; denn wehe mir, wenn ich das Evangelium nicht verkündigte! Denn wenn ich dies freiwillig tue, so habe ich Lohn, wenn aber unfreiwillig, so bin ich mit einer Verwaltung betraut" (l. Kor 9,16-17).

Der Ausdruck „Gott unser Heiland" kommt in dieser oder ähnlicher Form nur im ersten Brief an Timotheus und im Titusbrief vor (l. Tim 1,1; 2,3; Tit 1,3; 2,10.13; 3,4; vgl. Lk 1,47). Er zeigt, in welcher Beziehung Gott jetzt zu der ganzen Menschheit steht. Seit der „Erscheinung unseres Heilandes Jesus Christus, der den Tod zunichte gemacht, aber Leben und Unverweslichkeit ans Licht gebracht hat durch das Evangelium" (2. Tim 1,10) bietet Gott als Heiland-Gott das Heil allen Menschen an, weil Er selbst alles dazu Notwendige getan hat. Durch das Kommen Christi auf die Erde und durch Sein Sühnungswerk am Kreuz wurde erwiesen, dass die Liebe Gottes die Größe der Sünde und Feindschaft einer verlorenen Menschheit bei weitem übersteigt. Aber diese Liebe geht auch über die göttlichen Gesetze und menschlichen Verordnungen des Judentums hinaus. Erst nachdem an dem Beispiel Israels offenbar geworden war, dass die Menschen von sich aus den heiligen Ansprüchen Gottes nicht gerecht werden können, war der Weg frei für die vollkommene Offenbarung der Gnade Gottes im Blick auf alle Menschen. Bis dahin bestand die „Zwischenwand der Umzäunung", die Juden und Heiden voneinander trennte. Durch den Tod Christi wurde einerseits die besondere Beziehung Gottes mit Israel zeitweilig unterbrochen, andererseits aber die Tür der Gnade für alle Nationen geöffnet. Wie zwischen den Menschen bezüglich ihres totalen Verderbens kein Unterschied besteht, so auch bezüglich der Gnade und der Versöhnung für alle, die an den Herrn Jesus glauben. Die nationale Auserwählung Israels als Volk Gottes konnte den Eindruck erwecken, als sei Er nur der Gott eines einzigen Volkes. Aber die ungefähr 1500 Jahre dauernde Periode der Gültigkeit des Gesetzes vom Sinai für das Volk Israel machte nur eines deutlich: Auch ein von Gott auserwähltes und umsorgtes Volk ist von Natur aus unwillig und unfähig, Seinen Willen zu tun. Auch die Sendung vieler Propheten an das irdische Volk Gottes führte keine Änderung herbei. Gottes Urteil lautet: „Aus Gesetzeswerken wird kein Fleisch vor ihm gerechtfertigt werden; denn durch Gesetz kommt Erkenntnis der Sünde" (Röm 3,20). Nun sandte Gott Seinen geliebten Sohn und offenbarte durch das Evangelium der Gnade, wer Er ist: ein „Heiland-Gott, der will, dass alle Menschen errettet werden und zur Erkenntnis der Wahrheit kommen" (1. Tim 2,3-4).

Auch Timotheus sollte Gott immer als unseren Heiland vor Augen haben, damit er ein weites und freudiges Herz behielt, wenn er in oft mühsamer Weise für einzelne Seelen und die Versammlung als Ganzes Sorge trug. Dieses Bewusstsein ist nicht nur für die Evangelisten, sondern auch für die Hirten und Lehrer in der Versammlung Gottes sehr wichtig. Wo es fehlt, besteht die Gefahr, dass der Dienst in der Versammlung verengt und dürre wird.

Ist Gott als Heiland die einzige Rettung für eine verlorene Welt, so ist Christus Jesus unsere einzige Hoffnung. Er ist nicht nur die Hoffnung für Hoffnungslose (vgl. Eph 2,12; Röm 15,12), sondern auch für den Glaubenden. In Römer 8,24 heißt es: „Denn in Hoffnung sind wir errettet worden". Wer durch den Glauben an das Evangelium die Errettung seiner Seele empfangen hat, ist eingemacht mit seinem Erretter Jesus Christus. Aber obwohl dieser in dem Glaubenden wohnt, wird Er doch die „Hoffnung der Herrlichkeit" genannt (Kol 1,27). Das volle Ausmaß der Ergebnisse des Erlösungswerkes wird dem Gläubigen erst zuteil, wenn der Herr Jesus wiederkommen wird, um alle Seine Erlösten ins Vaterhaus zu führen. Die Hoffnung des Christen konzentriert sich jedoch nicht auf Dinge oder Ereignisse, sondern auf die Person Jesu Christi. Er wartet auf Ihn (Phil 3,20; 1. Thes 1,10). Diese christliche Hoffnung ist keine unbestimmte und ungewisse Erwartung, sondern eine gute, glückselige und lebendige Hoffnung (2. Thes 2,16; Tit 2,13; 1. Pet 1,3), die aufgehoben ist in den Himmeln und den Hoffenden nicht beschämt (Kol 1,5; Röm 5,5). Sie ist eine feste, unumstößliche Tatsache, die nur deshalb, weil sie noch zukünftig ist, Hoffnung genannt wird.

Paulus nennt Timotheus hier sein echtes Kind im Glauben. Auch im zweiten Brief nennt er ihn zweimal sein Kind (2. Tim 1,2; 2,1), und außerdem noch in 1. Korinther 4,17 und Philipper 2,22. Titus bezeichnet er ebenfalls so (Tit 1,4), ohne dass er damit, wie zum Beispiel bei Onesimus (Phlm 10), zwangsläufig meint, dass diese Personen durch ihn zur neuen Geburt geführt worden seien (vgl. 1. Kor 4,15; Gal 4,19). Obwohl das Wort „Kind" (griech. *teknon*) in erster Linie auf die Abstammung, auch in geistlicher Hinsicht, hinweist, bringt Paulus als der ältere hier in besonderer Weise seine innige Zuneigung zu dem noch jungen Timotheus zum Ausdruck.

Er wünscht ihm „Gnade, Barmherzigkeit, Friede von Gott, dem Vater, und Christus Jesus, unserem Herrn".

Gnade ist Liebe, die unverdientermaßen erwiesen wird. Nur Gott, der selbst Liebe ist, ist zu unumschränkter Gnade fähig. Er beweist sie Verlorenen, Er stellt die Erlösten in sie hinein, und Er möchte, dass sie in diesem Bewusstsein der Gnade leben. Da sie den Gläubigen im täglichen Leben so oft mangelt, steht sie hier an erster Stelle.

Friede mit Gott ist das Ergebnis der Rechtfertigung aus Glauben. Aber neben diesem Frieden des Gewissens schenkt Gott den Seinen, die alle ihre Sorgen auf Ihn werfen, Seinen Frieden, den Frieden des Herzens (Phil 4,7). Er ist die unbedingte Voraussetzung, wenn möglich, soviel an uns liegt, mit allen Menschen in Frieden zu leben (Röm 12,18; 1. Thes 5,13). Auch den Frieden wünscht Paulus daher seinem geliebten Timotheus.

Barmherzigkeit schließlich ist eine besondere Form der Liebe und Gnade, die einer Bewegung des Gemütes entspringt und durch das Elend der Menschen hervorgerufen wird (Heb 4,15.16). Der einzelne Christ, so hoch er auch durch den Herrn Jesus erhoben worden ist, befindet sich doch auf Erden in einem Zustand der Schwachheit. Daher braucht er immer wieder diese Barmherzigkeit. Die Versammlung Gottes wird jedoch als Gegenstand der Ratschlüsse Gottes und der Liebe Christi nicht so gesehen. Deshalb wird die Barmherzigkeit in den an Versammlungen gerichteten Briefen bei den Grußworten nicht erwähnt.

In Vers 2 nennt Paulus Gott nicht mehr unseren Heiland, sondern unseren Vater. Dadurch erinnert er Timotheus an die wunderbare Stellung der Kindschaft der Gläubigen. Nur dieses eine Mal kommt der Name „Vater" in diesem Brief vor, der ja in erster Linie nicht die Gnade und den Ratschluss des Vaters, sondern die Verantwortung der Gläubigen im Haus Gottes (Kap 3,15) zum Thema hat. Das kommt in den folgenden Worten wieder zum Ausdruck. Christus Jesus ist hier nicht unsere Hoffnung, sondern unser Herr. In diesem Titel kommt Seine Autorität zum Ausdruck, die jeder wahre Christ willig anerkennt (Röm 10,9). Obwohl Er als Schöpfer aller Dinge von jeher die Macht über Seine Geschöpfe besaß, hat Er doch durch Seine Erniedrigung und Seinen Tod sich diese Herrschaft auch als Mensch erworben (Apg 2,36).

Wenn dies auch jetzt nur von denen anerkannt wird, die an Ihn glauben, so kommt doch der Augenblick, da jedes Knie sich vor Ihm beugen und jede Zunge bekennen wird, dass Jesus Christus Herr ist, zur Verherrlichung Gottes, des Vaters (Phil 2,10–11).

> Verse 3-4: *So wie ich dich bat, als ich nach Mazedonien reiste, in Ephesus zu bleiben, damit du einigen gebötest, nicht andere (Lehren) zu lehren noch sich mit Fabeln und endlosen Geschlechtsregistern abzugeben, die mehr Streitfragen hervorbringen, als (die) Verwaltung Gottes (fördern), die im Glauben ist.*

Bevor Paulus nach Mazedonien abgereist war, hatte er Timotheus noch den Auftrag gegeben, in Ephesus zu bleiben, um dort mit wachsamem Auge auf die fremden Lehren etlicher Personen zu achten. Die Fülle seiner Gedanken reiht er mit manchen Einschüben und Anhängseln einfach nebeneinander, so dass die folgenden Verse sprachlich kaum miteinander verbunden zu sein scheinen. Aber Timotheus hat sie gewiss richtig verstanden, und so können wir es auch. Das Wort für „bitten"(griech. *parakaleo*) wird an anderen Stellen unter anderem mit „ermuntern" (2. Kor 2,7), „zureden" (l. Kor 16,12), meistens jedoch mit „trösten" (2. Kor. 1,4 usw.) oder „ermahnen" (l. Tim 2,1; 5,1; 6,2 usw.) wiedergegeben. Paulus hatte sich also Mühe geben müssen, Timotheus in Ephesus zu halten. Ephesus war die Hauptstadt der römischen Provinz Asien und ein Zentrum des Götzendienstes. Paulus war nach dem Bericht des Lukas zweimal in dieser Stadt, einmal zu einem sehr kurzen Besuch (Apg 18,19), das zweite Mal blieb er dort nach seinen eigenen Worten drei Jahre (Apg 20,31; vgl. 19,8.10). Wohl in keiner anderen Stadt hat der Apostel so intensiv und lange gewirkt wie in Ephesus. Vor seiner

Gefangennahme in Jerusalem ließ er auf seiner letzten Reise in Freiheit noch einmal die Ältesten oder Aufseher der Versammlung in Ephesus nach Milet kommen und hielt ihnen eine ernste und ergreifende Abschiedsrede (Apg 20,17–38). Aus seiner Gefangenschaft in Rom schrieb er an diese Versammlung einen Brief, in dem der Heilige Geist den ganzen Ratschluss Gottes für den einzelnen Gläubigen und die Versammlung als Ganzes, sowie die höchsten geistlichen Segnungen offenbart. Auch der erste Brief an Timotheus, der die Anweisungen über das praktische Verhalten im Haus Gottes enthält, ist nach Ephesus gerichtet. Schließlich sehen wir im ersten der sieben Sendschreiben in Offenbarung 2–3, dass die Versammlung in Ephesus ihre erste Liebe verlassen hat. Die Versammlung in Ephesus nimmt also im NT einen besonderen Platz ein, und man kann wohl sagen, dass der Heilige Geist sie stellvertretend als ein Bild der ganzen Versammlung Gottes auf Erden darstellt, die trotz aller Gnade, Segnung und Fürsorge Gottes großenteils ihre herrliche Stellung verleugnet und ihre praktische Verwirklichung aufgegeben hat.

In dieser Stadt Ephesus sollte Timotheus nun bleiben. Der Auftrag des Apostels an ihn lautet: „Damit du einigen gebötest, nicht andere Lehren zu lehren, noch sich mit Fabeln und endlosen Geschlechtsregistern abzugeben". Fünfmal gebraucht Paulus in diesem Brief dieses Wort „gebieten" (griech. *parangello*). Immer hat es Bezug auf den christlichen Wandel, und immer ist es der Ausdruck der gebieterischen Autorität einer Respektsperson (vgl. Kap 4,11; 5,7; 6,13.17). In diesem Fall richtete es sich an „einige"[1], die andere Lehren einführen wollten. Insgesamt sechsmal wird dieses Wort „einige" (griech. *tines*) im Zusammenhang mit dem Abirren

---

[1] Hier sind es noch „einige", während der Apostel im zweiten Brief schreiben muss: „die Menschen" (Kap 3,2; vgl. auch 1,15; 2,17.18; 4,3.4).

vom rechten Glauben erwähnt (Kap 1,3.6.19; Kap 4,1; 6,10.21). Die Worte „andere (Lehren) zu lehren" sind die Übersetzung eines einzigen griechischen Wortes (*heterodidaskaleo*), das auch in Kapitel 6,3 vorkommt, wo es mit „anders lehren" wiedergegeben wird. Es handelte sich dabei um fremdartige Lehren und Lehrweisen auf christlichem Gebiet, die im Folgenden näher erläutert werden. Es waren keine Lehren von irgendwelchen falschen Religionen, die eingeführt werden sollten, sondern solche, die als christlich hingestellt wurden, aber der wahren Lehre, dem „Bild gesunder Worte" (2. Tim 1,13) genau entgegengesetzt waren.

Die Quellen dieser vermeintlichen höheren – in Wirklichkeit aber falschen – Erkenntnisse waren Fabeln (griech. *mythos*) und endlose Geschlechtsregister. Wir lesen später noch von ungöttlichen und altweibischen Fabeln (Kap 4,7; vgl. 2. Tim 4,4) und in Titus 1,14 von jüdischen Fabeln und Geboten von Menschen. Titus erwähnt auch die Geschlechtsregister im Zusammenhang mit törichten Streitfragen, Zänkereien und Streitigkeiten über das Gesetz (Tit 3,9). Da im Folgenden (Vers 6) auch hier von Gesetzlehrern die Rede ist, ist es wohl nicht erforderlich, in den Fabeln und Geschlechtsregistern eine Anspielung auf heidnische Mythologie und gnostische Spekulation zu sehen. Vielmehr wird der Apostel sich auf jüdische Elemente wie rabbinische Legenden und der jüdischen Tradition entnommene Geschlechtsregister, nicht aber auf gnostische Äonenreihen beziehen. Die gnostischen Einflüsse, die manche Ausleger in diesen Dingen sehen möchten, machten sich in der Christenheit eigentlich erst einige Jahrzehnte später bemerkbar, obwohl ihre Anfänge schon zu erkennen waren (vgl. Kap 4,1-5).

In diesen Sonderlehren lag und liegt eine große Gefahr für die Christen. Sie geben Anlass zu Fragen, Erörterungen und Diskussionen, aber keine Glaubensgewissheit. Das Abweichen von dem geschriebenen Wort Gottes hat für viele einen gefährlichen Reiz. Es erscheint interessant und regt die Phantasie an. Aber es führt schließlich zu Streitfragen, bei denen keine Partei mit Gewissheit behaupten kann, dass sie Recht hat. Das ist auch heute noch so, wenn Gläubige meinen, Dinge lehren zu müssen, die weitergehen als das Wort Gottes. Man steht dann auf schwankendem, unsicherem Boden, und das Ergebnis sind nur Streitigkeiten. Die Verwaltung Gottes, die im Glauben ist, wird dadurch jedoch nicht gefördert. Die Herzen der Gläubigen werden nicht auferbaut, und Gott wird nicht verherrlicht. Das Gewissen wird dadurch überhaupt nicht erreicht. Gerade das ist jedoch für den Wandel im Glauben unabdingbare Voraussetzung (vgl. Kap 1,5.19; 3,9). Das Wort „Verwaltung" (griech. *oikonomia*) im NT besagt, dass Gott den Menschen bestimmte Aufgaben und Verantwortungen übertragen hat, die sie zu erfüllen haben. Ganz allgemein spricht schon der Herr im Gleichnis von einem untreuen Verwalter, der seiner Verwaltung enthoben werden soll (Lk 16,2ff). Die christliche Wahrheit, die Gott in Seiner Gnade offenbart hat, wurde in ganz besonderer Weise dem Apostel Paulus, aber auch den übrigen Dienern des Herrn zur Verwaltung anvertraut (vgl. 1. Kor 4,1-2; 1. Pet 4,10). Paulus schreibt den Korinthern, dass die Verkündigung des Evangeliums ihm als eine Verwaltung anvertraut war (l. Kor 9,17). Im Brief an die Epheser spricht er von der Verwaltung der Gnade Gottes (Eph 3,2), die ihm übertragen war, und von der Verwaltung des Geheimnisses der Versammlung (Eph 3,9). Im Brief an die Kolosser lesen wir, dass Paulus nach der Verwaltung Gottes ein Diener der Versammlung geworden war, um das Wort Gottes zu vollenden (Kol 1,25). Das, was Paulus durch Offenbarung empfangen und in seiner Verkündigung weitergegeben hatte, musste jetzt von den anderen im Glauben bewahrt werden (l. Kor

2,10.13; Gal 1,11.12; Eph 3,3-5.8-9; 1. Tim 6,20; 2. Tim 1,13-14). Es ist die Verwaltung Gottes, die im Glauben ist.

> Vers 5: *Das Endziel des Gebotes aber ist: Liebe aus reinem Herzen und gutem Gewissen und ungeheucheltem Glauben.*

Der Apostel bricht hier seinen Gedankengang ab und erinnert Timotheus an das Endziel des Gebotes (vgl. Vers 3 und 18), das im deutlichen Gegensatz zu den vorher erwähnten menschlichen Lehrmeinungen steht. Dieses Endziel ist, dass in den Gläubigen durch das Gebot der rechte geistliche Zustand bewirkt wird. Nur dann sind sie fähig, die Wahrheit festzuhalten und dem Irrtum zu entgehen. Nur wer sich vor Gott im rechten moralischen Zustand befindet, kann die gesunde Lehre festhalten.

Das Wort „Gebot" (griech. *parangelia*) hat nichts mit den Geboten des Sinai-Gesetzes zu tun. Es steht sogar im Gegensatz zu den Gesetzlehrern, die im nächsten Vers erwähnt werden. Wenn auch Römer 13,10: „So ist nun die Liebe die Summe des Gesetzes", scheinbar dasselbe ausdrückt wie der vorliegende Vers, so ist doch das Gegenteil der Fall. Der Christ, der durch die neue Geburt eine neue Natur empfangen hat, liebt nicht, weil er die Forderung des Gesetzes erfüllt, sondern weil die Liebe Gottes (1. Joh 4,8.16) in sein Herz ausgegossen ist (Röm 5,5). Die Ausübung dieser Liebe offenbart, dass er praktisch ein Teilhaber der göttlichen Natur geworden ist. Dies ist nur durch die Gnade, nicht durch das Gesetz möglich. Dieses Gebot wird in Vers 18 nochmals erwähnt (in Kap 6,14 wird ein anderes Wort, griech. *entole*, gebraucht). Es beinhaltet nicht nur das in den Versen 3 und 4 Gesagte, sondern ist die Zusammenfassung des ganzen Willens Gottes für Seine Kinder. Es bedeutet Ankündigung, Anweisung, Anordnung, Befehl.

Was war nun das Endziel des Gebotes? Es war Liebe aus reinem Herzen und gutem Gewissen und ungeheucheltem Glauben. Wie einfach, klar und schön sind diese Worte! Jedes Kindlein im Glauben kann sie verstehen. Gott, der selbst Liebe ist, hat Seine Liebe zu uns darin erwiesen, dass Christus, da wir noch Sünder waren, für uns gestorben ist (Röm 5,8), und durch den Heiligen Geist ist Seine Liebe nun in unsere Herzen ausgegossen. Als geliebte Kinder Gottes werden wir ermahnt, Seine Nachahmer zu sein und in Liebe zu wandeln (Eph 5,1–2). Das Erkennungszeichen der Kinder Gottes ist, dass sie diese Liebe offenbaren (Joh 13,35; 1. Joh 3,14). Die göttliche Liebe (griech. *agape*) ist nicht dasselbe wie menschliche Liebe oder Sympathie. Während die natürliche Liebe unter den Menschen immer ein würdiges oder die Liebe beantwortendes Gegenüber braucht, um nicht zu erkalten, fließt die göttliche Liebe wie eine Quelle aus eigener Kraft. Trotzdem mischt sich bei dem Gläubigen nur zu oft das Fleisch mit seinem Eigenwillen und seinen sündigen Neigungen ein. Daher fügt der Apostel die drei Ergänzungen hinzu, ohne die es keine wahre göttliche Liebe bei den Gläubigen gibt.

Das *Herz* ist hier der Sitz des geistlichen Lebens mit seinem Denken, Empfinden und Wollen. Alles dies ist bei dem natürlichen Menschen unrein. „Denn aus dem Herzen kommen hervor böse Gedanken, Mord, Ehebruch, Hurerei, Dieberei, falsche Zeugnisse, Lästerungen; diese Dinge sind es, die den Menschen verunreinigen" (Mt 15,19). Daher muss das Herz des Menschen gereinigt werden und auch praktisch in diesem Zustand der Reinheit erhalten werden (vgl. Ps 24,4; 51,10; 73,1; Mt 5,8; 2. Tim 2,22; 1. Pet 1,22; Apg 15,9; Heb 10,22; Jak 4,8). Die Reinigung geschieht durch das Wort Gottes (Joh 13,10; 15,3; Eph 5,26).

Das *Gewissen* ist die auf der bewussten Kenntnis von gut und böse fußende Richtschnur des Wandels vor Gott. Das

Gewissen des Menschen erwachte erst nach dem Sündenfall. Gott sagte: „Siehe, der Mensch ist geworden wie unser einer, zu erkennen Gutes und Böses" (l. Mo 3,22). Bevor das Böse auftrat, konnte der Mensch diese Erkenntnis nicht besitzen. Das Gewissen an sich ist jedoch kein absoluter Maßstab. Wenn der Mensch in das volle Licht Gottes kommt, wirkt auch das Gewissen am stärksten. Durch das Blut Christi wird es gereinigt (Heb 9,14). Ein reines Gewissen erhält der Mensch durch aufrichtiges Bekenntnis der bewusst gewordenen Schuld und durch den Glauben an die volle Vergebung von Seiten Gottes. Ein gutes Gewissen behält man, wenn man sich vor allem bewahrt, was nicht dem erkannten Willen Gottes entspricht. Das Mittel, um den Willen Gottes zu erkennen, ist das stetige Lesen der Heiligen Schrift und das Gebet. In diesem Brief, der von der persönlichen Verantwortung und von dem Verhalten im Haus Gottes handelt, wird das Gewissen als unser innerer „Schiedsrichter" viermal erwähnt (Kap 1,5.19; 3,9; 4,2). Das beweist, wie wichtig der praktische Zustand des Gewissens für ein Gott wohlgefälliges Verhalten in Seinem Haus ist.

Als Drittes wird der *ungeheuchelte Glaube* erwähnt. Das Wort „Glaube", das in diesem kurzen Brief zehnmal vorkommt, hat im NT zwei verschiedene Bedeutungen. Es bezeichnet einmal die Gesamtheit der christlichen Lehre, das Glaubensgut, das Gott den Menschen offenbart hat. In dieser Bedeutung wird das Wort meistens mit dem Artikel gebraucht (vgl. Kap 1,19; 4,1.6; 6,10). Die zweite Bedeutung des Wortes bezeichnet die persönliche Annahme dieser Heilstatsachen und ein Leben in einfältigem Gehorsam und Vertrauen zu Gott. In diesem Fall wird es meistens ohne Artikel gebraucht (vgl. Kap 1,19; 2,15; 4,12). So auch hier. In Vers 5 wird uns also vorgestellt, welches die unerlässlichen Voraussetzungen zu einem Wandel in wahrer Liebe sind. Liebe

29

aus reinem Herzen, gutem Gewissen und ungeheucheltem Glauben soll das Kennzeichen aller sein, die sich in der Versammlung, in dem Haus Gottes, befinden. Wenn dieser Herzenszustand nicht vorhanden ist und beständig gewahrt bleibt, irren sie von dem rechten Verhalten im Haus Gottes ab. Dann mögen allerlei Vorschriften erlassen und eingehalten werden, aber sie sind nur eitles Geschwätz und fördern in keiner Weise die Verwaltung Gottes, die im Glauben ist.

Verse 6-7: *Wovon einige abgeirrt sind und sich zu leerem Geschwätz gewandt haben; die Gesetzeslehrer sein wollen und nicht verstehen, weder was sie sagen, noch was sie fest behaupten.*

Das Eingangswort „wovon" bezieht sich auf die vier im vorigen Vers erwähnten Dinge: Liebe aus *reinem Herzen* und *gutem Gewissen* und *ungeheucheltem Glauben*. Jede Abwendung von Gott geht mit moralischem Niedergang einher. Der Ungläubige, der die Erkenntnis Gottes verworfen hat, versinkt in tiefe Unmoral (Röm 1). Wer als Christ nicht darauf achtet, mit Herz und Gewissen im Licht Gottes zu stehen, gerät in die Gefahr, sich lehrmäßig leerem Geschwätz zuzuwenden. Die Ursache für die fremdartigen Lehren einiger lag also hier nicht in den äußeren Verhältnissen, sondern in der Tiefe ihres persönlichen Verhältnisses zu Gott, in verborgenen Sünden, die diese Menschen hinderten, das Endziel des Gebotes zu erreichen. Um ihre innere Leere zu verbergen, verfielen sie in leeres Geschwätz. Diese Lehrer ahmten die jüdischen Rabbiner nach, aus deren Reihen sie teilweise entstammen mochten (vgl. Apg 15,5; Tit 1,10), die mit ihrer Gelehrsamkeit prahlten und sich als die alleinigen Kenner der Schriften über das Volk erhoben (vgl. Joh 7,49). Diese Gesetzeslehrer unter den Juden erforschten nicht den Willen Gottes, sondern verkündeten die Überlieferungen der Ältesten und ihre eigenen Meinungen (Lk 5,17; Mk 7,1-15). Wie jene wussten auch die Gesetzeslehrer in der Christenheit weder, wer Gott wirklich ist, noch kannten sie den wahren Zustand des Menschen, ja, nicht einmal das Gesetz und seinen wahren Zweck, und noch viel weniger den wahren Charakter des Christentums. Wenn sie über alles dies ein wenig Verständnis gehabt hätten, würden sie niemals die Kühnheit besessen haben, als Gesetzeslehrer aufzutreten. So aber bewiesen sie, dass sie weder das, was sie sagten, noch was sie fest behaupteten, verstanden.

In den folgenden Versen wird nun die wichtige Frage beantwortet, ob das Gesetz die Lebensregel für den Gläubigen ist. Die Antwort lautet: Nicht das Gesetz ist die Richtschnur für das Verhalten im Haus Gottes, sondern das göttliche Gebot, der „evangelische Auftrag", wie er einmal genannt worden ist (siehe Kap 1,5.18; 6,14).

> Verse 8-10: *Wir wissen aber, dass das Gesetz gut ist, wenn jemand es gesetzmäßig gebraucht, indem er dies weiß, dass für einen Gerechten (das) Gesetz nicht bestimmt ist, sondern für Gesetzlose und Zügellose, für Gottlose und Sünder, für Unheilige und Ungöttliche, Vaterschläger und Mutterschläger, für Menschenmörder, Hurer, Knabenschänder, Menschenräuber, Lügner, Meineidige und wenn etwas anderes der gesunden Lehre entgegen ist.*

Der Gläubige hat die Verpflichtung, den Willen Gottes zu tun, und nicht dem Fleisch nachzugeben. Er ist ja geheiligt zum Gehorsam und zur Blutbesprengung Jesu Christi (1. Pet 1,2). Aber der Ausdruck und Maßstab des Willens Gottes für den Christen ist nicht das Gesetz, sondern das Leben unseres Herrn Jesus auf der Erde (Joh 4,34; 6,38; Phil 2,5;

1. Pet 2,21). Auch ein gläubig gewordener Jude ist jetzt dem Gesetz getötet worden durch den Leib des Christus, um eines anderen zu werden, nämlich des aus den Toten Auferweckten, um Gott Frucht zu bringen (Röm 7,4). Diese Freiheit von dem Gesetz offenbart sich jedoch in einem Gehorsam und in einer Hingabe an unseren Gott und Vater, die einem Juden unter Gesetz unbekannt waren.

Genau wie in Römer 7,16 sagt der Apostel hier, dass das Gesetz als solches gut (griech. *kalos* „schön, trefflich") ist. Es war ja von Gott gegeben worden. Es war somit der Ausdruck Seines Wesens und Willens, wenn auch nicht vollständig, denn Seine Liebe und Gnade traten noch hinter Seiner Heiligkeit zurück. Außerdem war die Verkündung der Gesetzesforderungen auf das Volk Israel beschränkt und richtete sich an natürliche, nicht wiedergeborene Menschen. Hätten sie das Gesetz gehalten, so wäre es für sie der Weg zu Leben und Gerechtigkeit geworden (3. Mo 18,5; 5. Mo 6,25). Aber der natürliche Mensch ist unfähig, den Ansprüchen der Heiligkeit Gottes nachzukommen. Daher war das Gesetz eine beständige Anklage: „Durch Gesetz kommt Erkenntnis der Sünde" (Röm 3,20; 7,7).

Dies Letztere war der gesetzmäßige Gebrauch des Gesetzes. Es wurde „hinzugefügt" (Gal 3,19), damit die Übertretungen und somit die Sünde des Volkes Israel als Repräsentanten der Menschheit offenbar würden. Es als Lebensregel für den Gerechten anzuwenden, das heißt einen gerechtfertigten Gläubigen, der so wandelt, wie er es nach Gottes Willen tun soll, wäre ein ungesetzmäßiger Gebrauch des Gesetzes. In Vers 9 heißt es: Für einen Gerechten ist Gesetz (ohne Artikel, das heißt jede Art gesetzlicher Vorschriften) nicht bestimmt.

Diejenigen, für die (das) Gesetz bestimmt ist, werden jetzt aufgeführt, und zwar zunächst in vier Begriffspaaren, die durch „und" verbunden sind, und dann in zwei Gruppen von je drei Begriffen. Die ersten drei Paare enthalten Sünden gegen Gott, das vierte beschreibt Sünden gegen den Nächsten. Gesetzlose und Zügellose sind Menschen, die von einem Gesetz nichts wissen und sich unter keine höhere Ordnung stellen wollen. Dann folgen diejenigen, die Gott ihre Verehrung versagen und gegen Seine Gebote sündigen (Gottlose und Sünder), sodann die Unheiligen und Ungöttlichen, die nichts für heilig achten und alles Gottgeweihte mit Füßen treten. Vaterschläger und Mutterschläger verstoßen gegen das fünfte Gebot (2. Mo 20,12ff), Menschenmörder gegen das sechste Gebot, Hurer und Knabenschänder gegen das siebte Gebot, die Menschenräuber gegen das achte Gebot, und schließlich werden noch Lügner und Meineidige erwähnt, die gegen das neunte Gebot verstoßen.

Paulus will hier nicht ein vollständiges Verzeichnis aller Sünden geben, auf die das Gesetz Anwendung findet. Er bricht die Aufzählung ab mit den Worten: „... und wenn etwas anderes der gesunden Lehre entgegen ist." Das Auftauchen des Ausdrucks „gesunde Lehre" im Zusammenhang mit offensichtlich moralischen Sünden darf uns nicht in Erstaunen versetzen (vgl. hierzu Kap 4,1; 6,3). Wahrheit und Heiligkeit gehen immer zusammen (vgl. Eph 4,24), ebenso die Irrlehre und die Sünde. Die gesunde Lehre enthält nicht nur gute Belehrung, sondern führt auch zu gesunden, moralischen Grundsätzen. Nicht das Gesetz, sondern diese gesunde Lehre ist die rechte Richtschnur für das Verhalten der Gläubigen im Haus Gottes. Dieser Brief behandelt hauptsächlich das äußere Verhalten derer, die zum Haus Gottes gehören. Daher nimmt der Apostel auch nicht, wie im Epheserbrief, auf die tiefen Wahrheiten Gottes Bezug, sondern verwendet hier wie auch in Kapitel 4,1.6.13.16; 5,17; 6,1 und 3 den allgemeinen Ausdruck „Lehre". Diese Lehre wird hier und an anderen Stellen in den Pastoralbriefen „gesund" genannt (vgl. 2. Tim 4,3; Tit 1,9; 2,1). Wörtlich bedeutet dies „gesund seiend" und will sagen, dass das von den Aposteln gebrachte Wort rein und ohne Vermischung mit fremden, menschlichen Gedanken war.

> Vers 11: *Nach dem Evangelium der Herrlichkeit des seligen Gottes, das mir anvertraut worden ist.*

Die in den Versen 9 und 10 aufgezählten Sünden werden nicht nur durch das Gesetz verurteilt. Sie stehen auch im Widerspruch zu der gesunden Lehre des NT, die aus dem Evangelium entspringt. In dieser Hinsicht ist das Gesetz in voller Harmonie mit dem Evangelium der Herrlichkeit, denn beide bezeugen die Heiligkeit Gottes und können daher die Sünde nicht dulden. In Seinem Wesen ist Gott ewig derselbe.

Aber das Evangelium übersteigt mit seinen Segnungen bei weitem alles bisherige Handeln Gottes, und somit auch das Gesetz. Das kommt zum Ausdruck in den Worten: „Evangelium der Herrlichkeit des seligen Gottes." Dieses kostbare Gut war dem Apostel Paulus anvertraut worden. Er unterstreicht diese Tatsache dadurch, dass er das Wort „mir" besonders betont (vgl. Röm 2,16; 16,25; 2. Tim 2,8). Wenn wir uns daran erinnern, wie Saulus von Tarsus zum Glauben kam, verstehen wir, warum er dem ihm anvertrauten Evangelium die Bezeichnung „Evangelium der Herrlichkeit" gab (vgl. 2. Kor 4,4). Auf dem Weg nach Damaskus wurde er durch den Anblick der sichtbaren himmlischen Herrlichkeit zu Boden geworfen (Apg 22,6.11). Diese Herrlichkeit war der Ausgangspunkt seines Dienstes. Die Botschaft der Gnade für den verlorenen Sünder kommt jetzt von einem Gott, der von Seinem Sohn verherrlicht worden ist und der Seinen Sohn in sich selbst verherrlicht hat (Joh 13,31.32). Diese Botschaft enthüllt den ganzen Ratschluss

Gottes, der von Seiner Herrlichkeit erfüllt und gekennzeichnet ist (Eph 1,18; Kol 1,27).

Die verschiedenen Titel Gottes in diesem Brief beschreiben Seine Größe, Seine Glückseligkeit und Gnade. Hier ist Er der „selige Gott", in Vers 1 Gott, unser Heiland (vgl. Kap 2,3), in Vers 17 der König der Zeitalter, der unvergängliche, unsichtbare, alleinige Gott, in Kapitel 4,10 der lebendige Gott (vgl. Kap 3,15), der ein Erhalter aller Menschen ist, und schließlich in Kapitel 6,15 der „selige und alleinige Machthaber, der König der Könige und Herr der Herren, der allein Unsterblichkeit hat, der ein unzugängliches Licht bewohnt, den keiner der Menschen gesehen hat noch sehen kann, dem Ehre sei und ewige Macht! Amen". Er will errettete Menschen in Seine Herrlichkeit und Seine Glückseligkeit einführen, und Paulus ist dazu ausersehen, diese gute Botschaft zu verkündigen. Gott redet jetzt nicht wie am Sinai durch Blitze und Donner, sondern in der Fülle der Gnade und Wahrheit in Christus. Jetzt ist es Gottes Freude, in Seiner Liebe verlorenen Sündern Barmherzigkeit zu erweisen.

> Verse 12-13: *Ich danke Christus Jesus, unserem Herrn, der mir Kraft verliehen hat, dass er mich für treu erachtet hat, indem er den in (den) Dienst stellte, der zuvor ein Lästerer und Verfolger und Gewalttäter war; aber mir ist Barmherzigkeit zuteil geworden, weil ich es unwissend im Unglauben tat.*

Eine größere Anzahl zweitrangiger Handschriften fügt am Anfang von Vers 12 das Wort „und" ein, es fehlt jedoch bei den besten Zeugen. Offensichtlich wurde es später eingeschoben, um den engen Zusammenhang mit dem vorigen Vers zu unterstreichen. Der Gedanke an sein Apostelamt und an den, der es ihm übertrug, unseren Herrn Christus Jesus, war für Paulus nicht mit erzwungenem Gehorsam oder

Sorge über das Ergebnis verbunden, sondern mit tiefem Dank. Rückblickend konnte er nur in großer Freude den Herrn Christus Jesus dafür preisen, dass Er ihn zu Seinem Boten gemacht hatte. Er hatte ihn jedoch nicht nur berufen, sondern in Seiner Allwissenheit für treu erachtet. Paulus sagt bewusst nicht treu befunden, denn das setzt ja eine gewisse Erprobungszeit voraus, von der bei seiner Berufung zum Dienst noch keine Rede sein konnte. Der Herr hatte ihn als einen erkannt, der in Zukunft treu sein würde, hatte ihn gerufen und ihm auch bis zur Stunde die Kraft verliehen. Jede Selbstverherrlichung ist Paulus fremd. Wenn er seine Arbeit betrachtet, haftet sein Blick nicht auf eigener Leistung, sondern er blickt dankbar zu dem Herrn auf.

Wer einen Menschen in seinen Dienst stellt, erweist ihm das Vertrauen, ihn für zuverlässig zu halten und auf seine Treue zu rechnen. So handelte der Herr Jesus mit Paulus trotz allem, was dieser gegen Ihn getan hatte. Damit erwies Er ihm auch Seine ganze Barmherzigkeit. Welch einen Hass gegen Christus und die Seinen hatte Paulus in seinem Leben vor der Damaskusstunde offenbart! Er nennt sich hier selbst Lästerer, Verfolger und Gewalttäter. Zu dem König Agrippa sagte er später: „Ich meinte freilich bei mir selbst, gegen den Namen Jesu, des Nazaräers, viel Feindseliges tun zu müssen, was ich auch in Jerusalem getan habe und viele der Heiligen habe ich in Gefängnisse eingeschlossen, nachdem ich von den Hohenpriestern die Vollmacht empfangen hatte; und wenn sie umgebracht wurden, gab ich meine Stimme dazu. Und sie in allen Synagogen oftmals strafend, zwang ich sie zu lästern; und über die Maßen gegen sie rasend, verfolgte ich sie sogar bis in die ausländischen Städte" (Apg 26,9-11). Paulus will sich keineswegs entschuldigen. Aber die Unwissenheit, in der er sich damals befand, machte die Vergebung überhaupt nur möglich. Der Herr Jesus selbst hatte am Kreuz für Seine

Feinde gebetet: „Vater, vergib ihnen, denn sie wissen nicht, was sie tun" (Lk 23,34). Paulus war deshalb nicht ohne Schuld. Verblendung und Unwissenheit mindert zwar die Schuld, hebt sie aber nicht auf (vgl. Lk 12,47f).

Vers 14: Über die Maßen aber ist die Gnade unseres Herrn überströmend geworden mit Glauben und Liebe, die in Christus Jesus sind.

Von seiner Berufung zum Dienst des Evangeliums kommt Paulus schon in Vers 13 auf seine Errettung und die Barmherzigkeit und Gnade Christi zu sprechen. Er dreht also die Reihenfolge der Ereignisse um, weil er gegen die falschen Gesetzeslehrer zunächst auf die wahre Lehre seines Evangeliums hinweisen muss. Im Brief an die Römer hatte er in allgemeiner Form geschrieben: „Wo aber die Sünde überströmend geworden, ist die Gnade noch überreichlicher geworden" (Röm 5,20). Das galt für ihn selbst in ganz besonderer Weise. Gnade, Glaube und Liebe waren unter dem Gesetz nicht oder kaum offenbart und bekannt. Jetzt aber hatte Paulus sie in ihrer ganzen Überschwänglichkeit kennen gelernt. Statt des Unglaubens hatte die Gnade bei ihm Glauben hervorgebracht, und statt seines früheren Hasses Liebe. Beides wird in Beziehung zu Christus Jesus gebracht, der die Quelle alles Segens und der Gegenstand des Lobes für das Herz des Gläubigen ist.

Vers 15: Das Wort ist gewiss und aller Annahme wert, dass Christus Jesus in die Welt gekommen ist, um Sünder zu erretten, von denen ich der erste bin.

Die Anfangsworte dieses Verses kommen noch in Kapitel 3,1; 4,9; 2. Timotheus 2,11 und Titus 3,8 vor. Immer unterstreichen sie eine wichtige Mitteilung. Hier bestätigen sie, was schon der Herr Jesus selbst gesagt hatte: „Der Sohn des Menschen ist gekommen, zu suchen und zu erretten, was verloren ist" (Lk 19,10). Die göttliche Zuverlässigkeit dieses Wortes ist auch der Grund dafür, dass es aller Annahme wert ist. Jeder Sünder darf es mit freudigem und dankbarem Herzen annehmen. Denn Paulus, der erste der Sünder, führt sich selbst als Beispiel an. Er stand gewissermaßen am Anfang der Reihe derer, die von Hass gegen Christus erfüllt waren, aber die Errettung der Seele jetzt und die Errettung des Leibes bei der Wiederkunft Christi finden (Eph 2,5; 1. Pet 1,5). In diesem Sinn nennt Paulus sich mit tiefer Demut den ersten der Sünder. Seine Worte sind weder übertrieben noch entspringen sie einer falschen Demut. Mehr als einmal spricht er, inspiriert vom Heiligen Geist, in ähnlich demütiger Weise von sich selbst: „Denn ich bin der geringste der Apostel, der ich nicht wert bin, ein Apostel genannt zu werden, weil ich die Versammlung Gottes verfolgt habe" (l. Kor 15,9). „Mir, dem allergeringsten von allen Heiligen, ist diese Gnade gegeben worden ..." (Eph 3,8). Paulus ist sich der Tatsache bewusst, dass er wegen seiner hasserfüllten Verfolgung Christi und Seiner Versammlung der erste der Sünder war. Wie kein anderer hatte er den Gläubigen nachgestellt, und zwar gerade in der Anfangs- oder Gründungszeit der Versammlung, als das Evangelium nicht mehr nur den verlorenen Schafen des Hauses Israel, sondern auch den Nationen verkündigt werden sollte.

Vers 16: *Aber darum ist mir Barmherzigkeit zuteil geworden, damit an mir, dem ersten, Jesus Christus die ganze Langmut erzeige, zum Vorbild für die, die an ihn glauben werden zum ewigen Leben.*

Zum zweiten Mal erwähnt Paulus hier, dass ihm Barmherzigkeit zuteil geworden ist. In Vers 13 gibt er die Ursache an, hier das Ziel, das Gott damit verfolgte, wenn Er so mit ihm handelte. Ebenso nennt er sich zum zweiten Mal den „ersten". Weil er in seiner Führerstellung unter den zu rettenden Sündern gewissermaßen alle Feinde Christi in sich verkörpert, hat der Herr Jesus auch gerade an ihm die ganze Langmut erwiesen. So wurde er zum Vorbild oder Beispiel (griech. *hypotyposis*) der Liebe Gottes, die die ärgste Feindschaft überwindet, und der Langmut Christi, die den stärksten Widerstand zerbricht. Kein Jude oder Heide konnte es schlimmer treiben als Saulus von Tarsus. Er stand wegen seines Hasses gegen Christus an der Spitze der Sünder, und er steht an der Spitze derer, die die ganze Langmut Christi erfahren. Kein Mensch kann heute sagen: Ich bin ein zu großer Sünder; für mich reicht Gottes Gnade nicht aus! – Nein, jeder darf es wissen: Wenn Gott dem ersten Sünder Gnade erwies, dann kann Er es auch bei mir tun.

Als Ziel des Glaubens wird hier nicht die Gerechtigkeit aus Gott (Röm 10,10) oder die Errettung der Seele (1. Pet 1,9) betrachtet, sondern das ewige Leben, das Paulus meistens als Endziel in der Herrlichkeit sieht (vgl. Röm 2,7; 6,22; Tit 3,7). In den Schriften des Johannes wird es meistens als der gegenwärtige Besitz des Gläubigen betrachtet.

Von der ihm erwiesenen Barmherzigkeit spricht Paulus hier nicht zufällig oder beiläufig, sondern im engen Zusammenhang mit der Aufrechterhaltung der gesunden Lehre gegenüber den in Ephesus tätigen Sonder- und Gesetzeslehrern. Das Gesetz kann weder die Menschen erretten noch die Christen auf dem rechten Weg leiten; Fabeln und Geschlechtsregister können das menschliche Herz nicht befriedigen, sondern nur die Gnade und Liebe Gottes in Christo.

> Vers 17: *Dem König der Zeitalter aber, (dem) unvergänglichen, unsichtbaren, alleinigen Gott, (sei) Ehre und Herrlichkeit von Ewigkeit zu Ewigkeit! Amen.*

Mit einer einfachen Danksagung hatte Paulus in Vers 12 die Beschreibung seiner Heilserfahrung begonnen. Er beendigt sie mit einem überschwänglichen Lobpreis für den, der sich ihm so gnädig offenbart hat. Dabei nennt er Gott nicht mit den Namen, die Seine Beziehungen zu den Menschen ausdrücken. Er sagt nicht HERR oder Vater, sondern „König der Zeitalter". Gottes absolute Majestät, Seine Herrschaft in allen Zeiten kommt in dieser Bezeichnung zum Ausdruck. Er hat vor aller Zeit Seinen Gnadenratschluss gefasst, Er hat ihn in der gegenwärtigen Zeit ausgeführt und wird in zukünftigen Zeitaltern dessen herrliche Ergebnisse offenbaren (Eph 2,7; 3,11 mit Anmerkung der Elberfelder Übersetzung). Er ist der Unverwesliche (Röm 1,23), der Einzige, der über allem steht, was der Verweslichkeit unterliegt, wie die Schöpfung und die Menschen. Er ist auch der Unsichtbare (Röm 1,20; 1. Tim 6,16), der über allem Sichtbaren steht und den kein menschliches Auge in Seiner Absolutheit je erblicken kann. Er ist auch der alleinige, einzige wahre Gott und steht hierin, wie in Seiner Unverweslichkeit und Unsichtbarkeit, über allen Machwerken des Menschen, die dieser als seine Götter bezeichnet hat. Ihm allein gehört in Ewigkeit die Ehre und Herrlichkeit. Die Zeitbestimmung bedeutet nicht von Ewigkeit zu Ewigkeit, sondern von nun an bis in alle Ewigkeit, wörtlich: „in die Zeitalter der Zeitalter" (griech. *eis tous aionas ton aionon*).

> Vers 18: *Dieses Gebot vertraue ich dir an, (mein) Kind Timotheus, gemäß den vorher über dich ergangenen Weissagungen, damit du durch diese den guten Kampf kämpfst.*

Der Apostel greift nun den Gedanken, den er in Vers 6 mit der Einschaltung über das Gesetz und die Gnade unterbrochen hat, wieder auf. Das hier erwähnte Gebot schließt sich an die Worte „gebieten" und „Gebot" in den Versen 3 und 5 an und bezieht sich auch auf den dort bereits erteilten Auftrag. Paulus nennt den noch jungen Timotheus hier wieder „Kind", wie schon in Vers 2, und unterstreicht damit das Vertrauen, mit dem er ihm den verantwortungsvollen und gewiss nicht leichten Auftrag in Ephesus erteilt hatte. Gleichzeitig erinnert er Timotheus – wohl zu seiner Ermunterung – an die voraufgegangenen Weissagungen über ihn. Dieser Ausdruck hat zu manchen Spekulationen Anlass gegeben. Er besagt jedoch einfach, dass prophetische Äußerungen über den jungen Mann und seine Gnadengabe bestanden, die seinen Weg im Voraus bezeichneten (vgl. Kap 4,14). Wir wissen aus Apostelgeschichte 16,2, dass Timotheus ein gutes Zeugnis bei den Brüdern in Lystra und Ikonium besaß, als Paulus ihn zu seinem Begleiter wählte. Dadurch, dass Paulus ihm die Hände auflegte, wurde ihm diese Gnadengabe Gottes vermittelt, die ihn zu seinem Dienst besonders befähigte (2. Tim 1,6). Derartiges wird von keiner anderen Person im NT mitgeteilt. Es handelt sich um eine Besonderheit, die noch dadurch unterstrichen wird, dass auch die Ältestenschaft zum Zeichen ihrer Gemeinschaft dem so Berufenen die Hände auflegte. Es handelte sich also um drei Schritte: erstens die voraufgehenden Weissagungen bezüglich der Gnadengabe des Timotheus, zweitens die Vermittlung der Gnadengabe an Timotheus *durch* das Auflegen der Hände des Apostels Paulus und drittens der Ausdruck der Gemeinschaft und Anerkennung seitens der Ältesten *mit* Händeauflegen. In einer ähnlichen Weise wurden Paulus und Barnabas (die jedoch beide längst im Dienst für den Herrn standen) von Antiochien auf ihre erste Reise zu den Nationen ausgesandt. Der Heilige Geist sprach zu den dort anwesenden Propheten und Lehrern (und wohl auch durch sie): „Sondert mir nun Barnabas und Saulus zu dem Werk aus, zu dem ich sie berufen habe" (Apg 13,2). Hier fehlt eine vermittelnde Handauflegung, weil beide bereits mit ihrer Gnadengabe gedient hatten, aber der Abschnitt schließt mit der begleitenden Händeauflegung der übrigen Diener des Herrn, die sich mit Barnabas und Saulus einsmachten in dieser wichtigen und schweren Aufgabe (Apg 13,3). Die voraufgegangenen Weissagungen konnten Timotheus in dem vor ihm liegenden guten Kampf ermuntern und stärken. Es ist derselbe Kampf, von dem Paulus auch in 2. Korinther 10,3.4 spricht: nicht ein Wettkampf wie in 1. Timotheus 6,12 und 2. Timotheus 4,7, sondern der Krieg gegen die Macht und List des Feindes von draußen und drinnen. Bei der Verkündigung des Evangeliums kommt der Widerstand Satans mehr von außen, aus der Welt; Timotheus hatte es aber besonders mit dem Kampf innerhalb des Hauses Gottes zu tun, wo Satan durch falsche Lehren und Unmoral dem Wirken Gottes zu widerstehen suchte. Der Kampf gegen diese Einflüsse ist ein guter (griech. *kalos*), das heißt ein an sich richtiger und Gott wohlgefälliger Streit. Aber, so mag man fragen, darf es denn unter Gläubigen Kampf geben? Nun, der Ausdruck Kampf ist geistlich zu verstehen. Jedes Kind Gottes ist dazu aufgerufen, für die Rechte Gottes einzustehen, auch wenn es Widerstand gibt. Dabei kommt es auf die rechte Gesinnung an, damit dieser Kampf nicht, wie bei den Galatern, zu einem gegenseitigen Beißen und Fressen wird (Gal 5,15).

> Vers 19: *Indem du (den) Glauben bewahrst und ein gutes Gewissen, das einige von sich gestoßen und (so), was den Glauben betrifft, Schiffbruch erlitten haben.*

Wie zuvor in Vers 5 und später in Kapitel 3,9 werden hier Glaube und ein gutes Gewissen zusammengestellt. Die Worte „(den) Glauben bewahrst" (griech. *echon pistin*) besagen etwas anderes als der Ausspruch des Apostels Paulus über sich selbst in 2. Timotheus 4,7: „Ich habe den Glauben bewahrt" (griech. *ten pistin tetereka*). Dort handelt es sich um den Glauben als das anvertraute Gut (l. Tim 6,20; 2. Tim 1,14), das Paulus getreu und unversehrt bewahrt hatte. Hier heißt es jedoch, dass Timotheus Glauben haben sollte und ein gutes Gewissen. Wie in Kapitel 3,9 wird hier nicht eines der sonst üblichen Worte für „bewahren" verwendet, sondern das Wort „haben, (fest-)halten". Timotheus sollte den Glauben und das gute Gewissen festhalten, damit er den guten Kampf kämpfen konnte. In Epheser 6,16 wird mit dem Schild des Glaubens und in 1. Thessalonicher 5,8 mit dem Brustharnisch des Glaubens die für den geistigen Kampf nötige Schutzausrüstung vorgestellt. Hier ist vielleicht mehr an die innere Kraft zum Kampf gedacht. Dieser Gedanke wird durch die Hinzufügung des guten Gewissens unterstrichen. Ein gutes Gewissen ist die Voraussetzung zur Gemeinschaft mit Gott. Wenn wir kein gutes Gewissen und somit keine Gemeinschaft mit Gott haben, sind dem Wirken Satans Tür und Tor geöffnet. Das Gewissen wirkt in uns wie ein Kompass, der jede Abweichung vom rechten Kurs anzeigt. Allerdings muss dieser Kompass richtig ausgerichtet sein, das heißt auf das Wort Gottes. Das Gewissen ist kein absoluter Maßstab. Es muss immer wieder durch das lebendige Wort geschärft werden. Etliche hatten diesen Kompass über Bord geworfen. Die traurige Folge war, dass sie hinsichtlich des Glaubens Schiffbruch gelitten hatten. Es mag vielleicht nur eine „kleine" Sünde sein, die nicht gerichtet wird. Aber wenn das Selbstgericht im Licht Gottes fehlt, wird sie zu unabsehbarem Schaden führen. Paulus denkt hier an Menschen, die hinsichtlich der Glaubenswahrheit eine vollständige Bruchlandung gemacht hatten. Sie hatten die Wahrheit nicht festgehalten, ihr Zeugnis vor der Welt war schlecht und ihr persönliches Leben ein Trümmerhaufen.

> Vers 20: *Unter denen Hymenäus ist und Alexander, die ich dem Satan überliefert habe, damit sie (durch Zucht) unterwiesen würden, nicht zu lästern.*

Zwei solcher Männer waren Hymenäus und Alexander. Hymenäus könnte derselbe Mann sein, von dem im zweiten Brief gesagt wird, dass er mit Philetus von der Wahrheit abgeirrt sei (2. Tim 2,18). In 2. Timotheus 4,14 wird zwar auch ein Schmied Alexander erwähnt, der aber doch wohl eine andere Person ist. Vor ihm sollte Timotheus sich hüten, während Paulus hier schon davon spricht, dass er ihn und Hymenäus dem Satan überliefert habe. Was Paulus hier als vollendete Tatsache darstellt, hatte er im Fall eines Hurers in Korinth einst der dortigen Versammlung als sein Urteil vorgestellt. „Denn ich, zwar dem Leib nach abwesend, aber im Geist anwesend, habe schon als anwesend geurteilt, den, der dieses so verübt hat, im Namen unseres Herrn Jesus Christus (wenn ihr und mein Geist mit der Kraft unseres Herrn Jesus Christus versammelt seid), einen solchen dem Satan zu überliefern zum Verderben des Fleisches, damit der Geist errettet werde am Tag des Herrn Jesus" (1. Kor 5,3–5). Damals war es aber wohl nicht so weit gekommen, da die Versammlung den Bösen aus ihrer Mitte hinweggetan hatte. Hinaustun ist nicht dasselbe wie dem Satan überliefern. Die Zucht in der Versammlung beschäftigt sich mit denen, die drinnen sind, und ihre äußerste Maßnahme ist das Hinaustun des Bösen aus ihrer Mitte (1. Kor 5,12–13). Dadurch wird eine im Bösen verharrende Person vollständig aus der Gemeinschaft derer ausgeschlossen, die an Gottes Wort und Willen in Heiligkeit festhalten wollen. Eine solche Person ist dadurch nicht der Welt gleichgestellt, denn man darf weder mit ihr essen noch sie grüßen (l. Kor 5,11b; 2. Joh 10,11; vgl. jedoch 1. Kor 10,27). Sie soll durch diese Zuchthandlung zur Besinnung und zu wahrer Buße gebracht werden.

Wenn der Apostel Paulus davon spricht, jemand dem Satan zu überliefern, wie in 1. Korinther 5 und hier, so geht er über das hinaus, was die Versammlung tut, die mit denen, die draußen sind, keine Verbindung hat. Zwar wollte Paulus in 1. Korinther 5 mit der Versammlung gemeinsam handeln, aber hier hatte er als Apostel bereits allein gehandelt. In Korinth sollte der Hurer dadurch, dass er dem Satan überliefert wurde, Verderben des Fleisches, das heißt Züchtigungen an Leib, Leben und womöglich auch an der Seele erfahren, während hier allgemein von Unterweisung durch Zucht oder Züchtigung die Rede ist. Das Werkzeug dieser Zucht ist Satan, wie zum Beispiel bei Hiob. In diesen beiden einzigen neutestamentlichen Fällen war das Ziel keineswegs die ewige Verdammnis, sondern die Umkehr und Buße. Während Paulus den Korinthern schrieb, „damit der Geist errettet werde am Tag des Herrn Jesus", sollten Hymenäus und Alexander durch diese Zucht lernen, was sie durch die Wahrheit des Wortes und womöglich durch Ermahnungen nicht gelernt hatten: von ihren Lästerungen abzustehen. Wir wissen nicht, worin diese Lästerungen bestanden. Lästern bedeutet: verächtlich über heilige Dinge, besonders Gott, zu sprechen. Bei einem gottfernen Menschen wundert man sich nicht darüber. Aber wenn ein Nachfolger des Herrn nicht durch Glauben und ein gutes Gewissen täglich in der Gemeinschaft in Ihm bleibt, kann auch er auf einen solchen schrecklichen Weg geraten.

Das Gebet und die Stellung der Frau

1. Timotheus 2

Jetzt kommen wir zu dem eigentlichen Thema dieses Briefes, dem Verhalten im Haus Gottes. Im ersten Kapitel musste Paulus deutlich machen, dass die Richtschnur für dieses Verhalten nicht das Gesetz sein kann, da wir jetzt die Barmherzigkeit Gottes erfahren haben und in Seiner Gnade stehen. Jeder Errettete gehört als ein lebendiger Stein zu dem Haus Gottes, das Christus selbst baut (Mt 16,18; Eph 2,21; 1. Pet 2,5). In diesem Brief wird jedoch die mit dem Haus Gottes verbundene Verantwortung hervorgehoben, wie schon in 1. Korinther 3,12-17, nur mit dem Unterschied, dass der Gläubige hier als in diesem Haus befindlich betrachtet wird. Er muss deshalb wissen, wie man sich verhalten soll im Haus Gottes (Kap 3,15). Das Verhalten im Haus Gottes bezieht sich nicht nur auf die Zusammenkünfte der Gläubigen. Das Haus Gottes ist im NT nicht ein materielles Gebäude wie im AT (vgl. Ps 122,1), sondern ein geistliches Haus, eine Behausung Gottes im Geist. Dieses Haus Gottes auf Erden besteht, seitdem der Heilige Geist herniederkam und Seine Wohnung hier aufschlug. Wer sich zu diesem Haus bekennt, gehört nun in jedem Augenblick seines Lebens dazu. Daher steht sein Lebenswandel immer mit dem Haus Gottes in Verbindung. Jedes Wort, jede Tat ist in diesem Licht zu sehen. Paulus schreibt nicht nur über das Leben der Versammlung, sondern auch über das Familienleben und das Verhalten in und gegenüber der Welt. Daher ist auch das Folgende nicht nur auf die Zusammenkünfte der Gläubigen beschränkt.

Vers 1: *Ich ermahne nun vor allen Dingen, dass Flehen, Gebete, Fürbitten, Danksagungen getan werden für alle Menschen.*

Die erste Ermahnung des Apostels bezieht sich auf das Gebet. Da jede weitere Angabe fehlt, ist hier wohl ganz allgemein sowohl das öffentliche wie das persönliche Gebet gemeint. Ganz wörtlich übersetzt ermahnt Paulus den Timotheus hierzu „(als) Erstes von allen Dingen". Manche Ausleger haben diese Worte auf den nächsten Satzteil bezogen, als ob die Gebete für alle Menschen vor allen anderen Gebeten oder vor allen anderen Bemühungen stehen müssten. Dann müsste die Übersetzung lauten: Ich ermahne nun, dass vor allen Dingen Flehen, Gebete ... getan werden. Aber der Zusammenhang spricht doch dafür, dass Paulus durch die Hinzufügung dieser Worte die Wichtigkeit seiner ersten Ermahnung besonders hervorheben will. Das Gebet ist das Atmen der gläubigen Seele, wird gesagt. Es ist ein erstes Kennzeichen des geistlichen Lebens. Als der Herr Jesus Ananias zu dem gerade bekehrten Saulus sandte, sagte Er: „Siehe, er betet" (Apg 9,11). Eines der vier Kennzeichen der ersten Christen in Jerusalem war, dass sie in den Gebeten verharrten (Apg 2, 42). Für die praktische Ausübung der Gemeinschaft mit dem Vater und mit dem Sohn sind das Lesen der Heiligen Schrift und das Gebet die beiden unerlässlichen Voraussetzungen. Die Ermahnung des Apostels hat in unseren Tagen nichts an Aktualität eingebüßt, im Gegenteil. Auch für uns gelten diese Worte: „Vor allen Dingen". An die Epheser schreibt Paulus, dass sie zu aller Zeit mit allem Gebet und Flehen in dem Geist beten und hierzu wachen sollten in allem Anhalten und Flehen für alle Heiligen und für ihn selbst (Eph 6,18), und an die Philipper: „In allem lasst durch Gebet und Flehen mit Danksagung eure Anliegen vor

Gott kundwerden" (Phil 4,6). Hier haben wir jedoch eine noch ausführlichere Aufzählung der verschiedensten Arten des Gebetes.

Flehen ist ein inständiges, dringendes Bitten.

Gebet ist der allgemeine Ausdruck für das Reden des Gläubigen mit Gott.

Fürbitte bedeutet hier nicht nur das Eintreten für andere, sondern auch das freie Hinzunahen zu Gott. Wir finden das gleiche Wort auch in Kapitel 4,5.

Danksagung schließlich geziemt sich für den, der im Vertrauen und mit dem Bewusstsein zu dem Vater naht, dass Er alles gibt, was zu unserem geistlichen Wohl dient.

Die Tatsache, dass Gebete für alle Menschen getan werden sollten, ist eine sehr beachtenswerte Besonderheit dieser Ermahnung. Als viele Jahrhunderte vorher der Prophet Jesaja von der Gnade weissagte, die einmal alle Nationen erreichen würde, sagte er von dem Tempel des HERRN: „Mein Haus wird ein Bethaus genannt werden für alle Völker" (Jes 56,7). Als der Herr Jesus den Tempel reinigte und die Händler und Käufer hinaustrieb, gebrauchte er diesen prophetischen Ausspruch Jesajas (Mk 11,17). Die Gnade dessen, der sich jetzt als Heiland-Gott offenbart hat (Kap 1,1; 2,3), ist nicht auf bestimmte Menschen beschränkt, sondern richtet sich an alle Nationen und Individuen. Das wird besonders dadurch unterstrichen, dass in unserem Abschnitt das Wörtchen „alle" mehrere Male auftaucht: „alle Menschen" (Vers 1 und 4), „alle, die in Hoheit sind" (Vers 2), „alle" (Vers 6). Zwar haben wir es im Haus Gottes in erster Linie mit unserem Gott und Vater und mit Seinem Sohn Jesus Christus, unserem Herrn zu tun. Aber wie leicht kann es sein, dass wir wohl noch die Hausgenossen des Glaubens sehen, aber „alle Menschen" aus dem Auge verlieren! Besonders den Gläubigen aus den Juden musste es schwer fallen, von ihrer

Verachtung aller übrigen Menschen loszukommen. Für sie waren ja die „Unbeschnittenen" unrein und Feinde Gottes. Aber auch die damals schon einsetzenden Verfolgungen, der Spott und Hohn von Seiten der Mitmenschen konnte bei den Gläubigen Zorn und sogar Hass gegen diese Feinde Christi hervorrufen. Schließlich konnten die Christen auch dadurch in Gefahr kommen, ihre Mitmenschen zu vergessen oder zu verachten, weil sie die gottgemäße Absonderung von der Welt in einer falschen, pharisäerhaften Weise verwirklichten. Wahre Absonderung besteht darin, sich um unseres geliebten Herrn willen von allem zu trennen, was zu Seiner Heiligkeit im Widerspruch steht. Aber leider kann es dahin kommen, dass man sich nur von bestimmten Dingen fern hält, um sich von anderen zu unterscheiden und dadurch eine Überlegenheit an den Tag zu legen. Dies ist eine Selbsttäuschung, die in keiner Weise dem Willen Gottes entspricht. Durch die Worte „für alle Menschen" will der Heilige Geist uns davor bewahren, dass unsere Absonderung der Ausdruck menschlichen Hochmuts wird, anstatt von der Heiligkeit und Gnade Gottes zu zeugen. Es entspricht jedoch dem Willen unseres Heiland-Gottes, mit Flehen, Gebeten, Fürbitten und Danksagungen für alle Menschen einzutreten.

>Vers 2: *Für Könige und alle, die in Hoheit sind, damit wir ein ruhiges und stilles Leben führen mögen in aller Gottseligkeit und würdigem Ernst.*

Aus dem umfassenden Ausdruck „alle Menschen" werden nun „Könige und alle, die in Hoheit sind", ausgesondert. Auch für sie gilt das Gebet der Gläubigen, denn von ihnen hängt es ab, ob sie ein ruhiges und stilles Leben führen können oder nicht. Sie können aufgrund ihrer Stellung einen guten oder bösen Einfluss auf den Lauf der Welt nehmen. Die Gebete für Könige und alle, die in Hoheit sind, beziehen sich ganz allgemein auf alle diese Personen in allen Ländern. Wir können aus diesen Worten nicht entnehmen, dass wir nur für die Regierenden in dem Land beten sollen, in dem wir wohnen. Hierin kommt in besonderer Weise die Einheit der Kinder Gottes in der ganzen Welt zum Ausdruck, die gemeinsam das Haus Gottes bilden und in heiliger Absonderung von aller weltlichen Politik und Herrschaft das Vorrecht haben, für diejenigen zu flehen, zu beten und zu danken, die in einer hohen Verantwortung stehen und womöglich nicht für sich selbst beten wollen oder können.

Es sei hier bemerkt, dass wir nicht aufgefordert werden, für die Obrigkeit zu beten. Die Obrigkeit, das von Gott gegebene Prinzip menschlicher Ordnung und Regierung der Welt, ist nach 1. Mose 9,6, Römer 13,1–7, Titus 3,1 und 1. Petrus 2,13–14 als von Ihm verordnete Autorität anzuerkennen. Die Werkzeuge dieser Autorität sind jedoch Menschen, die vor Gott verantwortlich sind. Für diese Menschen sollen wir beten, und zwar für alle ohne Unterschied. Als Paulus diese Worte schrieb, regierte in Rom der Kaiser Nero, einer der grausamsten und zügellosesten Herrscher!

In dieser Fürbitte und Danksagung kommt die Erhabenheit der christlichen Stellung in dieser Welt ganz besonders zum Ausdruck. Alle Menschen, ohne Ausnahme, dürfen in die Gebete der Heiligen eingeschlossen werden, wenn diese zum Thron der Gnade nahen!

Zwei Argumente werden für die in den Versen 1 und 2 erwähnten Gebete gegeben. Das erste ist: „Damit wir ein ruhiges und stilles Leben führen mögen in aller Gottseligkeit und würdigem Ernst." Dieser Nachsatz bezieht sich nicht auf den Inhalt der Gebete, sondern auf deren Ergebnisse. Der Prophet Jeremia schrieb schon im AT den nach Babel verschleppten Juden: „Und sucht den Frieden der Stadt, wohin ich euch weggeführt habe, und betet für sie zu dem HERRN; denn in ihrem Frieden werdet ihr Frieden haben" (Jer 29,7). Mit dem Volk Gottes auf der ganzen Erde vor Augen können wir an die Güte Gottes appellieren, dass Er die Herrscher dieser Welt lenken möge, damit die Seinigen als Fremdlinge ein Leben führen können, das frei ist von Verfolgung, aber auch von Ablenkung und Beeinflussung von Seiten derer, die draußen sind. Ein solches Leben in Zurückgezogenheit von Weltlichkeit und Politik soll gekennzeichnet sein von Gottseligkeit im Blick auf Gott und würdigem Ernst im Blick auf die Menschen.

Gottseligkeit ist die Ausrichtung der Seele des Menschen zu Gott hin, die sich darin offenbart, dass er Ihn verehrt und Ihm dient. Dieses Wort kommt im ersten Brief an Timotheus achtmal vor (Kap 2,2; 3,16; 4,7.8; 6,3.5.6.11). Daran können wir erkennen, welchen Wert unser Gott darauf legt, dass das neue Leben praktisch auch in unserem Verhalten unter Seinen Augen zur Auswirkung kommt.

Mit dem Ausdruck „würdiger Ernst" wird ein einziges griechisches Wort *(semnotis)* wiedergegeben, das auch in Kapitel 3,4 vorkommt. Es bezeichnet die sichtbare Lebenshaltung der Gläubigen im Verkehr untereinander und vereinigt in sich die beiden Begriffe Würde und Ernst. Es könnte auch mit „Ehrbarkeit" übersetzt werden. Wenn die Gläubigen ein ruhiges und stilles Leben in aller Gottseligkeit und würdigem Ernst führen können, wird der Name Gottes vor dieser Welt und ihren Herrschern in rechter Weise geehrt und bezeugt.

> Verse 3-4: *Denn dieses ist gut und angenehm vor unserem Heiland-Gott, der will, dass alle Menschen errettet werden und zur Erkenntnis (der) Wahrheit kommen.*

Durch die begründende Konjunktion „denn" (die allerdings in einigen wichtigen Handschriften fehlt) ist der dritte Vers mit dem vorhergehenden verbunden. Gleichzeitig wird auch der zweite Grund für die Gebete in den ersten beiden Versen unseres Kapitels angegeben. Die erste, in Vers 2 aufgeführte Begründung war ein ruhiges und stilles Leben, das jedoch nicht Selbstzweck sein sollte, sondern eine Voraussetzung für die Verbreitung des Evangeliums in der Welt. Der Anfang des vierten Verses ist nicht eine Fortführung des unmittelbar vorausgehenden Gedankens, sondern der im ersten Vers ausgesprochenen Ermahnung, für alle Menschen zu beten. Der Bogen wird dadurch geschlagen, dass hier zum zweiten Mal alle Menschen erwähnt werden. Gott will, dass alle Menschen errettet werden.

Zunächst wird jedoch hervorgehoben, dass diese Gebetshaltung in den Augen unseres Heiland-Gottes gut und angenehm ist. Das Wort „gut" kommt in diesem Brief besonders häufig vor (erstens griech. *kalos* in Kapitel 1,8.18; 2,3; 3,1.7.13; 4,4.6 zweimal, 5,10.25; 6,12 zweimal, 13.18.19; außerdem als Adverb „wohl" in Kapitel 3,4.12.13; 5,17; zweitens griech. *agathos* in Kap 1,5.19; 2,10; 5,10). Das häufigere Wort (*kalos*) bezeichnet etwas, was an sich gut und sittlich schön ist, während das zweite (griech. *agathos*) bedeutet, dass etwas nach Wesen und Art gut, aber auch wohltuend in seiner Auswirkung ist. Das Wort „angenehm" (griech. *apodektos*) kommt im NT nur hier und in Kapitel 5,4 vor und kennzeichnet etwas, das der Annahme wert ist. Unser Gott betrachtet die Gebete der Heiligen als etwas Schönes und für Ihn Angenehmes. Der Apostel sagt hier nicht: der Heiland-Gott, sondern: „unser Heiland-Gott". So hat Er sich uns offenbart, und Ihm gehören wir jetzt. Weil Er für uns ist, dürfen wir mit Freimütigkeit zu Ihm nahen. Wenn wir um die Errettung auch des ärgsten Sünders beten, dann dürfen wir es in dem Bewusstsein tun, dass es unserem Heiland-Gott angenehm ist. Er offenbart sich im Evangelium ja allen Menschen ohne Unterschied als Heiland-Gott (vgl. Kap 1,1), der will, dass alle Menschen gerettet werden und zur Erkenntnis der Wahrheit kommen. In der alttestamentlichen Zeit erwählte der HERR sich ein einzelnes Volk, das Er durch das Gesetz von allen übrigen Völkern absonderte. Jetzt aber ist der Tag der Gnade und des Heils für alle Menschen. Mit den Worten „Gott will" (griech. *thelo*)[1] ist hier nicht Sein ewiger Ratschluss gemeint, sondern Sein Wirken durch das Evangelium in der Liebe zu allen Menschen. Im Brief des Apostels Paulus an die Epheser wird uns der Ratschluss des Willens Gottes gezeigt. Dort wird der Mensch als tot in Vergehungen und Sünden betrachtet, so dass er zu seiner Rettung selbst nicht das Geringste beitragen kann. Wenn er dann aber gerettet ist, teilt sein Gott und Vater ihm Seinen eigenen Ratschluss mit: Er ist zuvorbestimmt zur Sohnschaft für den Vater selbst, zuvorbestimmt nach dem Vorsatz dessen, der alles wirkt nach dem Rat Seines Willens (Eph 1,5.11). Diese wunderbaren Mitteilungen sind gleichsam ein Geheimnis für die Kinder der Familie des Glaubens.

Hier im ersten Brief an Timotheus wird uns jedoch ein anderer Gesichtspunkt gezeigt. Hier sehen wir die Liebe unseres Heiland-Gottes, der alle Menschen auffordert, sich retten zu lassen und zur Erkenntnis der Wahrheit zu gelangen. Gott war in Christo, die Welt mit sich selbst versöhnend, ih-

---

[1] Das griechische Wort *thelo* bezeichnet hauptsächlich einen Wunsch, ein Verlangen. Daneben gibt es ein anderes, im NT seltener vorkommendes Wort für Wollen (griech. *boulomai*), das sich zu dem Wort *thelo* so verhält, „wie der Beschluss zum Entschluss" (Schirlitz, griechisches Wörterbuch zum NT). Das griechische *boulomai* wird im NT besonders häufig für den göttlichen Ratschluss benutzt (vgl. Mt 11,27; Lk 10,22; 22,42; 1. Kor 12,11; Heb 6,17; Jak 1,18).

nen ihre Übertretungen nicht zurechnend, und hat in uns das Wort der Versöhnung niedergelegt. So sind wir nun Gesandte für Christum, als ob Gott durch uns ermahnte; wir bitten an Christi statt: Lasst euch versöhnen mit Gott (2. Kor 5,19–20)! „Wer da will, nehme das Wasser des Lebens umsonst" (Off 22,17).

Diese beiden so gegensätzlichen Aspekte der Heilswahrheit mögen dem natürlichen Verstand paradox erscheinen. Sie zeigen uns jedoch die Tiefe des Reichtums der Weisheit und der Erkenntnis des ewigen Gottes. Sie gehören zu den Geheimnissen, die wir zwar nicht hier, wohl aber in der Herrlichkeit des Himmels erkennen werden.

Es ist also Gottes erklärter Wille, dass alle Menschen errettet werden und zur Erkenntnis der Wahrheit kommen. Zum zweiten Mal spricht Paulus hier von der Errettung. In Kapitel 1,15 hatte er bereits geschrieben, dass Christus Jesus in die Welt gekommen ist, um *Sünder* zu erretten. Hier wird nun deutlich, dass es keine Ausnahmen gibt, denn *alle Menschen* brauchen die Errettung. Die vollkommene Errettung Gottes ist die Befreiung des Menschen von jeder Gefahr in Vergangenheit, Gegenwart und Zukunft, und zwar für Seele und Leib. Der Weg dazu ist einzig der Glaube an den Erretter: „Glaube an den Herrn Jesus, und du wirst errettet werden" (Apg 16,31). Die Errettung der Seele ist für jeden, der das Evangelium des Heils (oder: der Errettung, der Seligkeit, griech. *soteria*) geglaubt hat, bereits eine feststehende Tatsache (Eph 2,5; 1. Tim 1,9; Tit 3,4; 1. Pet 1,9). Aber wir werden auch täglich noch aus Gefahren von Seiten des Seelenfeindes errettet durch die Tätigkeit des Herrn als Hoherpriester bei Gott (Heb 7,25; vgl. Röm 5,10). Unsere Errettung wird vollendet sein, wenn der Herr kommt, um uns durch die Entrückung aus allen Schwierigkeiten, in denen wir uns jetzt noch befinden, für ewig zu erretten (l. Pet 1,5a; Phil 3,20.21).

Schließlich werden wir auch durch die Taufe im Blick auf unsere Stellung auf der Erde – nicht für die Ewigkeit – gerettet von diesem verkehrten Geschlecht, in dessen Mitte sich von Natur aus alle befunden haben oder noch befinden (1. Pet 3,21; vgl. Apg 2, 40.41).

In unserem Vers denkt der Apostel an die Errettung der Seele, wie aus den nachfolgenden Worten hervorgeht: „… und zur Erkenntnis (der) Wahrheit kommen." Die Tatsache, dass der Artikel vor dem Wort Wahrheit fehlt, deutet an, dass es sich hier um Wahrheit im allgemeinen Sinn, nicht um eine bestimmte Heilswahrheit handelt. Jeder Mensch in der Gottesferne ist unter der Gewalt Satans, des Vaters der Lüge (vgl. Joh 8,44-47). Nur bei Gott ist Wahrheit; nur Er sieht alle Dinge in ihrem wahren Wesen, das heißt so, wie sie wirklich sind. Er hat auch den einzigen wahren Weg zum Heil durch Seinen Sohn, den Erretter, geöffnet. Dies zu erkennen, sich davor in Buße zu beugen und zu glauben, ist der einzige Weg zur Errettung des Menschen. Es ist die Erkenntnis der Wahrheit. Ohne sie ist Errettung unmöglich (vgl. Tit 1,1; Heb 10,26; 2. Tim 3,7). Aber diese Erkenntnis hört bei der Errettung nicht auf, sondern soll immer weiter zunehmen (vgl. 2. Tim 2,25; Kol 1,9.10; 2,3; 2. Pet 1,2.8). Erst in der Herrlichkeit werden wir erkennen, wie auch wir erkannt worden sind (1. Kor 13,12; vgl. Eph 4,13). Die Auffassung, dass Errettung und Erkenntnis der Wahrheit dasselbe seien oder dass die Erkenntnis der Wahrheit nur der Weg zur Errettung ist, ist ebenso wenig zutreffend wie diejenige, dass die Erkenntnis der Wahrheit auf die Errettung folgt, denn wie bereits bemerkt, handelt es sich nicht um die Erkenntnis einer bestimmten Wahrheit, sondern darum, dass der Mensch in das Licht Gottes kommt und darin Fortschritte macht, ja, wie das griechische Wort besagt, zur vollen Erkenntnis (*epignosis*) der Wahrheit gelangt.

Vers 5: *Denn Gott (ist) einer, und einer (ist) Mittler zwischen Gott und Menschen, (der) Mensch Christus Jesus.*

Die Grundlage aller Offenbarung in der Heiligen Schrift ist die ewige Tatsache, dass Gott *einer* ist. So war es im AT offenbart und dem Volk Israel bereits bekannt. „Höre, Israel: Der HERR, unser Gott, ist nur *ein* HERR" (5. Mo 6,4). „Ihr seid meine Zeugen, spricht der HERR, und mein Knecht, den ich erwählt habe; damit ihr erkennt und mir glaubt und einseht, dass ich derselbe bin. Vor mir wurde kein Gott gebildet, und nach mir wird keiner sein. Ich, ich bin der HERR, und außer mir ist kein Heiland" (Jes 43,10.11). „An jenem Tag wird der HERR *einer* sein und Sein Name *einer*" (Sach 14,9). Der eine Gott wird auch im NT mehrfach bezeugt. „… So wissen wir, … dass kein Gott ist als nur *einer*. Denn wenn es nämlich solche gibt, die Götter genannt werden, sei es im Himmel oder auf Erden (wie es ja viele Götter und viele Herren gibt), so ist doch für uns *ein* Gott, der Vater, von dem alle Dinge sind, und wir für ihn, und *ein* Herr, Jesus Christus, durch den alle Dinge sind, und wir durch ihn" (1. Kor 8,4-6). „Ein Mittler aber ist nicht Mittler von *einem*; Gott aber ist *einer*" (Gal 3,20). „Du glaubst, dass Gott *einer* ist, du tust wohl" (Jak 2,19). Wie völlig unbegründet sind doch die oft erhobenen Vorwürfe von Juden und Mohammedanern, die Christen seien Verehrer von drei Göttern! Nein, Gott ist *einer*.

Schon auf dem ersten Blatt der Bibel ist jedoch eine Tatsache erkennbar, die ihre volle Offenbarung durch die Erscheinung Jesu Christi erfuhr, nämlich dass dieser eine Gott in dreierlei Weise, in drei Personen existiert: Gott der Vater, Gott der Sohn und Gott der Heilige Geist (vgl. Mt 28,19). Die Dreieinheit Gottes ist in allem Seinem Tun zu erkennen, in der Schöpfung, bei der Menschwerdung des Sohnes, zu Beginn

Seines öffentlichen Auftretens, im Erlösungswerk, bei der Errettung von Sündern und auch in der Versammlung Gottes.

Obwohl im Judentum die Einheit Gottes offenbart und bezeugt wurde, blieb Gott doch für Sein Volk verborgen hinter dem Vorhang des Allerheiligsten im Zelt der Zusammenkunft und später im Tempel in Jerusalem. Aber als der Sohn auf die Erde kam, wurde Gott völlig offenbart. Als Er von Johannes am Jordan getauft worden war, fuhr der Geist Gottes wie eine Taube sichtbar auf Ihn hernieder, und die Stimme des Vaters wurde aus den Himmeln hörbar: „Dieser ist mein geliebter Sohn, an dem ich Wohlgefallen gefunden habe" (Mt 3,16.17). So wurde in der Dreieinheit des Vaters, des Sohnes und des Heiligen Geistes der eine Gott offenbart. Ohne das Kommen des Herrn Jesus war dies unmöglich. „Niemand hat Gott jemals gesehen; der eingeborene Sohn, der in des Vaters Schoß ist, der hat ihn kundgemacht" (Joh 1,18).

Zu diesem Zweck musste der Sohn Mensch werden. Kein Geschöpf vermochte Gott in Seiner erhabenen Majestät zu erblicken (2. Mo 33,20; 1. Tim 6,16). In unergründlicher Gnade wurde das Wort Fleisch und wohnte unter uns, und der Apostel Johannes konnte sagen: „Wir haben seine Herrlichkeit angeschaut, eine Herrlichkeit als eines Eingeborenen vom Vater" (Joh 1,14). Es war das Wohlgefallen der ganzen Fülle der Gottheit, in dem Menschen Christus Jesus auf Erden zu wohnen.

Aber für verlorene Sünder genügte es nicht, dass Gott im Fleisch offenbart wurde. Der Mensch Christus Jesus musste der Mittler zwischen Gott und Menschen werden. Gott in Seiner absoluten Heiligkeit und Gerechtigkeit kann keine Gemeinschaft mit von Ihm abgefallenen Sündern haben. Und der gefallene Mensch hat von sich aus keine Möglichkeit, zu Gott zu kommen. Deshalb war ein Mittler nötig. Nur Gott allein konnte diesen Schiedsmann stellen, von dem Hiob schon sagte, „dass er seine Hand auf uns beide legte" (Hiob 9,33). Der ewige Sohn, der das Bild des unsichtbaren Gottes ist, war der Einzige, der Gott vollkommen offenbaren, Seinen Willen kennen und tun konnte. Als Mensch konnte Er vor dem heiligen Gott für Menschen eintreten und den Lohn der Sünde, den Tod, auf sich nehmen. Deshalb war nur der Mensch Christus Jesus imstande, dieser eine Mittler zwischen Gott und Menschen zu werden. Gepriesen sei dafür Sein Name! Aber damit ist noch nicht alles über Seine Mittlerschaft gesagt. Sie beschränkte sich nämlich nicht darauf, dass Er als Priester und König für das Volk Israel die Verbindung zu Gott herstellte. Nein, Christus ist der Mittler, der sowohl dem ewigen Wesen Gottes als auch den Bedürfnissen der Menschen in Seiner Gegenwart vollkommen entspricht. Er stieg in die tiefsten Tiefen hinab, so dass auch der elendeste Sünder erkennen kann, dass Gott in Seiner Güte sich zu ihm herabgeneigt hat und für Menschen erreichbar ist. Aber die gleiche Barmherzigkeit, mit der der Herr Jesus auf der Erde war, besitzt Er auch jetzt noch im Himmel. Er hat nicht aufgehört, Mensch zu sein, und vergisst Seine Erfahrungen auf der Erde nicht. In göttlicher Vollkommenheit bleibt Er doch der Mensch in der Herrlichkeit. Er ist der mit nichts und niemand vergleichbare Mittler zwischen Gott und Menschen.

Wie wird der Herr Jesus verunehrt, wenn in weiten Teilen der Christenheit neben Ihm ein menschlicher Stellvertreter geehrt und Engel, Heilige und Maria als Mittler angefleht werden! Wie verderblich ist auch die Anschauung vieler heutiger Theologen, der Herr Jesus sei nur ein aus der Masse der übrigen Menschen besonders herausragender Mensch gewesen, der für eine gute Idee gelebt habe und schließlich gestorben sei. Die Grundlage solcher Gedanken ist, dass der Mensch gar keinen Erlöser braucht, weil Gott nicht mehr als Schöpfer und als heiliger und gerechter Richter gekannt und anerkannt wird. Wo alles Jenseitige und damit auch das Leben nach dem Tod geleugnet wird, wird die Religion zum Werkzeug politischer Weltverbesserung und Systemveränderung. Gottes Wort sagt auch hierzu: „Irrt euch nicht, Gott lässt sich nicht spotten! Denn was irgend ein Mensch sät, das wird er auch ernten" (Gal 6,7).

> Vers 6: *Der sich selbst gab als Lösegeld für alle, (wovon) das Zeugnis zu seiner Zeit (verkündigt werden sollte).*

Drei wichtige Tatsachen werden uns über den Mittler mitgeteilt. Die erste ist, dass es nur einen Mittler gibt, die zweite, dass dieser Mittler ein Mensch ist. Die dritte wird uns in diesem Vers vorgestellt: Er gab sich selbst zum Lösegeld für alle.

Gott gab nicht nur Seinen eingeborenen Sohn (Joh 3,16), sondern auch der Sohn gab sich selbst hin. Eine höhere Gabe kann es nicht geben! Auch in Galater 1,4 und Titus 2,14 lesen wir, dass der Herr Jesus sich für uns gegeben hat (griech. *didomi*). In Galater 2,20 und Epheser 5,2 und 25 wird das noch stärkere Wort „hingeben" (griech. *paradidomi*) verwendet, das die völlige Hingabe zum Ausdruck bringt. Der Herr Jesus gebrauchte einmal ein Gleichnis, um diese Tat zu verdeutlichen: „Das Reich der Himmel ist gleich einem im Acker verborgenen Schatz, den ein Mensch fand und verbarg; und vor Freude darüber geht er hin und verkauft alles, was er hat, und kauft jenen Acker" (Mt 13,44). Dieser Kaufmann gab seinen ganzen Besitz hin, um den Acker – die Welt (vgl. Mt 13,38) – zu kaufen. Aber der Herr tat mehr: Er gab sich selbst. Er hat ein Lösegeld bezahlt, das der ganzen Schuld, die beglichen werden musste, entsprach. Im Brief an die Epheser lesen wir, dass der Herr Jesus Gott verherrlicht hat durch den duftenden Wohlgeruch Seiner Selbsthingabe (Eph 5,2). Hier wird uns jedoch mehr die den Menschen zugewandte Seite des Sühnungswerkes gezeigt: Christus gab sich selbst zum Lösegeld für alle. In dem Erlösungswerk Christi offenbart sich die Liebe, das heißt das Wesen Gottes, und Seine Bereitwilligkeit, alle Menschen zu retten (vgl. Vers 4). Das bedeutet jedoch nicht, dass alle Menschen in den Genuss dieser Errettung kommen. Ein Vergleich mit der sehr ähnlichen Stelle in Matthäus 20,28 (vgl. auch Markus 10,45) kann diesen wichtigen Unterschied verdeutlichen. Dort sagt der Herr Jesus: „So wie der Sohn des Menschen nicht gekommen ist, um bedient zu werden, sondern um zu dienen und sein Leben zu geben als Lösegeld für viele." Die einander so ähnelnden, entscheidenden Worte dieser Verse weisen drei Unterschiede auf:

1. Das griechische Wort für „Lösegeld" *(lytron)* in Matthäus 20,28 und Markus 10,45 bedeutet eigentlich das Loskaufgeld für freizulassende Sklaven. Es kommt sonst nicht im NT vor, ist aber in der griechischen Sprache der damaligen Zeit gut bezeugt. In 1. Timotheus 2,6 wird für Lösegeld das Wort *antilytron* verwendet, dem eine verstärkende Vorsilbe mit der Bedeutung „anstatt" angefügt ist. Es kommt im NT nur an dieser einen Stelle vor.

2. Ein wichtiger Unterschied besteht zwischen den Präpositionen, die in beiden Fällen mit „für" wiedergegeben sind. In Matthäus 20,28 ist die Grundbedeutung „anstatt, an Stelle von" (griech. *anti*). Abgesehen von einigen Stellen, wo *anti* die Funktion eines Bindewortes hat, steht es im NT immer dann, wenn Ersatz oder Gleichwertigkeit ausgedrückt werden soll. Diese Stellen gebe ich nachstehend vollständig an: Matthäus 2,22; 5,38; 17,27; 20,28; Markus 10,45; Lukas 11,11; Johannes 1,16; Römer 12,17; 1. Korinther 11,15; 1. Thessalonicher 5,15; Hebräer 12,2.16; 1. Petrus 3,9. Hier in

1. Timotheus 2,6 steht jedoch ein anderes Verhältniswort, das im Allgemeinen mit dem Genitiv die Bedeutung hat: „für, zum Besten oder zum Vorteil von jemand" (griech. *hyper*). Dieses Wort mit seiner viel allgemeineren Bedeutung steht zum Beispiel in Galater 1,4; 2,20; Epheser 5,2.25; Titus 2,14, aber auch in Römer 5,6; 2. Korinther 5,14.15 und 21.
3. Der dritte Unterschied kommt in den Worten „viele" bei Matthäus und Markus sowie „alle" im vorliegenden Vers zum Ausdruck. Während der Herr in den Evangelien von denen spricht, die im Glauben annehmen, dass das Lösegeld auch für sie bezahlt wurde, wird hier ausgedrückt, dass der bezahlte Preis für alle Menschen ausreichend ist.

Zwischen diesen beiden so ähnlichen Sätzen besteht also ein großer Unterschied. Es ist der Unterschied zwischen der *Sühnung* (l. Tim 2,6) und der *Stellvertretung* Christi (Mt 20,28). Als Er Sein Werk am Kreuz vollbrachte, wurde Gott vollständig verherrlicht und befriedigt. Er bietet aufgrund dieses Werkes jetzt jedem Sünder die Gnade und das Heil in Christus an. Der Wert dieses Werkes reicht aus für alle Menschen. Ja, einmal wird aufgrund dieser Sühnung sogar die ganze Schöpfung von der Sünde frei sein (Joh 1,29), denn Christus hat auch den Acker, das heißt die ganze Welt, gekauft. Hier wird jedoch nur gesagt, dass es Gottes Wille ist, dass alle Menschen gerettet werden und zur Erkenntnis der Wahrheit kommen.

Aber Gottes Wort spricht auch ganz deutlich und unmissverständlich davon, dass nur diejenigen, die die Erlösung persönlich durch Buße und Glauben für sich in Anspruch nehmen, wirklich gerettet werden (Mk 16,16; Off 22,17). Ein Bild dieser beiden Seiten finden wir in den beiden

Ziegenböcken, die im AT am großen Versöhnungstag dargebracht werden mussten (3. Mo 16). Der Hohepriester musste den einen Bock schlachten und sein Blut in das Allerheiligste des Zeltes der Zusammenkunft bringen, wo es auf und vor den Deckel der Bundeslade gesprengt wurde. Dieser Bock war für den HERRN und befriedigte Seine heiligen und gerechten Ansprüche hinsichtlich der Unreinigkeiten und Übertretungen der Kinder Israel „nach allen ihren Sünden" (3. Mo 16,9.15–17). Das war die Sühnung. Der zweite Ziegenbock, Asasel genannt, musste danach herbeigebracht werden. Der Hohepriester Aaron musste seine beiden Hände auf den Kopf dieses Tieres legen und darauf alle Ungerechtigkeiten der Kinder Israel bekennen. Dann wurde dieser Bock, der symbolisch mit allen Sünden des Volkes Israel beladen war, in die Wüste geschickt. Ein unschuldiges Tier trug stellvertretend die Schuld, mit der es durch das Sündenbekenntnis Aarons beladen und dann auf Nimmerwiedersehen in ein ödes Land geschickt wurde (3. Mo 16,10.20–22). Dies ist das Bild der Stellvertretung Christi für alle, die an Ihn glauben.

Im NT finden wir beide Gesichtspunkte vereint in Römer 3,22, wo die meisten Handschriften lesen: „Gottes Gerechtigkeit aber durch Glauben an Jesum Christum gegen alle (das ist die Sühnung) und auf alle, die da glauben" (das ist die Stellvertretung). Der Apostel Johannes schreibt in seinem ersten Brief, Kapitel 2,2: „Und er ist die Sühnung für unsere Sünden, nicht allein aber für die unseren, sondern auch für die ganze Welt."

Diese Gnade Gottes, die aufgrund des Werkes Christi allen Menschen Vergebung und Heil verkündigen lässt, sollte zu seiner Zeit bezeugt werden. Als Christus in den Himmel eingegangen, der Heilige Geist auf die Erde gekommen war und das Haus Gottes entstand, war diese Zeit gekommen.

Bevor das Lösegeld bezahlt war, war dies unmöglich. Bis dahin hatte Gott in Langmut gewartet. Aber als die Verdorbenheit der Menschen, nicht nur der Heiden, sondern auch der Juden, ganz und gar offenbar geworden war, wurde der Preis der Erlösung am Kreuz von Golgatha bezahlt und zu seiner Zeit auch das Zeugnis gegeben. Dieses Zeugnis soll von dem ganzen Haus Gottes ausgehen und ist an die ganze Welt gerichtet.

> Vers 7: *Wozu ich bestellt worden bin als Herold und Apostel [ich sage (die) Wahrheit, ich lüge nicht], ein Lehrer (der) Nationen, in Glauben und Wahrheit.*

Paulus war ein besonderes Werkzeug Gottes, ein auserwähltes Gefäß. An anderer Stelle bekundet er, wie seine Bestellung zu dem Dienst als Apostel zustande gekommen war (vgl. Gal 1,1.11-12.15ff). Hier nennt er nur die drei Titel, die seinen Dienst kennzeichneten. Der Herold war im römischen Kaiserreich eine wohlbekannte Amtsperson, die offizielle Mitteilungen und Botschaften des Herrschers ausrief. So wird auch die Botschaft des Heils ausgerufen. Das gewöhnliche Wort für „predigen" im NT ist eine Ableitung von diesem Wort Herold. Die Autorität des Heroldes liegt in der Botschaft, die er verkündet. – Paulus war außerdem Apostel. So hatte er sich im ersten Vers dieses Briefes vorgestellt. Als solcher konnte er sich auf die Autorität des Herrn berufen, der ihn ausgesandt hatte. Trotzdem wurde sein Apostelamt oftmals angezweifelt (l. Kor 9,1-3; 2. Kor 11,4-5; Gal 1-2). Vielleicht fügte er deshalb hier die Worte ein: „Ich sage die Wahrheit, ich lüge nicht" (vgl. Röm 9,1; 2. Kor 11,31; Gal 1,20). – Schließlich war Paulus ein Lehrer der Nationen. Er war zwar auch der Apostel der Nationen (Röm 11,13), denn der Herr hatte ihm ganz speziell den Auftrag gegeben, Seinen unausforschlichen Reichtum unter den Nationen zu verkünden (vgl. Röm 16,25-26; Gal 2,7-9; Eph 3,8). Als Lehrer besaß Paulus eine besondere Gabe von dem verherrlichten Herrn (Eph 4,11). Der Dienst dieses Herolds, Apostels und Lehrers der Nationen war gekennzeichnet von Glauben und Wahrheit. Er lebte selbst praktisch in diesen Dingen, die er anderen vorstellte. Der wahre Glaube und die eine Wahrheit waren aber auch das Thema seiner Verkündigung, und schließlich ist der Glaube an das Evangelium und die Erkenntnis der Wahrheit auch der einzige Weg zu dem Heiland-Gott.

> Vers 8: *Ich will nun, dass die Männer an jedem Ort beten, indem sie heilige Hände aufheben, ohne Zorn und zweifelnde Überlegung.*

Nach der allgemeinen Ermahnung zum Gebet in Vers 1 folgt nun eine speziell an die Männer gerichtete Aufforderung. Ausdrücklich bestimmt Paulus mit apostolischer Autorität, dass nicht alle Glieder der Versammlung Gottes, sondern nur die Männer an jedem Ort beten sollen. Die Ausdrucksweise ist so klar, dass man sich wundert, mit welcher Leichtigkeit viele Christen sich über dieses Gebot hinwegsetzen. Die Missachtung der wörtlichen Inspiration der ganzen Heiligen Schrift, aber auch die weltweite Emanzipationsbewegung der Frauen, haben viel Schaden angerichtet.

Einerseits belehrt uns Gottes Wort deutlich, dass das Gebet, der Ausdruck der Abhängigkeit von Gott, ein Vorrecht nicht nur der Männer, sondern auch der Frauen ist. Denken wir nur an eine Hanna (1. Sam 2,1), eine Maria (Lk 1,46ff) und eine Anna (Lk 2,37)! In 1. Korinther 11,5–10 gibt der Apostel Paulus dazu noch die ausführlich begründete, einschränkende Anweisung, dass jede Frau, die betet oder weissagt, dabei ihr Haupt bedecken soll. Aber eine wichtige Belehrung enthält 1. Korinther 14,34-35: „Eure Frauen sollen schweigen in den Versammlungen ..." Eine gläubige Frau konnte und kann also nicht an jedem Ort beten. In vollkommenem Einklang mit den übrigen diesbezüglichen Stellen im NT schreibt der Apostel hier: „Ich will nun, dass die Männer an *jedem* Ort beten."

Nur die Männer haben nach Gottes Gedanken das Vorrecht, an jedem Ort zu beten. Die göttliche Ordnung in der Schöpfung kommt hierin zum Ausdruck. Die Männer sind nicht eine bestimmte Klasse oder Gruppe, wie die Ältesten und Diener oder die von dem verherrlichten Herrn gegebenen Gaben, sondern alle Männer, im Gegensatz zu den Frauen. Die Brüder haben die volle Freiheit, zu beten, jedoch in demütiger Unterwerfung unter den Herrn und unter die Leitung des Heiligen Geistes. In den christlichen Kirchen und Gemeinschaften ist diese Freiheit weithin unbekannt. Aber wie steht es bei denen, die sich nach ihrem Bekenntnis von diesen menschlichen Organisationen abgesondert haben und sich nur auf das Wort Gottes stützen möchten? Besteht nicht auch hier die Gefahr, diesen wichtigen Dienst auf die Schultern einiger weniger zu laden?

Die Angabe „an jedem Ort" bezieht sich jedoch nicht nur auf die Zusammenkünfte der Gläubigen. Sie besagt einfach, dass es für das Gebet der Männer, im Gegensatz zu dem der Frauen, keine äußere Beschränkung gibt. Ob es sich um das Gebet in der Familie, in einem größeren Kreis, in der Öffentlichkeit oder auch in den Zusammenkünften handelt, die Männer sollen an jedem Ort beten. Im Kreis von Frauen, mit ihrem Ehemann und mit den ihr anvertrauten Kindern kann auch die Schwester Freimütigkeit zum Beten haben, sofern sie dabei ihre Stellung als Frau nicht außer Acht lässt. Aber in der Öffentlichkeit ist das Gebet Aufgabe und Vorrecht der Brüder.

Der Nachsatz dieses Verses bezieht sich eher auf die innere als auf die äußere Haltung der betenden Männer. Das Aufheben oder Ausbreiten der Hände war in der biblischen Zeit eine wohlbekannte Gewohnheit (vgl. 2. Chr 6,12; Esra 9,5), ebenso wie heute das Falten oder Zusammenlegen der Hände. Auch ist es nicht ausschlaggebend, ob man beim Beten steht oder kniet (vgl. Dan 6,11; Mk 11,25; Lk 22,41; Eph 3,14). Es kommt nicht nur auf die äußerliche Haltung an, sondern darauf, dass die Hände des Beters *heilig* sind. Hier steht nicht das normale Wort für „heilig" (griech. *hagios*), das „abgesondert" bedeutet, sondern das viel seltener vorkommende griechische Wort *hosios*, das auch mit „fromm, barmherzig, gnädig" übersetzt werden kann (vgl. Apg 2,27; Tit 1,8; Heb 7,26). Die Hände als Werkzeuge und Symbole des menschlichen Tuns sind hier der Ausdruck des inneren Zustandes. Wenn im eigenen Leben ungerichtete Sünde geduldet wird, wenn das Verhältnis zu den Mitmenschen nicht geordnet ist und wenn beim öffentlichen Gebet das Bewusstsein fehlt, als Mund der Versammelten in der Gegenwart eines heiligen Gottes zu sprechen, dann können die aufgehobenen Hände nicht heilig sein. Dieser Gedanke wird unterstrichen durch die ernsten Worte: „ohne Zorn und zweifelnde Überlegung". Wenn im Herzen Zorn gegen irgendeine Person genährt wird, kann man dann aufrichtig beten, auch für den Betreffenden? Das ist unmöglich. Der Herr will, dass wir vergeben, wie Er uns vergeben hat (Kol 3,13; Mk 11,25). Öffentliche Gebete sollen auch nicht dazu missbraucht werden, andere anzugreifen oder zu belehren. Aber nicht nur unser Verhältnis zu den Menschen muss geordnet sein, auch im Blick auf Gott selbst soll keine zweifelnde Überlegung gehegt werden. Jakobus schreibt: „Er bitte aber im Glauben, ohne irgend zu zweifeln; denn der Zweifelnde gleicht einer Meereswoge, die vom Wind bewegt und hin und her getrieben wird. Denn jener Mensch denke nicht, dass er etwas von dem Herrn empfangen wird; (er ist) ein wankelmütiger Mann, unstet in allen seinen Wegen" (Jak 1,6–8). Wenn jedoch nichts hinderndes zwischen dem Herzen und Gott steht, kann der Gläubige mit Freimütigkeit zum Thron der Gnade nahen (Heb 4,16; 1. Joh 3,20–21).

Verse 9-10: *Ebenso auch, dass (die) Weiber in bescheidenem Äußeren mit Schamhaftigkeit und Sittsamkeit sich schmücken, nicht mit Haarflechten und Gold oder Perlen oder kostbarer Kleidung – sondern was Frauen geziemt, die sich zur Gottesfurcht bekennen – durch gute Werke.*

Immer hat es Übersetzer und Ausleger gegeben, die das Wort „ebenso" am Anfang dieser Verse so auffassen, als greife es den ganzen Inhalt von Vers 8 auf, das heißt die Aufforderung des Apostels, dass die Männer überall beten sollen. Diese Auffassung ist jedoch aus zwei Gründen unhaltbar. Erstens sind die Verse 9 und 10 im Griechischen grammatisch so aufgebaut, dass von den Einleitungsworten „ich will" zwei Infinitivsätze abhängen (die in der Elberfelder Übersetzung durch Nebensätze mit dem Bindewort „dass" wiedergegeben werden): „Ich will nun, dass die Männer ... beten ..., ebenso, dass (die) Frauen ... sich schmücken ...". Das Wort „ebenso" schließt sich also sprachlich eindeutig an die Worte „ich will nun" an. Zweitens steht die Erklärung, der Apostel wolle, dass auch die Schwestern an jedem Ort beten sollten, im Widerspruch zu den übrigen Belehrungen des NT über ihren Dienst. Wir haben bereits bei der Betrachtung von Vers 8 gesehen, dass der Dienst der Frauen aufgrund ihrer Stellung in der Schöpfung nicht der gleiche ist wie der der Männer. So sollen nach 1. Korinther 14,34-35 die Frauen in den Versammlungen schweigen. Damit wird eindeutig die Erklärung ausgeschlossen, dass hier „ebenso ... die Frauen" zum Beten an jedem Ort aufgefordert würden.

So wie alle gläubigen Männer aufgefordert werden, an jedem Ort in der rechten Haltung zu beten und dadurch ihre Abhängigkeit von Gott zum Ausdruck zu bringen, so wird hier allen Frauen, die sich zur Gottesfurcht bekennen, Schamhaftigkeit und Sittsamkeit auferlegt. In Gottes Wort finden wir von alters her Beispiele für den Drang der Frauen, sich zu verschönern und zu schmücken. Aber schon im AT wird diese Tatsache als eine fleischliche Eigenschaft dargestellt und verurteilt (vgl. 2. Kön 9,30; Jes 3,16-24). Auf diese gefährliche Neigung beim weiblichen Geschlecht wird auch in 1. Petrus 3,3-5 hingewiesen, und zwar speziell im Hinblick auf das Zeugnis vor den Ungläubigen. In unserem Brief handelt es sich um das rechte Verhalten im Haus Gottes. Dies schließt bei den Frauen ein bescheidenes oder ehrbares, anständiges und würdiges Verhalten und Auftreten ein, wozu die äußere Aufmachung in starkem Maß beiträgt. Das Wort „bescheiden" (griech. *kosmios*) wird in Kapitel 3,2 bei der Beschreibung der Eigenschaften des Aufsehers mit „sittsam" übersetzt.

Wie der Apostel bei der Ermahnung an die Männer hinzufügt: „ohne Zorn und zweifelnde Überlegung", so hier: „mit Schamhaftigkeit und Sittsamkeit (oder: Besonnenheit)". Gott will, dass die christliche Frau sich schmückt, aber nur in einer Weise, die Er anerkennen kann. Ein solcher Schmuck soll nicht die Aufmerksamkeit anderer Menschen auf sich ziehen, sondern zu Seiner Freude sein! Das bedeutet, dass der Schmuck in Übereinstimmung mit der Stellung als Gottes Kind ist. Zwei Beispiele für dieses Schmücken in gottgemäßem Sinn möchte ich hier anführen. Die Sklaven werden im Brief an Titus aufgefordert, sich so zu verhalten, „dass sie die Lehre, die unseres Heiland-Gottes ist, zieren (oder: schmücken) in allem" (Tit 2,10). In Offenbarung 21,2 wird die Versammlung Gottes in der Ewigkeit beschrieben: „Und ich sah die heilige Stadt, das neue Jerusalem, aus dem Himmel herniederkommen von Gott, bereitet wie eine für ihren Mann geschmückte Braut." Der wahre christliche Schmuck dient zur Ehre unseres Gottes! Das kann von „Haarflechten und Gold oder Perlen oder kostbarer Kleidung" wohl nicht gesagt werden, mit denen die Blicke der Menschen auf sich gezogen werden sollen. Es handelt sich hier und in 1. Petrus 3 nicht um eine Modevorschrift, sondern um eine immer und für alle gültige Ermahnung, die in keiner Weise zeitgebunden ist. In der jeweiligen Anwendung mag sie zeitgebunden sein, denn was vor hundert Jahren als unstatthaft bezeichnet wurde, wird heute auch von ernsten Menschen als durchaus sittsam betrachtet. Wenn eine Christin ihren Herrn nicht verunehren will, muss sie aber nein sagen können, wenn die modischen Zeiterscheinungen aufreizend und unsittlich wirken. Es entspräche nicht dem Geist der Gnade und des Evangeliums, über das Wort Gottes hinausgehende Regeln aufzustellen, durch die in anderer Weise die menschliche Aufmerksamkeit erregt würde. Möchten die älteren und jüngeren Schwestern sich nur fragen, ob sie das Wort Gottes ernst nehmen und den Sinn dieser Ermahnungen verstanden haben und auch praktisch befolgen.

Eine Frau, die sich zur Gottesfurcht bekennt, soll sich nicht durch derartige äußerliche Merkmale, sondern mit guten Werken schmücken. Gute Werke (griech. *erga agatha*) werden auch in Kapitel 5,10b und als Verb in Kapitel 6,18a erwähnt. Das sind Werke, die in ihren Auswirkungen gut und segensreich sind. Die in Kapitel 3,1; 5,l0a; 5,25; 6,18b erwähnten guten Werke (griech. *erga kala*) sind Werke, die an sich schön, gut und edel sind. Wir sehen in den Evangelien, dass Frauen dem Herrn mit ihrer Habe dienten (Lk 8,3). Maria tat ein gutes Werk, als sie den Herrn salbte (Mt 26,7-10). Denken wir auch an eine Dorkas (Apg 9,39), Maria, die Mutter des Markus (Apg 12,12), eine Lydia (Apg 16,14 und 15). Es gibt viele gute Werke, die am besten von einer Schwester verrichtet werden können. Diese Werke können für den Herrn, für die Seinigen oder auch an Ungläubigen getan werden. Sie sind immer eine Frucht des neuen Menschen und der Abhängigkeit von Gott (Eph 2,10).

> Vers 11: *Eine Frau lerne in (der) Stille in aller Unterwürfigkeit.*

Der Gedanke an Bescheidenheit, Schamhaftigkeit und Sittsamkeit wird in diesem Vers auf einem anderen Gebiet weiter entwickelt. Die gläubige Frau soll sich in jeder Hinsicht von ihrer weltlichen Umgebung unterscheiden. Klatschweiber und Pantoffelhelden sind keine Erfindung unserer Tage. In der Welt waren sie seit jeher Gegenstand des Gelächters. Für eine Christin wäre es sehr traurig, wenn sie im Zusammenhang mit solchen Dingen erwähnt würde. Deshalb wird zu ihr gesagt, dass sie in Stille und Unterwürfigkeit lernen soll. Von vielen Auslegern wird dieser und der folgende Vers nur auf die Zusammenkünfte bezogen. Aber das hier Gesagte geht weiter als 1. Korinther 14,34-35. Hier handelt es sich viel allgemeiner um die der Stellung der Frau geziemende Haltung. Zu einem Leben in Stille und Unterwürfigkeit werden alle Gläubigen des Öfteren ermahnt (vgl. 1. Thes 4,11; 2. Thes 3,12; Röm 13,1; 1. Kor 16,16; Tit 2,9; 1. Pet 5,5), Keine andere Personengruppe wird jedoch im NT so häufig an die notwendige Unterwürfigkeit erinnert, wie die Frauen (l. Kor 14,34; Eph 5,22; Kol 3,18; Tit 2,5; 1. Pet 3,1.5). Es war von Anfang an das Ziel Satans, die Frau aus ihrer gottgegebenen Stellung der Unterwürfigkeit gegenüber dem Mann herauszulocken. In der heutigen Zeit wird dies ganz besonders deutlich. Der Apostel Paulus geht in Vers 14 näher auf diesen Punkt ein. – Eine schöne Illustration unseres Verses sehen wir in Maria, die sich zu den Füßen des Herrn Jesus niedersetzte und Seinem Wort zuhörte (Lk 10,38-42).

Verse 12-14: *Ich erlaube aber einer Frau nicht, zu lehren noch über (den) Mann zu herrschen, sondern still zu sein, denn Adam wurde zuerst gebildet, danach Eva; und Adam wurde nicht betrogen, die Frau aber wurde betrogen und fiel in Übertretung.*

Bei der Betrachtung von Vers 8 haben wir bereits an zwei Einschränkungen hinsichtlich des Dienstes gläubiger Frauen erinnert. Sie sollen schweigen in den Versammlungen (1. Kor 14,34-35) und sich beim Beten und Weissagen bedecken (1. Kor 11,2-16). Hier finden wir nun ein drittes, für die Schwestern geltendes Gebot: „Ich erlaube aber einer Frau nicht, zu lehren noch über den Mann zu herrschen, sondern still zu sein." Das Lehren und Herrschen steht dem Lernen und der Unterwürfigkeit im vorigen Vers gegenüber, während hier wie dort die Stille hervorgehoben wird.

Die Stellung als Haupt kommt nach der Schöpfungsordnung und aufgrund des Sündenfalles dem Mann zu (1. Mo 2,18; 3,16). Dass eine Schwester aufgrund ihres Wandels, ihrer Hingabe und Liebe für den Herrn und zu den Seinigen eine sittliche Kraft besitzen kann, die diejenige von Brüdern übersteigt, ermächtigt sie keineswegs, ihre unterwürfige Stellung zu verlassen und sich die Stellung als Führer, die Gott dem Mann vorbehalten hat, anzumaßen. Sie kann jedoch einen gottgemäßen, sittlichen Einfluss ausüben in dem Bereich, der ihr zugewiesen ist. So sollen die alten Frauen

Lehrerinnen des Guten sein und die jungen Frauen unterweisen, ihre Männer und ihre Kinder zu lieben, besonnen, keusch, mit häuslichen Arbeiten beschäftigt, gütig, und den eigenen Männern unterwürfig zu sein, damit das Wort Gottes nicht verlästert werde (Tit 2,3-5). Von den vielen neutestamentlichen Beispielen für den Dienst der Schwestern erwähne ich nur Priska und ihren Mann Aquila (Apg 18,2.18.26; Röm 16,3; 1. Kor 16,19; 2. Tim 4,19). In den drei Stellen, wo Priska zuerst genannt wird, steht die persönliche Hingabe im Vordergrund. Aber immer, wenn es um Führung und öffentliches Auftreten geht, wird Aquila als Erster erwähnt.

Wenn eine Schwester lehrt, herrscht sie also über den Mann, auch wenn kein Mann anwesend ist. Sie herrscht über ihn, weil sie sich seine Stellung anmaßt. Das Wort „herrschen" (griech. *authenteo*) kommt nur hier vor und bedeutet: eigenhändig Gewalt ausüben, eigenmächtig handeln. Das Lehren der Frau ist jedoch nur eine Form des Herrschens; sie herrscht zum Beispiel auch, wenn sie in der Versammlung redet (1. Kor 14,34), wenn sie unbedeckt betet oder weissagt (1. Kor 11,5), kurz, wenn sie ihre Stellung der Unterwürfigkeit verlässt und sich dem Mann gleichstellt.

Wie bereits erwähnt, werden hier zwei Gründe für die Stellung der Frau angeführt. Zuerst wird die Erschaffung des Menschen in 1. Mose 2 genannt, und zwar wird auf die Reihenfolge, in der Adam und Eva gebildet wurden, hingewiesen. Zunächst führte Adam ein selbständiges Dasein. Er erhielt die Aufgabe, den Garten Eden zu bebauen und zu bewahren. Er gab den Tieren im Auftrag Gottes ihre Namen. Erst dann wurde Eva aus ihm geschaffen, als Hilfe seinesgleichen, das heißt ihm entsprechend. So wurde der Mann das Haupt und die Frau das Herz der Menschheit, denn beide wurden von dem Schöpfer so ausgerüstet, dass sie den ihnen zugedachten Platz auch völlig ausfüllen konnten. In Epheser 5,22-33 werden wir belehrt, dass der Mann ein Bild von Christus, dem Haupt, und die Frau ein Bild der Versammlung, dem Weib des Lammes, ist. – Als zweiter Grund für die der Frau geziemenden Haltung wird in Vers 14 der Sündenfall angeführt. Adam folgte seiner Frau im Ungehorsam, während er sie im Gehorsam hätte führen sollen. Er musste sich der Tragweite seines Tuns bewusst sein, und gerade das machte es so schlimm. Aber es war Eva, die betrogen wurde, nicht Adam (vgl. 2. Kor 11,3). Diese Schwäche und ihre Auswirkungen auf den Mann und die ganze Menschheit werden deshalb als zusätzlicher Grund für die Ermahnung angeführt, still zu sein und nicht zu lehren und über den Mann zu herrschen.

Vers 15: *Sie wird aber gerettet werden beim Kindergebären, wenn sie bleiben in Glauben und Liebe und Heiligkeit mit Sittsamkeit.*

Dieser Vers, besonders der erste Teil, hat vielen Schriftauslegern Kopfzerbrechen bereitet. Eine Schwierigkeit entsteht dadurch, dass man das Wort „retten" (griech. *sozo*) im gleichen Sinn auffasst wie in Vers 4 und Kapitel 4,16 usw., wo es sich um die ewige Errettung handelt. Man vergisst dabei jedoch, dass dies Wort auch für die Heilung von Kranken (Mk 5,34) und die Rettung aus äußerer Gefahr verwendet wird (Apg 27,44). Von der Wortbedeutung her ist es also nicht nötig, bei „retten" an das ewige Heil zu denken.

Die Worte „beim Kindergebären" können auch übersetzt werden: „durch das Kindergebären (hindurch)". Manche Ausleger sind so weit gegangen, hierbei an die Geburt des Herrn zu denken; durch eine Frau sei der Sündenfall eingetreten und durch eine Frau auch der Retter gekommen. Andere denken daran, dass die Frau, die beim Sündenfall ihren Platz verlassen hat, durch das Verharren in ihrer Aufgabe, Kinder zu gebären, dem Auftrag Gottes entspreche und somit an ihrer Seligkeit mitwirke. Dass die Erwähnung des Gebärens von Kindern im Zusammenhang mit dem Sündenfall geschieht, steht wohl außer Zweifel. Eine der Folgen des Ungehorsams Evas war, dass Gott zu ihr sprach: „Ich werde sehr mehren die Mühsal deiner Schwangerschaft, mit Schmerzen sollst du Kinder gebären" (1. Mo 3,16). Diese Strafe Gottes, die Er in Seinen Regierungswegen dem gefallenen Menschen – und hier speziell der Frau – auferlegt hat, bleibt bestehen. Aber sie kann jetzt eine Gelegenheit für die Barmherzigkeit und Hilfe Gottes werden. Eine *gläubige* Frau – darauf weist das Tätigkeitswort „bleiben" hin – darf auf den durchhelfenden Beistand ihres Gottes in den oft schweren Stunden der Geburt vertrauen. Es handelt sich also um eine irdische, zeitliche Errettung durch die Schwierigkeit hindurch. Das Kindergebären ist nicht Mittel oder Weg, sondern der Umstand, durch den die Frau hindurchgerettet wird. In demselben Sinn wird das Wort „erretten" mit der Präposition „durch" (griech. *dia* mit Genitiv) auch in 1. Korinther 3,15 und 1. Petrus 3,20 in anderem Zusammenhang gebraucht.

Eine weitere Schwierigkeit stellen für manchen die Worte dar: „wenn sie bleiben". Ganz abwegig ist es, hierbei an die zur Welt kommenden Kinder zu denken. Weniger einfach ist die Entscheidung der Frage, ob es sich nur um die gläubigen Frauen oder um die Frauen mit den Männern handelt. Wenn hier nur die Frauen angesprochen würden, wäre es jedoch schwierig zu erklären, warum diese am Anfang des Verses in der Einzahl, am Ende jedoch in der Mehrzahl erwähnt werden. Wenn aber Männer und Frauen gemeint sind, ist der

Sinn klar. Die Frau wird gerettet werden in Kindesnöten, aber die Voraussetzung ist, dass beide, Mann und Frau, praktisch in Glauben und Liebe und Heiligkeit mit Sittsamkeit bleiben. In den vorhergehenden Versen hatte der Apostel ja auch beide angesprochen und ermahnt. Beide werden zum Schluss wieder gemeinsam betrachtet. Die Einmütigkeit von Mann und Frau in der Ehe ist ein Segen und eine Verantwortung. Es gibt große Unterschiede in ihrer Stellung und ihren Aufgaben auf Erden. Aber im täglichen Glaubensleben dürfen und sollen sie einmütig ihren Weg gehen. Denn in der Stellung in Christo vor Gott „ist nicht Mann und Frau, denn ihr alle seid einer in Christo Jesu" (Gal 3,28).

Älteste und Diener

1. Timotheus 3

> Vers 1: *Das Wort ist gewiss: Wenn jemand nach einem Aufseherdienst trachtet, (so) begehrt er ein schönes Werk.*

In Kapitel 2 hatte der Apostel über das Gebet und das Verhalten im Blick auf alle Menschen, sowie über das rechte Verhalten von Männern und Frauen, auch in der Ehe, geschrieben. Nun wendet er sich der Ordnung unter den Gläubigen, die das Haus Gottes bilden, zu. Die in diesem Kapitel aufgezählten Anforderungen an die Aufseher und Diener leiten direkt auf den Kernsatz des Briefes, Vers 15, hin.

Die Einleitung: „das Wort ist gewiss" kommt, wie wir zu Kapitel 1,15 bereits bemerkten, dreimal in diesem Brief vor, außerdem je einmal im 2. Timotheusbrief (Kap 2,11) und im Titusbrief (Kap 3,8). Manche Übersetzer und Ausleger wollen diese Worte hier mit dem Ende des vorigen Abschnittes verbinden. Auch in Kapitel 3,9 und in den beiden anderen Briefen unterstreichen sie einerseits das Vorhergehende und leiten andererseits das Folgende ein. Hier können sie sich jedoch nur auf einen von beiden Gedanken beziehen und stehen daher in den meisten Übersetzungen am Anfang des dritten Kapitels.

Das hier gebrauchte Wort für „Aufseherdienst" (griech. *episkope*) ist in der griechischen Sprache außerhalb der Heiligen Schrift nur einmal belegt. Aber in der griechischen Übersetzung des AT, der Septuaginta, kommt es über dreißigmal vor, zum Beispiel in 4. Mose 4,16 („Aufsicht") und 4. Mose 16,29 („Heimsuchung"). Beide Bedeutungen hat das Wort auch im NT, wo es viermal vorkommt (siehe Lk 19,44; 1. Pet 2,12; Apg 1,20). Hier bezeichnet es das Amt oder den Dienst des Aufsehers (griech. *episkopos*). Über den Aufseherdienst selbst erfahren wir in diesem Brief nur wenig. In Kapitel 5,17ff wird jedoch von den Ältesten gesprochen. Ein Blick in Apostelgeschichte 20,17.28 sowie Titus 1,5.7 zeigt, dass es sich um die gleiche Gruppe von Männern handelt, und damit auch um den gleichen Dienst. Das Wort „Ältester" bezeichnet mehr die Würde, das Wort „Aufseher" die Bürde dieses Amtes.

In der angeführten Stelle, Apostelgeschichte 20, werden drei Aufgaben des Aufseherdienstes erwähnt. Erstens sollten die Aufseher Acht haben auf sich selbst und auf die ganze Herde (Vers 28). Zweitens sollten sie die Versammlung Gottes hüten (Vers 28). Drittens sollten sie wachen und die Herde vor verkehrten Einflüssen bewahren (Vers 31).

Ähnlich wie Paulus die Korinther ermuntert hatte, um die geistlichen Gnadengaben zu eifern, das heißt, sich darum zu bemühen (l. Kor 12,31; 14,1), schreibt er hier seinem treuen Freund Timotheus, dass jemand, der nach einem Aufseherdienst trachtete, ein schönes (oder gutes, griech. *kalos*, siehe Kap 2,10) Werk begehrte. Beides steht also als etwas sehr Positives da. Dieses Eifern oder Trachten kann jedoch in nichts anderem bestehen als in Hingabe und Liebe zu dem Herrn Jesus und dem Wunsch, Ihm in Abhängigkeit und Gehorsam zu dienen.

Damit sind die Gemeinsamkeiten zwischen den Gaben und den Ämtern (wozu auch die Diener gehören, Vers 8) auch nahezu erschöpft. Es bestehen nämlich große und wichtige Unterschiede zwischen ihnen, die in der Christenheit fast überall verwischt sind.

Erstens stehen die Gaben in Verbindung mit der Versammlung als Leib Christi (Röm 12; 1. Kor 12; Eph 4) und dienen seiner Auferbauung, das heißt seiner inneren Förderung und Stärkung (Eph 4,12), während die Ämter Bezug haben auf das Haus Gottes (l. Tim 3,15) und die äußere Ordnung in den örtlichen Versammlungen (Apg 20,28; 1. Pet 5,1–3). Zweitens sind die Gaben dem ganzen Leib gegeben, wie aus den angeführten Stellen hervorgeht. Das heißt, dass sie in ihrer Ausübung keiner örtlichen Beschränkung unterliegen. Die Ausübung der Ämter war jedoch auf die jeweilige Versammlung beschränkt (Apg 14,23; 20,17; Phil 1,1; 1. Pet 5,1–2; Tit 1,5). Drittens lesen wir in Epheser 4,11–13, dass der Dienst der Gaben andauert, „bis wir alle hingelangen zu der Einheit des Glaubens und der Erkenntnis des Sohnes Gottes", das heißt bis zu dem Augenblick, wo der Herr selbst alles in Herrlichkeit vollenden wird. Bei den Ämtern im NT ist keine Fortführung oder Fortsetzung zu erkennen. Viertens hat jedes Glied am Leib Christi irgendeine Funktion und Gabe, wenn auch nicht alle Evangelisten, Hirten oder Lehrer sind (Röm 12,4-8; 1. Kor 12,14–26; 1. Pet 4,10). Nur wenige aber erfüllen die Voraussetzungen, die an den Aufseherdienst geknüpft werden (Vers 2–7; Tit 1,6–9). Fünftens werden die Gaben von dem erhöhten Herrn im Himmel durch den Heiligen Geist gegeben (l. Kor 12,4.11; Eph 4,11), ohne dass eine menschliche Vermittlung erforderlich ist. Demgegenüber sind unter der Leitung des Geistes Älteste oder Aufseher immer von den Aposteln oder deren Beauftragten und die Diener von der Versammlung regelrecht angestellt worden (Apg 6,6; 14,23; 20,28; Tit 1,5).

Die Apostel nahmen eine einmalige Stellung ein. Von allen Gnadengaben werden sie immer als Erste erwähnt. Auch hinsichtlich des Bauens der Versammlung Gottes auf Erden nahmen sie die Führerstellung ein (vgl. Eph 2,20; 3,5). So stellten sie die höchste ernannte menschliche Autorität in der Versammlung dar und besaßen die Fähigkeit und das

Recht, im Namen des Herrn andere, untergeordnete Autoritäten wie die Aufseher und Diener einzusetzen. Sie taten es direkt oder mittels von ihnen dazu speziell beauftragter Personen, wie Titus (Tit 1,5). Von Timotheus lesen wir nicht, dass er Aufseher einsetzen sollte, obwohl der Gedanke naheliegend ist, dass er den Auftrag dazu bekommen hatte. Autorität kommt nach der Heiligen Schrift immer von Gott. Dieser Grundsatz wird durch die in protestantischen Kirchen und Gemeinden geübte demokratische Wahl oder Ernennung bei der Ordinierung von Amtsträgern außer Acht gelassen. Wie kann aber jemand wahre Autorität ausüben über solche, von denen er im Grunde abhängig ist? Das katholische Prinzip der Autorität fußt auf der falschen Lehre, dass es eine ununterbrochene apostolische Nachfolge gibt. Aber davon spricht Gottes Wort nicht. Im Gegenteil, als Paulus von den Ältesten der Versammlung in Ephesus Abschied nahm, befahl er sie Gott und dem Wort Seiner Gnade (Apg 20,32). Diese feste Grundlage des Glaubens besitzen wir noch heute.

Aus dem NT können wir entnehmen, dass Aufseher oder Älteste nur in solchen Versammlungen eingesetzt wurden, deren Glieder großenteils aus dem Heidentum stammten: Ephesus, Philippi, Kreta usw. Sie wurden in diesen jungen und unerfahrenen Versammlungen zur Leitung und Aufrechterhaltung der Ordnung angestellt. In den Versammlungen in Jerusalem und Judäa, die ja aus bekehrten Juden bestanden, gab es solche Ältesten, ohne dass wir etwas von einer Einsetzung lesen (Apg 11,30; 15,6). Israel kannte von alters her Älteste (2. Mo 3,16; 5. Mo 19,12; Rt 4,2; Es 10,14; Mt 26,59; Apg 6,12). Sie waren aufgrund ihres Alters und ihrer Erfahrung dazu befähigt, in den Städten und im ganzen Volk eine leitende Stellung einzunehmen. Diese Gewohnheit wurde wohl von den judäischen Versammlungen anfänglich übernommen, ohne dass es zu einer Ernennung oder Wahl gekommen wäre. Denn unter den Tausenden, die zum Glauben gekommen waren, mochten sich wohl auch manche befinden, die im Judentum bereits eine anerkannte Führerstellung eingenommen hatten und diese nach ihrer Bekehrung in der Mitte der Glaubenden beibehielten. Es waren Männer, die aufgrund ihres Lebenswandels, ihrer Kenntnis der Gedanken Gottes und ihrer Liebe zum Herrn eine moralische Autorität besaßen, die sie zu dem Werk des Aufsehers oder Ältesten befähigte.

So gibt es auch heute treue Glaubensmänner, die ein großes geistliches und sittliches Gewicht besitzen. Sie entsprechen den Anforderungen, die Gottes Wort hier an die Aufseher stellt. Sie können heute nicht zu diesem Amt ernannt oder angestellt werden, weil dazu kein Mensch befähigt oder befugt ist, das heißt über ihnen steht. Aber sie sollen auch heute anerkannt und geachtet werden, denn „wo keine Führung ist, verfällt ein Volk" (Spr 11,14).

Vers 2: *Der Aufseher nun muss untadelig sein, (der) Mann einer Frau, nüchtern, besonnen, sittsam, gastfrei, lehrfähig.*

Aus dem Aufseher (griech. *episkopos*) ist im Deutschen der „Bischof" geworden, ebenso aus dem Ältesten (griech. *presbyteros*) der „Priester" im Katholizismus und der „Presbyter" im Protestantismus. Eine stellungsmäßige Unterscheidung der Aufseher (Bischöfe) von den Priestern oder Ältesten (Presbyter) ist nicht auf die Heilige Schrift zu gründen. In Gottes Wort finden wir diese immer zu mehreren an einem Ort (Apg 14,23; Phil 1,1). Nach dem Abscheiden der Apostel schälte sich aber recht bald die unbiblische, hierarchische Unterscheidung zwischen den Bischöfen und den ihnen unterstellten, örtlich tätigen Presbytern heraus.

Davon kennt das NT nichts. Die Aufseher oder Ältesten wurden von den Aposteln oder ihren Beauftragten angestellt und verrichteten an ihrem Ort den Dienst. Eine Fortführung dieser Anstellung können wir der Heiligen Schrift nicht entnehmen.

Wie bereits erwähnt, ist jedoch der Dienst älterer und weiser Brüder auch und gerade heute sehr nötig. Daher sind die hier gestellten Anforderungen an diesen Dienst keineswegs überflüssig. Jeder ernste Christ sollte danach streben, ihnen zu entsprechen. Denn die Tatsache, dass diese Eigenschaften die Voraussetzung für den Aufseherdienst bildeten, bedeutet doch nicht, dass alle übrigen Gläubigen sich nicht darum zu bekümmern brauchten! Es verhält sich gerade andersherum: Wenn auch jeder Gläubige sich um diese Eigenschaften bemühen soll, sind sie für den Aufseher ein unbedingtes Muss! In Übereinstimmung mit der Aufgabe wird im Folgenden von sittlichen Qualitäten, nicht von geistlichen Gaben gesprochen.

Als Erstes wird von dem Aufseher gefordert, dass er untadelig sein muss. Dies Wort kommt nur noch in Kapitel 5,7 und 6,14 vor, wo es mit „unsträflich" übersetzt wird. Die erste Eigenschaft ist so allgemein gehalten, dass die folgenden Dinge wie eine nähere Erläuterung klingen.

Der Aufseher musste „Mann *einer* Frau" sein (vgl. Vers 12; Tit 1,6). Der inspirierte Schreiber geht von vornherein davon aus, dass der Bruder verheiratet war. Die Ehe ist ein von Gott für diese Erde gegebener Stand, der dadurch nichts von seinem Wert einbüßt, dass jemand, der durch Gnade befähigt ist, um des Herrn willen ehelos zu bleiben, einen höheren Platz einnimmt (l. Kor 7,7.32–38). Nur ein verheirateter Aufseher war imstande, alle seine Aufgaben – auch in den Familien und bei unverheirateten Frauen oder Mädchen – zu erfüllen, was bei einem Junggesellen in manchen Fällen recht schwierig und unpassend gewesen wäre.

Die Betonung liegt hier jedoch auf dem Wort „einer". Wenn auch im Schöpfungsbericht und später in der Bibel nicht ausdrücklich die Einehe gefordert oder die Vielehe verboten wird, ist doch aus 1. Mose 2,24 und der darauf bezogenen Belehrung des Herrn Jesus in Matthäus 19,4-8 unschwer zu entnehmen, dass es Gottes Wille ist, dass *ein* Mann und *eine* Frau bis zum Tod eines der Ehegatten in der Ehe miteinander verbunden sein sollen. Diese Einheit von Mann und Frau ist ja ein Abbild von der Einheit Christi mit Seinem Weib, der Versammlung (Eph 5,31-32). Aber anfangend bei Lamech, dem siebenten von Adam (1. Mo 4,19), gab es im AT zahlreiche Fälle von Vielweiberei. Dadurch entstand in den Familien viel Not. Denken wir nur an Abraham, Jakob, David und Salomo! Auch die Scheidung der Ehe scheint besonders im nachexilischen Judentum ziemlich verbreitet gewesen zu sein (vgl. Mal 2,15-16; Mt 5,31f. 19,3f). Aber das NT sagt eindeutig, dass die Ehescheidung (außer wegen Ehebruchs) ein Gräuel für Gott ist (Mt 5,32; 19,6.9; 1. Kor 7,10-11). Ebenso wird der außereheliche Verkehr bei Unverheirateten als Hurerei und bei Verheirateten als Ehebruch in Gottes Wort aufs Schärfste verurteilt (2. Mo 20,14; Mt 5,27-28; 1. Kor 5; 6,9.13-20). Obwohl diese verabscheuungswürdigen Sünden so deutlich in der Bibel gebrandmarkt sind, geben gerade sie am häufigsten Anlass zur Zucht in den Versammlungen. Diejenigen, die hierin zu Fall kommen oder gar darin leben, sind nicht nur den klaren Worten Gottes gegenüber ungehorsam, sondern beweisen auch, dass ihnen die Liebe zu ihrem Herrn und der tiefe Wunsch sowie die geistliche Kraft, Seine Gedanken zu verwirklichen, fehlt. Die Reinheit des göttlich eingesetzten Ehestandes war also das erste spezielle Erfordernis an den Aufseher. Zwar können die erwähnten Sünden vergeben und die unterbrochene Gemeinschaft am Tisch des Herrn wiederhergestellt werden (vgl. 2. Kor 2,5-10 mit 1. Kor 5). Aber wer so gesündigt hat, ist zu einem Aufseherdienst nicht befähigt. Die Worte „Mann einer Frau" bedeuten wohl nicht nur, dass jemand, der in Bigamie oder gar Polygamie lebte, zurückgewiesen werden musste. Weder bei den Juden noch bei den Griechen war diese Gewohnheit in der damaligen Zeit verbreitet. Es geht einfach um die Reinheit des ehelichen Lebens, denn wie sollte der Aufseher anderen dienen, wenn er selbst in dieser Hinsicht versagt hatte? Noch weniger kann die Auffassung richtig sein, dass ein Aufseher, der verwitwet gewesen war, nicht wieder verheiratet sein durfte, obwohl diese Meinung bis in die neuere Zeit immer wieder einmal vertreten worden ist. Eine Wiederheirat eines verwitweten Ehegatten wird im Wort Gottes nicht nur nirgends untersagt, sondern als etwas durchaus Rechtmäßiges dargestellt (Röm 7,3; 1. Kor 7,39), „nur im Herrn".

Als weitere Erfordernisse werden Nüchternheit, Besonnenheit und Sittsamkeit genannt. Aufgeregtes Wesen, Maßlosigkeit und Leidenschaftlichkeit machen zum Aufseherdienst unfähig. Der Aufseher braucht einen klaren, gesunden Blick für alles, was um ihn herum geschieht. Jede Beeinflussung, die nicht vom Wort herkommt, kann ihn unnüchtern machen. Zur rechten Beurteilung einer Sache ist Nüchternheit erforderlich, zur Ausführung der notwendigen Schritte Besonnenheit und Sittsamkeit. Das Wort „sittsam" (griech. *kosmios*) wird in Kapitel 2,9 mit „bescheiden" übersetzt. Der Besonnenheit im Inneren soll die Sittsamkeit im Äußeren entsprechen.

Gastfrei zu sein ist ein besonderes Vorrecht aller Gläubigen (Röm 12,13; Heb 13,1; 1. Pet 4,9). Gastfrei bedeutet im Griechischen wörtlich: „den Fremden liebend".

Im AT heißt es, dass der HERR „den Fremdling liebt, so dass er ihm Brot und Kleider gibt" (5. Mo 10,18). Alle Gläubigen sollen Nachahmer Gottes sein, besonders aber diejenigen, die anderen als Vorbild dienen möchten. So sollen die Aufseher durchreisende Geschwister aufnehmen, Verfolgten Obdach bieten und besonders denen, die für den Namen Christi ausgegangen sind und Ihm im Evangelium oder in der Lehre dienen, Gastfreundschaft erweisen (vgl. 3. Joh 5-8). Der Aufseher musste auch lehrfähig sein. Jemand, der die Gabe eines Lehrers hat (Eph 4,11), besitzt sowohl die Fähigkeit als auch den Auftrag vom Herrn, die Lehre des Christus öffentlich und in den Häusern zu verkündigen. Der Aufseher brauchte zu seinem Dienst nur die Fähigkeit, zu lehren, das heißt, das durch persönliche Erfahrung oder durch Unterweisung Empfangene weiterzugeben. Die Gabe eines Lehrers brauchte der Aufseher also nicht zu besitzen. Dass es jedoch auch Fälle gab, wo diese Gabe mit dem Aufseherdienst vereinigt war, ist aus Kapitel 5,17 ersichtlich. Dort werden die Ältesten, „die da arbeiten in Wort und Lehre", besonders hervorgehoben.

> Vers 3: *Nicht dem Wein ergeben, kein Schläger, sondern milde, nicht streitsüchtig, nicht geldliebend.*

Nach den sieben positiven Kennzeichen in Vers 2 folgen nun vier negative Eigenschaften, die der Aufseher nicht aufweisen durfte. In Gebieten, wo der Wein ein tägliches Getränk ist, besteht eher die Gefahr, ihm ergeben zu sein, als in unseren Breiten. Deshalb finden wir im NT mehrere Anspielungen auf die Gefahren dieses Alkoholgenusses (Eph 5,18; 1. Thes 5,7; 1. Kor 5,11). Der Mangel an Selbstbeherrschung im Blick auf übermäßigen Weingenuss und die damit verbundenen Folgen konnten bei dem Aufseher, der ein Vorbild der Herde sein soll (l. Pet 5,1–3), unter keinen Umständen geduldet werden.

Der Aufseher durfte weder ein Schläger noch streitsüchtig sein. In seinem zweiten Brief ermahnt Paulus Timotheus selbst in dieser Beziehung mit den Worten: „Ein Knecht des Herrn aber soll nicht streiten, sondern gegen alle milde sein, lehrfähig, duldsam, der in Sanftmut die Widersacher zurechtweist, ob ihnen Gott nicht etwa Buße gebe ..." (2. Tim 2,24–25). Diese Worte machen deutlich, warum ein Schläger oder ein Kampfhahn nicht zu einem Aufseherdienst fähig ist. Wer sein eigenes Recht, notfalls womöglich sogar mit Gewalt, durchsetzen will, offenbart Unbeherrschtheit und Ichsucht. Durch Gelindigkeit oder Freundlichkeit kann jedoch auch das härteste Herz noch erreicht werden (Spr 25,15). Schließlich durften die Aufseher nicht geldliebend sein. In Kapitel 6,5-19 wird Timotheus ausführlich auf die Gefahren der Geldliebe im Allgemeinen aufmerksam gemacht. Habsucht, die hauptsächlich in der Geldliebe und -gier zum Ausdruck kommt, wird in Kolosser 3,5 sogar Götzendienst genannt. Das Streben nach materiellen Vorteilen, das heute mehr als je verbreitet ist und gefördert wird, ist ein tödliches Gift für jede geistliche Aktivität, und das umso mehr, wenn es einem Diener des Herrn zum Vorwurf gemacht werden muss.

Verse 4-5: *Der dem eigenen Haus wohl vorsteht, der (seine) Kinder in Unterwürfigkeit hält mit allem würdigen Ernst [wenn aber jemand dem eigenen Haus nicht vorzustehen weiß, wie wird er für (die) Versammlung Gottes Sorge tragen?].*

In den Versen 4-7 werden nun noch drei wichtige Anforderungen erwähnt. Es sind keine geistlichen Eigenschaften, sondern Beweise dafür, dass der Aufseher sich in seinem Glaubensleben in der Familie, in der Versammlung und vor der Welt bereits eine Zeit lang bewährt hatte.

Der erste Kreis, in dem der Aufseher eine erkennbare Bewährung aufweisen musste, war seine Familie, sein eigenes Haus. Hier liegt für jeden Ehemann und Familienvater die nächstliegende Aufgabe und Verantwortung. Wenn er darin versagt, kann er nicht als Vorbild für andere mit sittlicher Autorität sprechen oder handeln. Die Erwähnung von Frau und Kindern hier und in Titus 1,6 (vgl. auch Vers 12) scheint darauf hinzudeuten, dass ein unverheirateter Mann nicht berufen war, den Dienst eines Aufsehers oder Ältesten auszuüben. Es kam eben nicht nur auf sein geistliches Verständnis an, sondern in viel stärkerem Maß auf das sittliche Gewicht seiner Persönlichkeit und auf die Fähigkeit, aus eigener Erfahrung den Gläubigen zu dienen und sie, wenn nötig, zu ermahnen. Das „eigene Haus" beinhaltet den ganzen Haushalt mit allen dazugehörigen Personen, wozu damals auch die Sklaven gehörten. Hier galt es, in rechter Weise vorzustehen. Der Mann nach Gottes Gedanken als der verantwortliche Haushaltsvorstand. Er soll seine Frau lieben, wie Christus die Versammlung liebt (Eph 5,25.28.33). Er soll seine Kinder in der Zucht und Ermahnung des Herrn erziehen und sie nicht zum Zorn reizen (Eph 6,4). Er soll schließlich denen, die für ihn tätig sind, gewähren, was recht und billig ist, und sie nicht bedrohen (Eph 6,9; Kol 4,1). Ein Leben nach Gottes Gedanken in dem nächstliegenden Verantwortungsbereich ist die Grundvoraussetzung für den Dienst als Aufseher in der örtlichen Versammlung. Wie um die Wichtigkeit dieser Tatsache noch zu unterstreichen, stellt der Apostel in Vers 5 die Frage: „Wenn aber jemand dem eigenen Haus nicht vorzustehen weiß, wie wird er für die Versammlung Gottes Sorge tragen?" Die praktische Sorge für die Versammlung ist keine geringe Aufgabe. Es ist Gottes Versammlung (Apg 20,28), Gottes Herde (1. Pet 5,2). Das sollte jeder Diener Gottes immer vor Augen haben.

Vers 6: Nicht ein Neuling, damit er nicht, aufgebläht, ins Gericht des Teufels falle.

Der Aufseher durfte auch kein gerade bekehrter Christ sein, sondern sollte über eine gewisse Erfahrung verfügen. Dabei geht es dem Apostel nicht um die Kenntnis bestimmter Gewohnheiten, sondern darum, dass die Seele auf dem Weg der Glaubenserfahrung sich selbst kennen gelernt hat. Ein Neuling kann weder die Bosheit seines eigenen Herzens noch die bewahrende und wiederherstellende Gnade Gottes kennen. Er kennt auch die oft demütigende Zucht des Vaters mit Seinen Kindern nicht. Daher besteht die Gefahr, dass er aufgebläht wird, wenn ihm zu früh eine verantwortungsvolle Aufgabe übertragen wird. Wer sich aufbläht, macht sich größer, als er ist. Die Beschäftigung mit der Wichtigkeit der eigenen Person führt nur zu oft zur Überheblichkeit und damit zu der Sünde, die zum Fall des Teufels führte. Das Wort „Gericht" (griech. *krima*) kann die Beschuldigung und die Verurteilung beinhalten. Hier ist wohl das Erstere gemeint. Der Fall Satans, der in Jesaja 14,12–15 im Bild Babels und in Hesekiel 28,12-19 im Bild des Königs von Tyrus beschrieben wird, hatte seine Ursache darin, dass dieser Engelfürst in seiner Überheblichkeit gegen Gott aufstand. Nach seinem Sturz versuchte er sowohl den ersten als auch den zweiten Menschen hinter sich herzuziehen (1. Mo 3,5; Mt 4,8-10). Durch Selbstüberhebung setzt sich der Mensch immer dem gleichen Vorwurf aus, der den Satan einst traf.

Vers 7: Er muss aber auch ein gutes Zeugnis haben von denen, (die) draußen (sind), damit er nicht in Schmach und in (den) Fallstrick des Teufels falle.

Als letzte Forderung wird das gute Zeugnis von der Welt genannt. Draußen waren diejenige, die nicht zum Zeugnis der Versammlung Gottes auf Erden gehörten (vgl. 1. Kor 5,12-13; Kol 4,5; 1. Thes 4,12). Leben und Wandel des Aufsehers sollten so „untadelig" (Vers 2) sein, dass auch diejenigen, die draußen waren, ihm ein gutes Zeugnis geben konnten. Wenn berechtigte Vorwürfe gegen ihn erhoben werden konnten, würden der Herr, die Versammlung und der Dienst vor der Welt verlästert werden. So würde er in einem Fallstrick Satans gefangen werden (vgl. 2. Tim 2,26). Er wäre dadurch auch ungeeignet, sich mit den Seelen der Gläubigen zu beschäftigen, denn zu Recht könnte ihm der Vorwurf gemacht werden, in seinem eigenen Leben nicht wachsam genug gewesen zu sein. Wenn ein Bruder es zum Beispiel im Geschäftsleben nicht so genau nimmt und dadurch Anlass zu berechtigter Kritik seitens der Welt gibt, ist er dadurch zum Aufseherdienst nicht geeignet. Durch den Fallstrick des Teufels gefesselt, kann er dem Feind nicht widerstehen. Das „Gericht des Teufels" und der „Fallstrick des Teufels" sind also zwei verschiedene Dinge.

> Verse 8-9: *(Die) Diener ebenso, würdig, nicht doppelzüngig, nicht vielem Wein ergeben, nicht schändlichem Gewinn nachgehend, die das Geheimnis des Glaubens in reinem Gewissen bewahren.*

Das Wort „Diener" (griech. *diakonos*) wird im NT vereinzelt im allgemeinen Sinn für solche gebraucht, die in einem irdischen Dienstverhältnis stehen (Joh 2,5.9). Meistens bezeichnet es jedoch die Diener Gottes oder des Herrn (vgl. 2. Kor 6,4; 11,23; 1. Tim 4,6). Verschiedene Gläubige werden „Diener" genannt: Phöbe (Röm 16,1), Tychikus (Eph 6,21; Kol 4,7) und Epaphras (Kol 1,7). In Philipper 1,1 und hier wird das

Wort jedoch in einem Zusammenhang verwendet, der keinen Zweifel daran lässt, dass es sich, ähnlich wie bei den Aufsehern, um eine anerkannte Gruppe von Männern in den jeweiligen Versammlungen handelt, die bestimmte Aufgaben zu erfüllen hatten. Es wird allgemein angenommen, dass dieses Amt des Dieners oder Diakons dem Dienst der Sieben in Apostelgeschichte 6,1–6 (vgl. Apg 21,8) entsprach, obwohl diese nirgends „Diener" genannt werden. Anders als die Aufseher oder Ältesten wurden die sieben Männer in Jerusalem von der Menge der Brüder gewählt und vor die Apostel gestellt, die ihnen nach Gebet die Hände auflegten. Diese Wahl durch die Versammlung ist vielleicht die Erklärung dafür, dass die Diener im Brief an Titus nicht erwähnt werden, während er ausdrücklich dazu aufgefordert wird, in jeder Stadt Älteste anzustellen. Im vorliegenden Brief an Timotheus dagegen, in dem nicht von einer Anstellung, sondern nur von den Qualifikationen für Aufseher und Diener die Rede ist, werden beide Ämter erwähnt.

Der Anlass für die Wahl und Anstellung der sieben Diakone in Apostelgeschichte 6 war das Murren der griechischsprechenden Gläubigen, der Hellenisten, weil ihre Witwen bei den täglichen Mahlzeiten, die sie wohl immer noch gemeinsam einnahmen, übersehen wurden. Damit die Apostel nicht vom Gebet und dem Dienst des Wortes abgelenkt wurden, wählte man diese sieben Diener, von denen Stephanus und Philippus besonders bekannt wurden. Ihre Aufgabe bestand darin, für die äußeren Bedürfnisse der Gläubigen Sorge zu tragen und darauf zu achten, dass niemand Mangel zu leiden brauchte (vgl. hierzu 1. Tim 5,3–16).

Neben den Aufsehern, die besonders für die innere, geistliche Ordnung der Versammlung verantwortlich waren, trugen die Diener Sorge für das äußere Wohl der Gläubigen. Aber auch sie dienten in und an der Versammlung Gottes.

Der inspirierte Schreiber verlangt darum dieselbe Sorgfalt bei der Beurteilung derer, die für diesen Dienst in Frage kommen, wie bei den Aufsehern. Da ihre Arbeit sich mehr auf das materielle Wohl der Gläubigen bezog, wurden an sie nicht so strenge Anforderungen gestellt wie an die Ältesten. In vielem stimmten sie jedoch überein. Daraus können wir lernen, dass auch die in unseren Augen oft so unbedeutend erscheinenden äußeren Belange der Versammlung Gottes in Seinen Augen wichtig sind und deshalb mit gleichem Ernst und gleicher Hingabe wahrgenommen werden müssen, wie der geistliche Dienst an den Geschwistern.

Würdigkeit ist deshalb die erste Voraussetzung für den Diener. Diese Eigenschaft wird auch von ihren Frauen (V. 11) und allgemein von den alten Männern (Tit 2,2) gefordert und allen Gläubigen zur Erwägung vorgestellt (Phil 4,8).

Die Diener durften auch nicht doppelzüngig sein, was übrigens von den Aufsehern nicht ausdrücklich gefordert wurde. Aber in einem Dienst, der von Gerechtigkeit in Wort und Tat getragen werden muss, ist es besonders abträglich, wenn bei einer Person so und bei der nächsten anders geredet wird oder wenn man etwas anderes sagt, als man meint.

Wie die Aufseher sollten auch die Diener Selbstbeherrschung an den Tag legen und nicht vielem Wein ergeben sein. Der Ausdruck ist hier jedoch nicht so streng wie dort. Dann aber heißt es hier nicht nur „nicht geldliebend", sondern „nicht schändlichem Gewinn nachgehend". In Titus 1,7 und 1. Petrus 5,2 ist dies eine auch bei den Ältesten notwendige Eigenschaft. „Schändlichem Gewinn nachgehend" ist im Griechischen ein einziges Wort. Es bedeutet sicher nicht, dass der Diener nicht einem unehrenhaften Gewinn durch Betrug oder Ungerechtigkeit nachgehen sollte, sondern vielmehr, dass es bereits schändlich war, wenn er seinen Dienst überhaupt mit Gewinnabsichten tat. Wie nötig war diese

Voraussetzung bei jemand, dem hauptsächlich die gerechte Verteilung von Geldern der Heiligen und anderen materiellen Gütern oblag!

Vers 9 hebt die Wichtigkeit und Erhabenheit des Dienstes der Diakonen hervor. Wie leicht kann es sein, dass die Beschäftigung mit den Äußerlichkeiten des Lebens als etwas Nebensächliches betrachtet wird, wozu kein besonderes geistliches Verständnis erforderlich ist! Hier wird uns gezeigt, dass unser Gott alles, was die Seinen betrifft, als wichtig und untrennbar mit der von Ihm offenbarten Wahrheit verbunden betrachtet. Die Diener mussten das Geheimnis des Glaubens in reinem Gewissen bewahren. Mit dem Geheimnis des Glaubens ist nicht das persönliche Erfassen oder Erfassthaben der Heilswahrheit gemeint, sondern diese Wahrheit selbst, die „in den Zeiten der Zeitalter verschwiegen war, jetzt aber offenbart und durch prophetische Schriften, nach Befehl des ewigen Gottes, zum Glaubensgehorsam an alle Nationen kundgetan worden ist" (Röm 16,25–26; vgl. 1. Kor 2,7–16; Eph 3,2–11; Kol 1,26–28). Diese Wahrheit Gottes wendet sich nicht an den Verstand des Menschen – wenn sie auch durch diesen aufgenommen wird –, sondern an Herz und Gewissen, die durch sie gereinigt werden. Dort muss dieser Schatz treu bewahrt werden. Ein reines Gewissen ist dazu das einzige geeignete Gefäß. Das Gewissen wird hier zum dritten Mal in diesem Brief erwähnt (s. Kap 1,5.19). Es ist der verborgene „Schiedsrichter", der im Licht Gottes alle Gedanken, Worte und Taten be- und nötigenfalls verurteilt. Der Diener sollte die Wahrheit, das Geheimnis des Glaubens, nicht nur kennen und besitzen, sondern sein Leben und Wandel sollte damit in voller Übereinstimmung sein. Nur dann war er nämlich fähig, seine Aufgaben in der rechten Gesinnung und in unanstößiger Weise zu erfüllen.

Vers 10: Lass diese aber auch zuerst erprobt werden, dann lass sie dienen, wenn sie untadelig sind.

Wie kein Neuling Aufseher werden konnte (Vers 6), so sollte auch bei der Wahl der Diakonen geistliche Vorsicht walten. Das Wort „erproben" (griech. *dokimazein*) bedeutet auch „beurteilen" (Lk 12,56), „versuchen" (Lk 14,19), „für gut befinden" (Röm 1,28), „unterscheiden" (Röm 2,18), „prüfen" (Röm 12,2; 1. Kor 11,28; Eph 5,10) und „bewähren" (1. Thes 2,4). Es ist hierbei nicht an ein Examen oder eine Probezeit zu denken, sondern an eine Beurteilung der ganzen Person in ihrem Wandel vor der Welt und unter den Gläubigen. Dazu war eine gewisse Zeit notwendig. Übereilte, vorschnelle Vertrauensseligkeit war dabei nicht angebracht. In diesem Sinn ist ja auch die Ermahnung zu verstehen: „Die Hände lege niemand schnell auf und habe nicht teil an fremden Sünden" (Kap 5,22). Wenn sich aber erwies, dass der betreffende Bruder untadelig war, mochte er den Dienst tun. Von solch einer Erprobung lesen wir auch in 2. Korinther 8,22 bezüglich eines Begleiters des Titus, als eine Geldspende überbracht werden sollte. Die Aufforderung richtet sich in unserem Vers nicht an Timotheus, obwohl die zweimalige Wiederholung des Wortes „lass" diesen Gedanken nahe legt. Die Worte „erproben" und „dienen" stehen im Griechischen in der im Deutschen unbekannten Form des Imperativs (Befehlsform) der dritten Person im Plural. Eine genauere Übersetzung wäre demnach: „Diese sollen ... erprobt werden, dann sollen (oder: mögen) sie dienen". Die Tatsache, dass diese Worte im Präsens und nicht im Aorist stehen, zeigt, dass es sich nicht um eine einmalige, auf diesen speziellen Fall bezogene Ermahnung handelt, sondern um eine allgemeingültige Richtlinie.

Vers 11: *(Die) Frauen ebenso, würdig, nicht verleumderisch, nüchtern, treu in allem.*

Die Anweisungen bezüglich der Diener, die in Vers 8 beginnen und in Vers 12 fortgesetzt werden, werden in Vers 11 unterbrochen durch die Worte: „(Die) Frauen ebenso ..." Obwohl hier Eigenschaften aufgezählt werden, die jeder Schwester gut anstehen (vgl. Tit 2,3-4), verbietet es der Zusammenhang doch, an eine allgemeine Ermahnung für alle Schwestern zu denken. Aufgrund der gleichlautenden Einleitungsworte in Vers 8 („die Diener ebenso") und Vers 11 („die Frauen ebenso") meinen manche Ausleger, dass es sich um die Frauen der Aufseher und Diener handeln könne. Dagegen spricht jedoch die Tatsache, dass Vers 11 mitten in die Anforderungen an die Diener eingebettet ist. Die am weitesten verbreitete, schon von Kirchenvätern geäußerte Auffassung ist, dass hier von weiblichen Dienerinnen oder „Diakonissen" die Rede ist. Als „Beweis" dafür wird die in Römer 16,1 als „Dienerin der Versammlung in Kenchreä" bezeichnete Schwester Phöbe angeführt. Aus dieser einzigen Stelle im NT, wo eine Schwester „Dienerin" (griech. *diakonos*) genannt wird, geht aber nicht hervor, worin ihr Dienst bestand, und noch weniger, dass sie ein entsprechendes Amt bekleidete. Leider hat der Wunsch, für die menschlichen Einrichtungen in der Kirche eine biblische Grundlage zu finden, auch hier dazu geführt, in solch eine einzelne Stelle mehr hineinzulesen, als darin steht. Es gibt für bereitwillige Schwestern in der Versammlung Gottes viele Aufgaben, durch deren stille Erfüllung sie sich den Ehrentitel „Dienerinnen der Versammlung" erwerben können (vgl. Röm 16,12; Phil 4,2-3; 1. Tim 5,10). Aber dazu bedarf es keiner offiziellen Anstellung als „Gemeindeschwester". Die in Vers 11 erwähnten Frauen sind keine angestellten Dienerinnen der Versammlung, sondern einfach die Frauen derer, von denen vorher und nachher die Rede ist. Was bei dem Dienst der Aufseher aber nicht nur unnötig, sondern auch unrecht wäre, ist bei den Dienern eine wichtige Voraussetzung: nämlich, dass ihre Frauen ihnen in der Ausübung des Dienstes eine Hilfe sind. Weil sie dadurch in viele persönliche und private Einzelheiten der Gläubigen und ihrer Familien eingeweiht werden, ist es erforderlich, dass sie die von dem Apostel geforderten Eigenschaften besitzen. Sie sollen „würdig" sein wie ihre Männer, die Diener (vgl. Vers 8), „nicht verleumderisch", das heißt, dass sie nichts Gehörtes weitertragen und womöglich in einem anderen Licht darstellen. Sie sollen „nüchtern" in materieller und geistlicher Hinsicht sein, „treu in allem", was ihnen in irgendeiner Weise anvertraut wird. Diese Eigenschaften entsprechen in etwa den Erfordernissen an die Diener (Vers 8-9).

> Verse 12-13: *(Die) Diener seien Mann einer Frau, die (ihren) Kindern und den eigenen Häusern wohl vorstehen; denn die, die wohl gedient haben, erwerben sich eine schöne Stufe und viel Freimütigkeit im Glauben, der in Christus Jesus ist.*

Der Apostel kehrt nun zu den Dienern zurück, die wie die Aufseher (Verse 2 und 4) in der Reinhaltung des Ehestandes nach Gottes Gedanken, in der Erziehung ihrer Kinder und in der Verantwortung für ihre Häuser vorbildlich sein sollen. Dies alles ist bei denen, die in ihrem Dienst Zutritt und Einblick in die Häuser vieler Gläubiger bekommen, besonders wichtig.

Der Diener kann seine Aufgabe nur erfüllen, wenn er viel Liebe, Geduld, Treue und Hingabe beweist. Diese soll er aber zunächst in seinem eigenen Haus üben. Wenn diese

Voraussetzungen erfüllt sind, hat der Diener „wohl gedient". Er hat in einem vielleicht von manchen als nebensächlich oder weniger erhaben betrachteten Gebiet seinem Herrn alle Treue erwiesen. Das ist die Voraussetzung dafür, dass ihm mehr anvertraut wird. Die Worte „Freimütigkeit im Glauben" beweisen, dass es sich nicht um die Zukunft, das heißt das Kommen des Herrn oder den Richterstuhl Christi, handelt, obwohl die Worte des Herrn in Matthäus 25,29 sicherlich hier praktisch angewandt werden dürfen: „Jedem, der da hat, wird gegeben werden."

Zwei Beispiele sind Stephanus und Philippus, die zu den sieben ersten Diakonen in Jerusalem gehörten. In Apostelgeschichte 6,8 wird von Stephanus berichtet, dass er voll Gnade und Kraft Wunder und große Zeichen unter dem Volk tat. Er wurde von den Feinden des Evangeliums gefangen genommen, verurteilt und zu Tode gesteinigt. So wurde er der erste Märtyrer der Versammlung Gottes. Konnte er eine noch schönere „Stufe" erreichen, als seinem Herrn in den Tod zu folgen, und zwar in einer Ihm ähnlichen Gesinnung (vgl. Apg 7,59–60 mit Lk 23,34.46)? Manche Ausleger wollen in dieser „schönen Stufe" eine Vertrauensstellung in der Gemeinde oder die Beförderung zu einem höheren Amt sehen. Wie traurig, wenn alles nur mit menschlichem Maßstab gemessen wird! Wie viel wichtiger ist das, was der Herr zu unserem Tun sagt!

Philippus ist ein Beispiel für einen Diener, der „viel Freimütigkeit im Glauben" empfing. „Freimütigkeit" (griech. *parrhesia*) bedeutet ursprünglich zuversichtliche, freudige Unerschrockenheit im Reden, dann aber auch im Handeln. In Apostelgeschichte 8,5 sehen wir Philippus den Samaritern den Christus predigen, in Vers 12 das Evangelium von dem Reich Gottes und dem Namen Jesu Christi verkündigen, und in Vers 35 bringt er dem Kämmerer der Kandaze das

Evangelium von Jesu. In Apostelgeschichte 21,8 wird er, der ursprünglich ja „einer von den sieben" war, „Philippus, der Evangelist" genannt. Er ist der einzige Mann im NT, der diesen Titel trägt. Wahrlich ein schönes Beispiel für einen Diakon, der wohl gedient und sich viel Freimütigkeit im Glauben, der in Christo Jesu ist, erworben hat!

> Verse 14-15: *Dies schreibe ich dir in der Hoffnung, bald zu dir zu kommen; wenn ich aber zögere, damit du weißt, wie man sich verhalten soll im Haus Gottes, das (die) Versammlung (des) lebendigen Gottes ist, (der) Pfeiler und (die) Grundfeste der Wahrheit.*

Der Apostel hält hier in seinen Belehrungen inne, um seinem jungen Mitarbeiter eine kurze, aber äußerst wichtige und hilfreiche Erklärung zu geben. Paulus hoffte, von seiner Reise nach Mazedonien (vgl. Kap 1,3) bald nach Ephesus zurückkehren zu können. Aber er war nicht sicher, ob sich diese Hoffnung erfüllen würde. Da er aber in seinem Inneren viel mit Timotheus und der Versammlung zu Ephesus beschäftigt war, schrieb er nun diesen Brief. Wir sehen an diesem Beispiel die Verzahnung der menschlichen Beweggründe der neutestamentlichen Schreiber und der Inspiration durch den Geist Gottes. Dieses „menschliche Element in der Inspiration", wie es einmal genannt worden ist, ist kein Beweis gegen die göttliche Eingebung der Heiligen Schriften, sondern gerade dafür, dass die Werkzeuge nicht mechanisch, wie Roboter, geschrieben haben, sondern entsprechend ihren menschlichen Charakteren, Fähigkeiten und Absichten von Gott benutzt wurden, Sein Wort fehlerfrei und unfehlbar niederzuschreiben.

Die Einschaltung dieser Verse 14–16 ist deshalb wichtig, weil darin in kurzen Worten Zweck und Inhalt des ganzen

Briefes dargestellt wird. Diese Verse bilden daher auch das Zentrum des Briefes. Die Worte: „Dies schreibe ich dir …" beziehen sich nicht nur auf die Ausführungen über die Ältesten und Diener (Kap 3,1–13) oder gar nur auf die letzteren (Verse 8–13), sondern auf den ganzen Inhalt des Briefes.

Drei Dringe springen uns dabei in den Versen 14–16 ins Auge:
 1. die Verantwortung bezüglich unseres Verhaltens,
 2. der Charakter der Versammlung als Haus Gottes,
 3. das Geheimnis des Lebens in Gottseligkeit.

Timotheus hatte in Ephesus eine besonders verantwortungsvolle Aufgabe zu erfüllen. Dazu brauchte er Verständnis der Gedanken Gottes und geistliche Energie. Aber davor stand für ihn die Kenntnis der Gedanken Gottes. Deshalb schreibt Paulus ihm: „… damit du weißt …" Ohne dieses Wissen war es für Timotheus und ist es für den Christen heute unmöglich, sich im Haus Gottes richtig zu verhalten. Dieses Wissen um das rechte Betragen im Haus Gottes ist ganz speziell in diesem ersten Brief des Paulus an Timotheus enthalten. Der Brief behandelt die äußere Ordnung in der Versammlung, und zwar nicht nur das, was im direkten Zusammenhang mit den Zusammenkünften und der geistlichen Ordnung steht, sondern das ganze Leben derer, die zu diesem Haus gehören. In Kapitel 1 wird die grundsätzliche Frage erörtert, ob das Gesetz die Richtschnur dafür sein kann, und mit Nein beantwortet. Der Christ steht in und unter der Gnade Gottes. Dann folgt in Kapitel 2 die rechte Einstellung zur Welt (Verse 1–7) und in der Ehe (Verse 8–15), die von Gebet gekennzeichnet sein soll. In Kapitel 3 werden dann die Voraussetzungen für den Dienst der damals anzustellenden Verantwortlichen in der örtlichen Versammlung angegeben. In Kapitel 4 folgen weitere, mehr persönliche Belehrungen über die Behandlung von falschen Lehrern und Lehren und den Dienst des Timotheus in der Versammlung; danach die Fürsorge für Witwen in der Versammlung und spezielle Fragen bezüglich des Dienstes (Kap 5). Ab Kapitel 6,1 geht der Schreiber dann wieder auf den weiteren Kreis der Pflichten und Verantwortungen in der Welt ein, um mit der Aufforderung zu schließen, das kostbare Gut der uns anvertrauten Wahrheit zu bewahren. Der inhaltliche Mittelpunkt, um den sich alles dreht, ist Christus, das Geheimnis der Gottseligkeit. Diese Belehrungen sind zwar an Timotheus in seiner besonderen Lage gerichtet. Aber sie gelten nicht nur ihm, denn der Apostel schreibt bewusst: „Damit *du* weißt, wie *man* sich verhalten soll im Haus Gottes." Die Worte richten sich also an jeden, der seinen Platz im Haus Gottes hat. Dieses Haus Gottes ist die Versammlung des lebendigen Gottes, in der Gott wohnt (1. Kor 3,16; 2. Kor 6,16; Eph 2,22). Wie Gott im AT Seine Wohnung in Gestalt des Zeltes der Zusammenkunft und später des Tempels erst dann bei Menschen aufschlug, als Er sich ein Volk zum Eigentum erkauft hatte, so ist die Versammlung als Gottes Haus gegründet auf das Erlösungswerk Christi am Kreuz und die Herabkunft des Heiligen Geistes am Pfingsttag. Wenn wir die Versammlung Gottes als Christi Braut oder Weib betrachten, wird uns hauptsächlich die Liebe des Herrn zu den Seinen vorgestellt. Sehen wir die Versammlung als Leib Christi, dann steht die Einheit von Haupt und Gliedern im Vordergrund. Das Haus Gottes zeigt uns einerseits den göttlichen Baumeister und die lebendigen Steine, andererseits die Autorität dessen, der darin wohnt, die Ordnung in diesem Haus und daher auch die Verantwortung derer, die dazu gehören oder wie hier als darin befindlich betrachtet werden. Das Haus Gottes ist hier somit die Gesamtheit derer, die sich zu Christus bekennen, aber dieses Bekenntnis ist hier noch lebendig, wie wir es in den ersten Kapiteln der Apostelgeschichte sehen. Ursprünglich bestanden der Leib Christi und das Haus Gottes aus den gleichen erretteten Menschen. Aber im Lauf der Zeit änderte sich das, weil viele ihrem Bekenntnis nach zu dem Haus gehören, die nicht von neuem geboren und mit dem Heiligen Geist versiegelt sind. Daher wird die Versammlung im zweiten Brief an Timotheus mit einem großen Haus verglichen, in dem sich Gefäße zur Ehre, aber auch zur Unehre des Hausherrn befinden. Aber das Haus Gottes bleibt bestehen. Daher haben auch die Verhaltensregeln im Haus Gottes heute noch Gültigkeit. Die Versammlung bleibt immer das Haus, die Wohnstätte Gottes, und der Pfeiler und die Grundfeste der Wahrheit.

Das Haus Gottes wird hier als die Versammlung des lebendigen Gottes betrachtet. Im Gegensatz zu den toten Götzenbildern und den sterblichen Menschen lebt Er, der die Quelle alles Lebens ist, von Ewigkeit zu Ewigkeit. Inmitten der Finsternis des Heidentums und des Versagens des Judentums hat Er sich Seine Versammlung abgesondert, damit sie in dieser Welt Pfeiler und Grundfeste der Wahrheit sei. Christus selbst ist die Wahrheit (Joh 14,6), das Wort Gottes, des Vaters, ist Wahrheit (Joh 17,17), und der Heilige Geist ist der Geist der Wahrheit (Joh 16,13) und auch die Wahrheit (1. Joh 5,6). Die Versammlung ist dazu berufen, vor und in der Welt die ganze Wahrheit Gottes zu offenbaren. Sie hat die hohe Pflicht, in allen ihren Handlungen der Wahrheit Ausdruck zu verleihen. Das bringt für alle, die zu der Versammlung des lebendigen Gottes gehören, eine große Verantwortung mit sich. Solange die Versammlung auf der Erde ist, ist und bleibt sie der Pfeiler und die Grundfeste, wodurch die Wahrheit Gottes sichtbar wird. Zwar ist sie selbst nicht die Wahrheit, wie wir bereits gesehen haben. Aber nur sie ist in dieser Welt berufen, von dieser Wahrheit Zeugnis abzulegen. Auch lehrt die Versammlung oder Kirche nicht, wie von einer gewissen Seite behauptet wird, sondern sie wird durch das Wort Gottes und die Gaben, die der Herr gegeben hat, belehrt und hat die Aufgabe, die Lehre, die nach der Wahrheit ist, öffentlich darzustellen.

Die Herrscher des Altertums ließen ihre Siege und manchmal auch ihre Grundsätze und Ziele auf kunstvoll behauenen freistehenden Säulen oder Obelisken einmeißeln, so dass jeder sie sehen und lesen konnte. So ist die Versammlung der Pfeiler, auf dem die Wahrheit eingeschrieben und vor einer Welt sichtbar gemacht wird, die nicht an den Herrn Jesus glaubt.

Das Wort „Grundfeste" kommt nur an dieser Stelle im NT vor. Es ist von einem Eigenschaftswort abgeleitet, das „fest, sicher" bedeutet. Die Versammlung ist also auch die sichere Grundlage, auf der die göttliche Wahrheit ruhen soll. „So sind die Gegenwart des lebendigen Gottes und das Bekenntnis der Wahrheit die Kennzeichen des Hauses Gottes. Wo immer diese Versammlung des lebendigen Gottes ist, wo immer die Wahrheit zu finden ist, da ist Sein Haus" (J. N. Darby, Synopsis).

> Vers 16: *Und anerkannt groß ist das Geheimnis der Gottseligkeit: Er, der offenbart worden ist im Fleisch, ist gerechtfertigt im Geist, gesehen von (den) Engeln, gepredigt unter (den) Nationen, geglaubt in (der) Welt, aufgenommen in Herrlichkeit.*

Der 16. Vers bildet den Schluss dieses kurzen, aber wichtigen Abschnittes und stellt die eigentliche Mitte dieses Briefes dar. In Vers 9 wurde bereits das Geheimnis des Glaubens erwähnt, womit die objektive Glaubenswahrheit gemeint ist. Das Geheimnis der Gottseligkeit jedoch ist die Kraftquelle und Triebfeder alles dessen, was der einzelne Gläubige und die Versammlung vor der Welt zu offenbaren hat. Im Gegensatz zu den menschlichen Spekulationen in Kapitel 4,1–3 stellt dieser Vers die Person Christi in den Mittelpunkt des Lebens.

Das Geheimnis der Gottseligkeit ist nicht das Geheimnis der Gottheit oder der Person Christi. Man könnte auch übersetzen: „Geheimnis der Frömmigkeit" (griech. *eusebeia*). Das Wort „Gottseligkeit", das achtmal in diesem Brief vorkommt (siehe unter Kap 2,2), bedeutet eigentlich „rechte Verehrung (Gottes)" und bezeichnet die Hingabe der Seele an Gott in Vertrauen und Gottesfurcht. Das Geheimnis der Gottseligkeit ist auch nicht etwas Verborgenes, sondern wie fast überall im NT etwas, das bislang verborgen, jetzt aber offenbart ist und von allen verstanden werden kann, die von neuem geboren sind und den Heiligen Geist empfangen haben. Der Ausgangspunkt und die Kraftquelle für das rechte Verhalten im Haus Gottes ist nicht eine Lehre, sondern eine Person, der Sohn Gottes, der Mensch geworden ist. Zwar kann es ohne die Wahrheit, die Israel ja auch schon teilweise besaß, keine wahre Gottseligkeit geben, aber das jetzt offenbarte Geheimnis der Gottseligkeit ist die anbetungswürdige Person Jesu Christi, des Sohnes Gottes. Dieses Geheimnis ist anerkannt groß. Nachfolgend werden nun nicht die Vorrechte der Kinder Gottes und ihre himmlischen Segnungen beschrieben, sondern die Grundlagen der Beziehungen Gottes zu den Menschen. Hier wie überall in diesem Brief werden die Wahrheiten genannt, die für das Zeugnis von Bedeutung sind, das die Versammlung, das Haus Gottes, in der Welt offenbaren soll. Die sechs Aussagen über die Person des Sohnes Gottes stehen weniger in chronologischer als sittlicher Reihenfolge und lassen sich in drei Gruppen einteilen. Die ersten beiden Sätze beziehen sich auf Sein Leben und Wirken auf der Erde, die nächsten beiden beschreiben die Auswirkungen auf die ganze intelligente Schöpfung, und in den letzten beiden sehen wir die endgültigen Resultate Seiner Offenbarung im Fleisch. Die erste der sechs Aussagen dieses Satzes ist in den alten Bibelhandschriften verschieden überliefert. Nach dem neuesten Stand der Texterforschung stehen die drei folgenden Tatsachen fest:

1. Keine der großen, im vierten bis fünften Jahrhundert geschriebenen Majuskelhandschriften (ℵ A C)[1] weist von erster Hand das Wort „Gott" auf.
2. Alle alten Übersetzungen basieren auf einer Vorlage „der" (oder „das").
3. Keiner der Kirchenväter vor dem Ende des vierten Jahrhunderts bezeugt an dieser Stelle das Wort „Gott".

Die Abänderung des Fürwortes „der" in das Hauptwort „Gott", die in den obigen Handschriften nachträglich vorgenommen wurde und in den meisten anderen Handschriften von vornherein Eingang fand, lässt sich aus zwei Gründen leicht erklären. Einerseits konnte aus dem Fürwort (griechisch geschrieben: OC) durch einen Lese- oder Abschreibefehler leicht das Wort „Gott" (griechisch geschrieben: ΘC) entstehen, andererseits kann die Einfügung des Wortes „Gott" aus dem Wunsch der Kirche nach einer lehrmäßig eindeutigeren Aussage hervorgegangen sein.

„Wenn man die besser bezeugte Lesart abwägend betrachtet, wird man bald zu der freudigen Entdeckung kommen, dass die Verwendung des Relativpronomens in diesem Zusammenhang viel genauer ist, während sie dieselbe Wahrheit (wie die Verwendung des Wortes ‚Gott') voraus-

---

[1] Weitere Erläuterungen siehe z. B. Nestle-Aland, Novum Testamentum Graece, 27. Auflage.

setzt. Welchen Sinn hätte es denn zu sagen, dass Adam oder Abraham, David, Jesaja, Daniel oder irgendein anderer Mensch im Fleisch offenbart wurde? Wenn ein Engel sich so offenbarte, dann wäre es Empörung gegen die göttliche Ordnung. Für den Menschen als solchen gibt es keinen anderen Weg als das Fleisch; der Mächtigste und Weiseste, der begabteste Redner, Dichter, Soldat oder Politiker ist ebenso wie der geringste von Frauen Geborene nur Fleisch. Nicht so jedoch der eine Mittler zwischen Gott und Menschen. Er ließ sich zwar herab, Mensch zu werden, aber Er war wesensmäßig und ewig Gott" (W. Kelly, Exposition of the Two Epistles to Timothy). „Er, der offenbart worden ist im Fleisch", ist der ewige, lebendige Gott. Ganz ähnlich heißt es in Johannes 1,14: „Und das Wort wurde Fleisch und wohnte unter uns", aber vorher wird klar und deutlich bezeugt: „Im Anfang war das Wort, und das Wort war bei Gott, und das Wort war Gott" (Joh 1,1). Um Mittler zwischen Gott und Menschen werden zu können, musste der Sohn in allem den Brüdern gleich werden. So kam Er in Gleichgestalt des Fleisches der Sünde und für die Sünde, und Gott hat an Ihm, der Sünde nicht kannte, der keine Sünde tat und in dem keine Sünde ist, die Sünde im Fleisch verurteilt (Röm 8,3; 2. Kor. 5,21; 1. Pet 2,22; 1. Joh 3,4). In Ihm allein wurde Gottes Liebe und Heiligkeit völlig offenbart (Joh 6,69; 14,9); in Ihm allein wohnte die ganze Fülle der Gottheit (Kol 1,19). Anbetungswürdiger Herr! „Gerechtfertigt im Geist" hat Bezug auf das ganze Leben des Herrn Jesus auf der Erde. Er war nicht nur von dem Heiligen Geist gezeugt (Lk 1,35), sondern auch mit dem Geist gesalbt und versiegelt (Apg 10,38; Joh 6,27). Der Heilige Geist wohnte und wirkte in dem Herrn Jesus, der als Mensch vollkommen sündlos war, als in einem reinen Gefäß, das ganz zur Ehre Gottes war (Mt 3,16-17; Joh 1,32-34). In uns, von Natur sündigen Menschen, kann dies erst geschehen, wenn wir an das Erlösungswerk Christi geglaubt haben und dadurch gereinigt worden sind (2. Kor 1,21-22; Eph 1,13-14). Rechtfertigen bedeutet hier nicht gerecht machen, wie im Römerbrief, sondern als gerecht erweisen, ähnlich wie im Jakobusbrief. Christus war in allem der von Gott durch den Heiligen Geist anerkannte und bestätigte Mensch, sowohl in Seinen Taten (Lk 4,1.14; Mt 12,28), in Seinem Sühnungswerk (Heb 9,14), als auch in Seiner Auferstehung (Röm 1,4; 1. Pet 3,18).

„Gesehen von (den) Engeln" wurde Er, der unsichtbare Gott, bei und nach Seiner Fleischwerdung. Was war es für diese über den Menschen stehenden Geschöpfe, dort in der Krippe zu Bethlehem erstmalig ihren Schöpfer zu sehen! Engel waren Zeugen Seiner Versuchungen (Mk 1,13), Seines Gebetskampfes in Gethsemane (Lk 22,43) und Seiner Auferstehung (Joh 20,12). Aber auch jetzt, da Er zur Rechten der Majestät in der Höhe sitzt, bleibt Er und Sein Werk der Gegenstand der Betrachtung und Anbetung der Engel (Eph 3,9–10; 1. Pet 1,12; Off 5,11–12).

„Gepredigt unter (den) Nationen" zeigt den Gegensatz zwischen der jetzigen Zeit und dem Zeitalter des Judentums unter dem Gesetz. Unser Heiland-Gott, der will, dass alle Menschen errettet werden, hat dazu die Prediger des Evangeliums ausgesandt, allen voran Paulus, den Apostel und Lehrer der Nationen (Gal 2,8–9; 1. Tim 2,7).

„Geglaubt in (der) Welt": die beiden letzten Aussagen zeigen die Resultate der Offenbarung des Sohnes Gottes. Er ist jetzt der Gegenstand des Glaubens für die Welt. Nicht die von den Juden gehegte Messiaserwartung ging als Erstes in Erfüllung, sondern die Aufforderung des Herrn an Seine Jünger in Johannes 14,1: „Ihr glaubt an Gott, glaubt auch an mich." Zwar wird Er Seine Herrschaft über Israel und über alle Werke Seiner Hände bald antreten, aber die Beziehung der Menschen zu Ihm beruht jetzt nicht auf dem Schauen und Betrachten, sondern auf dem Glauben. Nur durch Glauben können die Menschen, für die Er gekommen ist, Ihn erkennen und empfangen.

„Aufgenommen in Herrlichkeit". Das Wort „aufgenommen" wird im NT fünfmal gebraucht, um die Himmelfahrt des Herrn zu beschreiben (Mk 16,19; Apg 1,2.11.22). Er wurde durch die Herrlichkeit des Vaters aus den Toten auferweckt (Röm 6,4), aber bei Seiner Auffahrt in den Himmel wurde die Herrlichkeit besonders sichtbar. Der Ausdruck „in Herrlichkeit" (griech. *en doxe*) bezeichnet nicht das Ziel, sondern die Umstände Seiner Aufnahme. Die Herrlichkeit umleuchtete Ihn, als Er auffuhr. Die Wolke, die Ihn von den Augen der Jünger hinweg aufnahm, war die Wolke der Herrlichkeit Gottes, die Schechina (Apg 1,9; vgl. Mt 17,5; 2. Pet 1,17). Die Aufnahme des Herrn in Herrlichkeit war Gottes, des Vaters, Antwort auf Sein Werk (Joh 13,31–32; 17,4–5).

Die Beschreibung des Geheimnisses der Gottseligkeit beginnt mit der Menschwerdung des ewigen Sohnes Gottes und endet mit der Aufnahme des verherrlichten Menschen Christus Jesus in den Himmel. Wahre Gottseligkeit gründet sich auf diese Person und die von ihr mitgeteilten Tatsachen. Christus, der Sohn des lebendigen Gottes, ist das Geheimnis der Gottseligkeit. Dieses Geheimnis war bis zum Kreuz von Golgatha verborgen und wird auch jetzt von der Welt nicht erkannt. Nur in der Kraft dieses Geheimnisses vermag die Versammlung ihrer Verantwortung als Pfeiler und Grundfeste der Wahrheit zu entsprechen, und nur in der Kraft dieses Geheimnisses kann der einzelne Gläubige sich im Haus Gottes richtig verhalten.

Falsche und rechte Lehre

1. Timotheus 4

> Vers 1: *Der Geist aber sagt ausdrücklich, dass in späteren Zeiten einige von dem Glauben abfallen werden, indem sie achten auf betrügerische Geister und Lehren von Dämonen.*

Im scharfen Gegensatz zu den beiden letzten Versen des vorigen Kapitels geht der Apostel nun auf religiöse Verirrungen unter den Christen ein, die er als Apostel und Prophet (vgl. Eph 2,20) bereits jetzt voraussah.

Der Heilige Geist hat als der von dem Vater kommende Sachwalter in jedem einzelnen Gläubigen und in der Versammlung als Ganzes Wohnung gemacht (Joh 14,16–17; 1. Kor 3,16; 6,19). Er ist gekommen, um die Kinder Gottes bei jedem Schritt zu leiten, sie in die ganze Wahrheit einzuführen und ihnen das Kommende zu verkündigen (Röm 8,14; Gal 5,18; Joh 16,13). Schon in der Zeit des Apostels Paulus hat Er durch eine persönliche Offenbarung an ihn oder durch Sein Wirken in der Versammlung ausdrücklich auf die Gefahren hingewiesen, die in späteren, das heißt auf die Gegenwart unmittelbar folgenden Zeiten in dem Haus Gottes auftreten würden. Der Apostel Paulus teilt dies nun dem Timotheus mit. Die „späteren Zeiten" gehen noch nicht so weit wie die „letzten Tage" in 2. Timotheus 3,1 und 2. Petrus 3,3 oder das „Ende der Zeit" in Judas 18. Hier spricht Paulus nämlich noch von „einigen", wie bereits in Kapitel 1,3.6.19. Das in 2. Timotheus 3,1 stehende Wort „Menschen" zeigt, dass der Verfall zunehmen würde.

Wenn auch die Versammlung, als Ganzes betrachtet, den Charakter des Hauses Gottes trägt, würden doch schon bald

„einige von dem Glauben abfallen". Bereits zur Zeit der Abfassung dieses Briefes hatten einige bezüglich des Glaubens Schiffbruch erlitten (Kap 1,19) oder waren von dem Glauben abgeirrt (Kap 1,6; 6,10.21). Aber das hier vorausgesagte Abfallen einiger von dem Glauben beruht auf der klaren Willensentscheidung, die Grundwahrheiten des christlichen Glaubens abzulehnen und dafür andere, von Dämonen herrührende Lehren anzunehmen.

Gibt es einen Abfall von Gläubigen? Gottes Wort spricht unzweideutig davon, dass jemand, der an den Sohn Gottes geglaubt hat und dadurch von neuem geboren ist, nicht verloren geht, sondern ewiges Leben hat (Joh 3,16; 10,28–29; Röm 8,31-39). Es ist eine Verdrehung der Heiligen Schrift, zu behaupten – wie es leider so manches Mal geschieht –, jemand, der wiedergeboren ist, könne doch noch verloren gehen. Das würde bedeuten, dass jemand, der aus Gott geboren und dadurch ein Kind Gottes ist (Joh 1,12-13), der ein Glied des Leibes Christi und ein lebendiger Baustein in dem geistlichen Haus Gottes ist (l. Kor 12,27; 1. Pet. 2,5) und der das Siegel des Heiligen Geistes besitzt (Eph 1,13–14), alle diese Vorrechte verlieren kann! Stellen wir uns das einmal vor: heute ein Kind Gottes – morgen verloren? Heute ein lebendiges Glied am Leib Christi – morgen abgeschnitten? Nein, solche Gedanken stehen im krassen Widerspruch zur Lehre des NT.

Eine andere Seite des christlichen Lebens ist jedoch das *Bekenntnis* von und zu diesen Dingen. Johannes schreibt von Menschen, die *sagen*, dass sie Gemeinschaft mit Gott haben, dass sie Gott kennen, dass sie in dem Licht sind, usw. (l. Joh 1,6; 2,4.9 usw.). Ähnlich heißt es in Jakobus 2,14: „Was nützt es, meine Brüder, wenn jemand *sagt*, er habe Glauben, hat aber keine Werke?" Jemand kann vielleicht lange Zeit seinem Bekenntnis und seinem Lebenswandel nach die christliche Wahrheit äußerlich festhalten und offenbaren, ohne wahrhaft durch Buße und Glauben an das Erlösungswerk Christi errettet zu sein. Eines Tages wendet er sich ab, wie es im Hebräerbrief von Juden beschrieben wird, die im Anfang mitgerissen worden waren, sich dem Bekenntnis des Christentums äußerlich anzuschließen (vgl. Heb 6,4-8; 10,26-31).

Man kann das Christentum wie jede menschliche Philosophie oder Ideologie annehmen, ohne dass das Gewissen in das Licht Gottes gekommen ist. Wenn man dann die fundamentalen Wahrheiten des Wortes Gottes leugnet, um zu anderen „höheren" Erkenntnissen zu gelangen, dann ist das Abfall von dem Glauben. Der Glaube (hier wieder mit dem Artikel wie in Kap 1,19; 3,9) ist die Gesamtheit der Heilswahrheiten, das Glaubensgut.

Mit dem Abfallen etlicher von dem Glauben ist hier noch nicht der allgemeine Abfall gemeint, der nach 2. Thessalonicher 2,3-12 die tote, bekennende Christenheit unter der Anführung des Menschen der Sünde, des Antichristen, nach der Entrückung der Versammlung erfassen wird. Aber wie der Apostel Johannes schon damals den Geist des Antichristen in vielen Menschen erkannte, die sich äußerlich zum Christentum bekannt hatten (1. Joh 2,18ff), so schrieb auch Paulus, dass das Geheimnis der Gesetzlosigkeit bereits wirksam war (2. Thes 2,7). Wie wichtig war und ist daher das glaubensvolle Festhalten an dem „Geheimnis der Gottseligkeit" (Kap 3,16), um gegen den bei einigen beginnenden Abfall gewappnet zu sein!

Als nächstes nennt der Apostel die unsichtbaren Triebkräfte des Bösen, durch die diese Menschen verführt werden: „betrügerische Geister und Lehren der Dämonen". Betrügerische oder irreführende Geister sind in den Menschen wirkende Kräfte, durch die sich der Teufel offenbart. Der Apostel Johannes schreibt: „Geliebte, glaubt nicht jedem

Geist, sondern prüft die Geister, ob sie aus Gott sind" (l. Joh 4,1). Mit dem Wort „Geist" ist weder dort noch hier der menschliche Geist gemeint, sondern satanische Geister, die Menschen zu ihren Werkzeugen machen.

Mit den „Lehren von Dämonen" sind nicht solche Lehren gemeint, die von Dämonen handeln, sondern von ihnen ausgehen. Dämonen sind böse Geister (vgl. Off 16,13-14). Sie sind Satans Werkzeuge (vgl. Mt 12,24-29), die in der Zeit des bereits erwähnten zukünftigen Abfalls der gesamten Namenschristenheit in dieser geradezu ihre Wohnung haben werden. In Offenbarung 18,2 heißt es: „Gefallen, gefallen ist Babylon, die große, und ist eine Behausung von Dämonen geworden und ein Gewahrsam jedes unreinen Geistes." Der Einfluss von irreführenden Geistern und Dämonen wird heute oft unterschätzt, ist aber durch Spiritismus und Okkultismus weit verbreitet.

Vers 2: *Durch (die) Heuchelei von Lügenrednern, die betreffs des eigenen Gewissens wie mit einem Brenneisen gehärtet sind.*

Die Worte: „durch Heuchelei von Lügenrednern" können auch übersetzt werden: „die in Heuchelei Lügen reden". Im ersten Fall treten uns in den Lügenrednern Menschen entgegen, und zwar nicht als Opfer des Irrtums, sonder als seine Werkzeuge, die Verführer. Bei der zweiten angegebenen Übersetzungsmöglichkeit sind die Dämonen diejenigen, die in Heuchelei Lügen reden. Auch das Folgende würde dann grammatisch von „Dämonen" abhängen. Beide Möglichkeiten sind dadurch miteinander in Einklang zu bringen, dass der Heilige Geist hier die Dämonen und ihre Werkzeuge miteinander identifiziert (vgl. hierzu Mk 1,23-26; Lk 4,31-36; 8,27-33) und im Nachfolgenden von den

Dämonen zu den von ihnen besessenen Menschen übergeht, die in ihrem eigenen Gewissen wie mit einem Brenneisen gehärtet sind.

Einerseits geben sich die Verführer den Anschein der Frömmigkeit, aber unter dieser heuchlerischen Maske reden sie Lügen, um die Seelen der Menschen Satan, dem Vater der Lüge, zu unterwerfen. Dabei sind sie in ihren eigenen Gewissen wie mit einem Brenneisen gehärtet. Die Worte „wie mit einem Brenneisen gehärtet" sind die Wiedergabe eines einzigen griechischen Wortes, dessen Bedeutung nicht einfach zu ermitteln ist. Es kommt nur an dieser Stelle im NT vor. W. Kelly übersetzt: „branded" (gebrannt, gehärtet), im englischen NT von J. N. Darby heißt es: „cauterized" (gebrandmarkt), und F. W. Grant benutzt das Wort „seared" (versengt, gebrandmarkt). Luther, Menge und Weizsäcker benutzen das Wort „Brandmal". Auch die meisten Ausleger denken an ein Brandmarken, wie es im Altertum bei Sklaven und Verbrechern (bei Letzteren an der Stirn) üblich war. Demnach wären diese Irrlehrer zwar nicht äußerlich, sondern innerlich in ihren Gewissen als Sünder und Feinde Gottes gekennzeichnet. Das würde aber doch bedeuten, dass sie vor sich selbst und andern bereits das Zeichen der Verurteilung in sich trügen oder als Sklaven verborgener Sünde gekennzeichnet seien. Einleuchtender und sinnvoller ist dagegen der Gedanke, der in den Worten „wie mit einem Brenneisen gehärtet" zum Ausdruck kommt. Die Gewissen dieser Verführer sind nicht mehr rein und zart, sondern hart und gefühllos geworden, da sie sich bewusst und dauernd im Widerspruch zu Gott und Seinem Wort befinden.

> Vers 3: *Verbieten zu heiraten (und gebieten), sich von Speisen zu enthalten, die Gott geschaffen hat zur Annehmung mit Danksagung für die, die glauben und die Wahrheit erkennen.*

Die Lehren dämonischen Ursprungs, von denen Paulus bereits in Vers 1 gesprochen hat, haben ebenso wie die Lehre des Christus ihre Auswirkungen auf das praktische Leben ihrer Anhänger. Nur stehen diese in einem krassen Gegensatz zu der Lehre, die nach der Gottseligkeit ist. Paulus fasst sie in den beiden Befehlen zusammen, nicht zu heiraten und nicht alle Speisen zu essen. Die Auslassung des eigentlich erforderlichen zweiten Verbums „gebieten" kommt schon in Kapitel 2,12 vor und entspricht dem damaligen attisch-griechischen Sprachgebrauch.

Diese Lehren waren im Grunde jüdischen Ursprungs. Das geht aus den schon im Kolosserbrief erwähnten Vorschriften bezüglich der Beschneidung, der Feiertage und der Speisen hervor (Kol 2). Die Mitglieder der jüdischen Sekte der Essener, die in Qumran am Toten Meer ihren Hauptsitz hatten, beobachteten außerdem das Gebot der Ehelosigkeit. Zu dieser jüdischen Grundlage waren jedoch andere philosophische Gedankengänge hinzugekommen, deren Ursprung nicht jüdisch war. In Kleinasien waren die Schranken zwischen den jüdischen und nichtjüdischen Bürgern nicht mehr sehr trennend. Die soziale Nachbarschaft führte zu einer jüdisch-griechisch-heidnischen religiösen Vermischung (Synkretismus). Diese unter dem Namen Gnostizismus bekannt gewordene philosophisch-theologische Richtung gelangte zwar erst im zweiten Jahrhundert in der Christenheit zu ihrer vollen Entfaltung; ihre Anfänge sind jedoch hier und in den Briefen des Johannes bereits zu erkennen. Der Gnostizismus lehrt für eine intellektuelle Elite eine höhere „Erkenntnis" (griech. *gnosis*), durch die die Seele von den Fesseln der Materie befreit und zu den höheren Regionen der Wahrheit und des Lichtes geführt wird. In manchen der verschiedenen gnostischen Systeme offenbarte sich die Verächtlichmachung alles Stofflichen in großer Strenge gegenüber dem menschlichen Körper. Man glaubte, dass leibliche Askese und geistige Bereicherung voneinander abhängig seien. Aber diese satanischen Spekulationen haben nur ein Ziel: die Seele von dem lebendigen Gott fortzuziehen. Die Grundlage des göttlich geordneten Familienlebens und der Gesellschaft, die Ehe (vgl. 1. Mo 1,28; 2,18-25), war das Erste, was verächtlich gemacht wurde. Wenn jemand aus Liebe zum Herrn und in dem Wunsch, Ihm ungehinderter dienen zu können, nicht heiratet, so kann das durchaus richtig und gesegnet sein (vgl. 1. Kor 7). Aber wenn ein solcher Einzelfall zum Grundsatz und die Ausnahme zur Regel gemacht wird, verachtet man das Wort Gottes, herrscht über das Gewissen anderer und zerstört die Grundlage des Glaubens.

Ebenso ist es mit dem Gebot, sich von Speisen zu enthalten. Gott hatte in 1. Mose 1,29; 2,16; 9,2-4 dem Menschen verschiedene Speisegebote gegeben, wobei schließlich einzig der Genuss des Blutes verboten war und ist (vgl. Apg 15,20). Wer diese Anordnungen Gottes beiseite setzt, greift direkt die Autorität des ersten Buches Mose und damit des Wortes Gottes an. Ein solcher Mensch setzt sich in einen deutlichen Widerspruch zu dem Glauben, weil er sich auf einem falschen Weg eine Heiligkeit erringen und eine vermeintliche Verbindung zu Gott schaffen will, die Gott aber einzig und allein demjenigen schenken kann und will, der sich im einfachen und gehorsamen Glauben Seinem offenbarten Willen in Seinem Wort unterwirft.

In den natürlichen Funktionen und Bedürfnissen des menschlichen Leibes gibt es an sich nichts, was uns von Gott trennt. Wohl kann die Sexualität und der Nahrungstrieb – wie fast alles in unserem Leben – zur Sünde verleiten. Aber da sie von Gott gegeben sind, sind diese Dinge an sich nicht böse, wenn wir die göttliche Ordnung, in die sie von Ihm eingebettet sind, erkennen und achten. Wenn wir den Bau unseres Körpers als von Gott bereitet anerkennen, können wir auch den Geschlechtstrieb und die Nahrungsaufnahme dankbar als etwas von Ihm Verordnetes akzeptieren, ja, als ein Band betrachten, das uns im Glauben und in der Abhängigkeit zu Ihm erhält. Das gilt so natürlich nur für die, „die glauben und die Wahrheit erkennen (oder: anerkennen)". Wer jedoch unversöhnt und fern von Gott ist, kann in den äußerlichen Gaben keinen Anlass zur Danksagung erkennen.

> Verse 4-5: *Denn jedes Geschöpf Gottes ist gut und nichts verwerflich, wenn es mit Danksagung genommen wird; denn es wird geheiligt durch Gottes Wort und durch Gebet.*

Was von einem guten Schöpfer-Gott kommt, kann nicht anders als gut sein. Dieser Grundsatz steht im Gegensatz zu dem Irrtum derer, die in allem Stofflichen das Böse sehen wollten und so weit gingen, dass sie die Schöpfung selbst einem bösen oder unvollkommenen „Gott" oder „Demiurg" zuschrieben. Das Gute, das Gott gibt, soll mit Danksagung genommen werden. Es wird für den Gläubigen, der die Wahrheit erkennt, geheiligt durch Gottes Wort und Gebet. Das Volk Israel durfte nach Gottes eigenem Gebot nicht alle Speisen essen (vgl. besonders 3. Mo 11). Die Heidenvölker folgen entweder ihren natürlichen Trieben oder sind durch ihre religiösen Vorschriften so gebunden, dass sie lieber verhungern, als eine „heilige Kuh" zu schlachten. Für den Christen gibt es außer dem bereits erwähnten Verbot des Genusses von Blut jedoch keinerlei Beschränkungen, wie Gottes Wort uns an manchen Stellen mitteilt (siehe Mt 15,11; Röm 14,14; 1. Kor 10,27; 1. Tim 6,17). Durch diese klaren Aussprüche der Heiligen Schrift ist generell jedes Geschöpf zum Genuss geheiligt. Heiligen bedeutet ja, dass etwas für einen bestimmten, von Gott ausersehenen Zweck abgesondert wird. Ein Christ, der ohne Notwendigkeit ausschließlich vegetarisch lebt, setzt sich daher über diese göttliche Anordnung hinweg.

Die Speise wird jedoch nicht nur durch das Wort Gottes objektiv geheiligt. Hier wird auch noch eine subjektive Heiligung durch das Gebet erwähnt. Damit ist nicht nur die Danksagung bei den Mahlzeiten gemeint, sondern auch das große Vorrecht, dass der Gläubige aufgrund des Erlösungswerkes Christi freimütig zu Gott als seinem Vater nahen kann, weil er Seine Gnade und Liebe kennt und täglich neu erfährt. In dieser innigen Gemeinschaft darf er die scheinbar geringsten Dinge als Gaben eines fürsorglichen Vaters erkennen, der ja auch die größte aller Gaben, Seinen eigenen Sohn, nicht geschont, sondern Ihn für uns alle hingegeben hat.

> Vers 6: *Wenn du dies den Brüdern vorstellst, so wirst du ein guter Diener Christi Jesu sein, auferzogen durch die Worte des Glaubens und der guten Lehre, der du genau gefolgt bist.*

Das hinweisende Fürwort „dies" steht im Griechischen in der Mehrzahl und könnte auch mit „diese Dinge" übersetzt werden (so auch Kap 3,14; 4,11.15; 5,7.21; 6,11). Es bezieht sich immer auf die vorher erwähnten Gesichtspunkte der Wahrheit über das Verhalten im Haus Gottes. Wenn Timotheus diese Dinge den Brüdern vorstellte, erwies er sich im Gegensatz zu den heuchlerischen Lügenrednern als ein guter (griech. *kalos*) Diener Christi Jesu. Im Unterschied zu Kapitel 3,8-13 ist „Diener" (griech. *diakonos*) hier in einem allgemeineren Sinn zu verstehen. Das Wort „auferziehen" bedeutet auch nähren und kommt im NT nur hier vor. Es steht nicht, wie die deutsche Übersetzung nahelegt, in einer Vergangenheitsform, sondern in der Gegenwart (Partizip Präsens Passiv) und bezeichnet daher keine abgeschlossene

Handlung, sondern einen andauernden oder allgemeingültigen Vorgang. Die Hilfsmittel zu dieser Erziehung oder Ernährung sind „die Worte des Glaubens und der guten (griech. *kalos*) Lehre", der Timotheus genau gefolgt war (zu dem Wort „folgen" vgl. Lk 1,3 und 2. Tim 3,10 mit Anmerkung der Elberfelder Übersetzung). Die Lehre (griech. *didaskalia*), die schon in Kapitel 1,10 als „gesunde Lehre" und in Kapitel 4,1 im Zusammenhang mit Irrlehren vorkommt, begegnet uns nochmals in Kapitel 4,13.16; 5,17; 6,1.3. Während der Glaube mehr den Inhalt und Gegenstand der Wahrheit bezeichnet, ist die Lehre mehr die Form, die Gestalt, in der die Wahrheit mitgeteilt wird.

Wie Timotheus muss jeder Christ die Wahrheit kennen lernen, sie nicht nur mit seinem Verstand, sondern in der Stille in Herz und Gewissen aufnehmen. Das Mittel zu dieser geistlichen Erziehung sind nicht nur der Glaube (das heißt die Heilswahrheit, vgl. Vers 1) und die Lehre allein, sondern die *Worte* des Glaubens und der gesunden Lehre. Inhalt und Form der göttlichen Wahrheit sind untrennbar miteinander verbunden (vgl. 1. Kor 2,12-13). Dieses Bild gesunder Worte, wie Paulus es in seinem zweiten Brief nennt, kann gar nicht genau genug untersucht und befolgt werden. Immer wieder werden neue Schätze der Weisheit und der Erkenntnis ans Licht kommen. Solch eine Beschäftigung mit den Worten des Glaubens und der guten Lehre unter Gebet und Selbstprüfung ist die Grundlage einer guten, gesunden geistlichen Ernährung und Erziehung. Diese wiederum ist eine Voraussetzung zu geistlichem Wachstum, aber nicht die einzige. Eine weitere unerlässliche Bedingung zum geistlichen Wachstum besteht darin, das Gelernte oder Erkannte in die Praxis des täglichen Glaubenslebens umzusetzen. Gerade an diesem Punkt versagen wir jedoch häufig. Darin liegt eine Ursache geistlicher Armut und Schwachheit. Ein

Diener des Herrn, der das, was er anderen predigt, nicht selbst verwirklicht, besitzt jedoch keine sittliche Autorität.

Nur wenn Timotheus die absolute Autorität der Worte des Glaubens und der guten Lehre in seinem eigenen Leben anerkannte, konnte er als ein guter Diener Christi mit geistlicher Autorität auftreten.

> Vers 7: *Die ungöttlichen und altweibischen Fabeln aber weise ab, übe dich aber zur Gottseligkeit.*

Den Worten des Glaubens und der guten Lehre stellt der Apostel die ungöttlichen und altweibischen Fabeln gegenüber (vgl. Kap 6,20; 2. Tim 2,16), die Timotheus mit aller Entschiedenheit abweisen sollte. Damit können wohl nicht die Lehren von Dämonen in Vers 1 gemeint sein, die erst in der Zukunft aufkommen würden. Bereits in Kapitel 1,3-4 haben wir jedoch von anderen Lehren, Fabeln und Geschlechtsregistern gelesen, die in Ephesus verbreitet wurden und, anstatt zu erbauen, nur Streit anrichteten. Von solchen Fabeln ist hier die Rede (vgl. auch Tit 1,14).

Es folgen die Worte: „Übe dich aber zur Gottseligkeit." Die Gottseligkeit umfasst alle unsere Beziehungen zu Gott (vgl. das zu Kap 2,2 Gesagte). Sie besteht in der Gemeinschaft mit Gott und der daraus hervorgehenden Praxis unserer Worte und Taten. In dieser Richtung sollte Timotheus sich üben. Dazu musste er einerseits alles abweisen, was seiner Beziehung zu Gott entgegenstand. Andererseits gehörte dazu das Verlangen nach dem Wort Gottes, nach Gebet und Nachsinnen sowie nach der Gemeinschaft mit den Kindern Gottes.

Zu dieser Übung zur Gottseligkeit gehört aber auch, dass der Gläubige selbst Zucht über seinen Leib übt. Die Korinther befanden sich in dieser Hinsicht in großer Gefahr. Denken wir nur an die in 1. Korinther 5 und 6 erwähnte Sünde der Hurerei und ihre in Kapitel 11 angeführte Zügellosigkeit beim Mahl des Herrn! Deshalb stellte Paulus sich selbst als Beispiel hin, wie wir in 1. Korinther 9,24-27 lesen: „Wisst ihr nicht, dass die, die in der Rennbahn laufen, zwar alle laufen, aber einer den Preis empfängt? Lauft (nun) so, dass ihr (ihn) erlangt. Jeder aber, der kämpft, ist enthaltsam in allem; jene freilich, damit sie eine vergängliche Krone empfangen, wir aber eine unvergängliche. Ich laufe daher so, nicht wie aufs Ungewisse; … sondern ich zerschlage meinen Leib und führe (ihn) in Knechtschaft, damit ich nicht etwa, nachdem ich anderen gepredigt habe, selbst verwerflich werde." Ohne diese Übung zur Gottseligkeit steht der Diener Christi immer in großer Gefahr, trotz äußerlicher Aktivität für seinen Herrn, sich innerlich von Ihm zu entfernen.

Vers 8: *Denn die leibliche Übung ist zu wenigem nütze, die Gottseligkeit aber ist zu allen (Dingen) nütze, da sie (die) Verheißung des Lebens hat, des jetzigen und des zukünftigen.*

Mit der leiblichen Übung ist nicht die bereits in Vers 3 angedeutete Askese gemeint, die später im Mönchtum eine so traurige Blüte erleben sollte. Diese Art von Übung steht ganz im Gegensatz zu Gottes Gedanken. Sollte der Apostel andererseits aber meinen, die mit der geistlichen untrennbar verbundene leibliche Selbstzucht des nach Gottseligkeit trachtenden Christen sei zu wenigem nütze? Zu ihr hatte er doch den Timotheus soeben noch aufgefordert. Es kann also nur die Ausbildung und Stählung von Körperkräften, Geschicklichkeit und Leistungsfähigkeit gemeint sein. Der Begriff der leiblichen Übung ist dem griechischen Sportleben entlehnt und war den Menschen der damaligen Zeit wohl bekannt. In diesem Abschnitt werden also drei verschiedene Dinge behandelt, die zum rechten Verständnis auseinander gehalten werden müssen. In Vers 3 werden menschliche Gebote der *Askese* erwähnt, durch die das Wort Gottes beiseite gesetzt wurde. Durch das Halten dieser Gebote sollten ihre Anhänger zu einer angeblich höheren Heiligkeit und Erkenntnis gelangen. Diese Askese wird im Wort Gottes scharf verurteilt. Die in Vers 7 erwähnte Übung zur Gottseligkeit beinhaltet geistliche und körperliche *Selbstzucht*, die jeder gute Diener Christi benötigt, um vor Trägheit und anstößigem Wandel bewahrt zu bleiben. Als Drittes wird in Vers 8 die *leibliche Übung*, das heißt das körperliche Training, erwähnt. Paulus leugnet nicht, dass diese leibliche Übung einen gewissen Wert hat oder, wie der Heilige Geist es wörtlich ausdrücken lässt, „zu wenigem nütze" ist. Aber das Höchste, was durch sie erreicht werden kann, ist körperliches Wohlbefinden und eine gewisse Freude und Ehre im irdischen Leben. Im Gegensatz dazu ist die Gottseligkeit, zu der Timotheus sich üben sollte, nützlich zu allen Dingen, da sie von Gott selbst die Verheißung des Lebens hat. Die Gottseligkeit erfordert eine beständige Wachsamkeit, heilige Selbstzucht und vollständige Unterwerfung unter den offenbarten Willen Gottes. So muss sich ja auch jeder Teilnehmer an einem Wettkampf beständig vor jedem schädlichen Einfluss und aller Trägheit hüten, damit er für den Sieg in Frage kommt. Im Leben des Glaubens und der Gottseligkeit wird der ganze Mensch gefordert, der sich der Sünde für tot hält, aber lebend für Gott in Christo Jesu. Auf dieser Gottseligkeit ruht die Verheißung des jetzigen und des zukünftigen Lebens. In der gegenwärtigen Zeit darf der Gläubige im Vertrauen auf Gott in dem friedlichen Bewusstsein ruhen, dass Er selbst gesagt hat: „Ich will dich nicht versäumen, noch dich verlassen" (Heb 13,5). Im Blick auf die Zukunft heißt es in Römer 2,7, dass Gott denen, die mit Ausharren in gutem Werk Herrlichkeit und Ehre und Unverweslichkeit suchen, ewiges Leben vergelten wird. Und in seinem zweiten Brief an Timotheus schreibt der Apostel: „Das Wort ist gewiss; denn wenn wir mitgestorben sind, so werden wir auch mitleben" (2. Tim 2,11). Im Allgemeinen finden wir in den Pastoralbriefen nicht so sehr die himmlischen Vorrechte der Gläubigen, sondern die Praxis eines gesunden und hingebungsvollen Lebens nach der Gottseligkeit. Das ewige Leben sieht Paulus meistens als etwas Zukünftiges vor dem Gläubigen liegen, während es in den Schriften des Johannes im Allgemeinen als gegenwärtiger Besitz des Gläubigen betrachtet wird. Während Paulus die vollkommene Stellung des Gläubigen vor Gott, dem Vater, in Christo aufgrund des Glaubens an Sein Sühnungswerk beschreibt, sieht Johannes uns als Kinder Gottes, die aus Ihm geboren sind und daher schon jetzt das ewige Leben besitzen. Demzufolge wird dem Gläubigen bei Paulus das ewige Leben dann in Vollkommenheit und Vollendung zuteil, wenn er in der Herrlichkeit bei Christus ist (vgl. Kap 1,16; Röm 6,22; Gal 6,8; Tit 3,7).

> Verse 9-10: *Das Wort ist gewiss und aller Annahme wert; denn dafür arbeiten wir und werden geschmäht, weil wir auf einen lebendigen Gott hoffen, der ein Erhalter aller Menschen ist, besonders (der) Gläubigen.*

Wie bereits in Kapitel 1,15 gebraucht der Apostel hier die unterstreichenden Worte: „Das Wort ist gewiss und aller Annahme wert" (vgl. Kap 3,1). Hier beziehen sie sich auf das in Vers 8 Gesagte. „Dafür" (oder wie W. Kelly übersetzt: „zu diesem Zweck") nimmt nicht direkt Bezug auf „das Wort". Die Apostel und ihre Mitarbeiter arbeiteten dafür, dass die Worte des Glaubens und der guten Lehre, deren Inhalt die Gottseligkeit ist, auf der Erde verbreitet wurden.

Dafür wurden sie auch geschmäht (einige gute alte Handschriften des NT, ℵ A C F G K, lesen hier jedoch *agonizometha* „wir kämpfen" anstatt *oneidizometha* „wir werden geschmäht"). Aber diese Diener des Herrn ließen sich nicht entmutigen, denn die Triebfeder ihres Dienstes und Lebens war ihre feste Hoffnung auf einen lebendigen Gott, der ein Erhalter aller Menschen ist, besonders der Gläubigen. Wieder nennt Paulus Gott hier den „lebendigen Gott", wie bereits in Kapitel 3,15 (vgl. Mt 16,16; 26,63; Apg 14,15; 1. Thes 1,9; Heb 9,14; 10,31). Das Wort „Erhalter" (griech. *soter*) wird in Kapitel 1,1 und 2,3 mit „Heiland" übersetzt. Dieser Titel wurde von den Heiden für ihre Gottheiten, aber auch für den römischen Kaiser gebraucht. Im Römischen Reich wurde der regierende Kaiser der „Erhalter (oder Retter; griech. *soter*) der Welt" genannt und als solcher verehrt. Aber welch ein unermesslicher Unterschied besteht zwischen einem solchen menschlichen *soter* – mag er noch so wohltätig und gütig regieren – und dem lebendigen Gott, der ein Erhalter aller Menschen ist, besonders der Gläubigen! In den meisten Bibelübersetzungen wird das Wort hier mit „Retter" oder „Heiland" übersetzt. Aber es handelt sich hier nicht um das Errettungswerk Christi für verlorene Sünder. Gott wird hier als der einzige und wahre Erhalter der gesamten Menschheit gesehen, für die Er in Seiner Regierung Sorge trägt (vgl. Neh 9,6 mit Anmerkung; Mt 5,45; 10,29; Apg 17,25). Aber die Gläubigen, die erkauft sind durch das Blut Christi, sind die besonderen Gegenstände Seiner Fürsorge (l. Pet 3,12; 4,19).

Kein wahrer Christ wird jemals die unermesslichen Vorrechte der Erlösung und des ewigen Lebens, der himmlischen Hoffnung und der ewigen Herrlichkeit vergessen. Aber angesichts dieser unsichtbaren und ewigen Dinge könnte er die beständige, liebevolle Fürsorge Gottes in den

Dingen des täglichen Lebens übersehen. Das wäre eine Verunehrung des Herrn und ein Schaden für ihn selbst. Der vorliegende Vers aber, wie wir gesehen haben, auch der Anfang dieses Kapitels, soll die Seele des Gläubigen vor einem solchen Irrtum bewahren. Die Offenbarung hoher geistlicher Wahrheiten und Vorrechte aufgrund des Erlösungswerkes Christi kann die unveränderliche Tatsache, dass Gott der Erhalter aller Menschen ist, an Herrlichkeit übertreffen, aber niemals beiseite setzen. Aber überall, wo Irrlehre oder falsche Lehre auftaucht, besteht die Gefahr, dass die Kreatur verachtet wird.

> Verse 11-12: *Dies gebiete und lehre. Niemand verachte deine Jugend, sondern sei ein Vorbild der Gläubigen in Wort, in Wandel, in Liebe, in Glauben, in Keuschheit.*

Die in den Versen 11-16 enthaltenen Ermahnungen richten sich zwar speziell an Timotheus und beziehen sich auf seinen Dienst, aber sie sind auch nützlich für die Diener Gottes zu allen Zeiten. Die erste Aufforderung des Apostels lautet: „Dies gebiete und lehre". Die Tatsache, dass das Wort „gebieten" so häufig erwähnt wird, unterstreicht die Wichtigkeit des praktischen Wandels des Christen, der ja das Thema dieses Briefes ist (vgl. Kap 1,3; 5,7; 6,13.17). Hier ist diese Aufforderung sehr allgemein gehalten und umfasst sicher mehr als nur das in den Versen 9–10 Gesagte. Als Paulus den jungen Timotheus nach Korinth sandte, schrieb er den Gläubigen dort: „Wenn aber Timotheus kommt, so seht zu, dass er ohne Furcht bei euch sei; denn er arbeitet am Werk des Herrn wie auch ich. Es verachte ihn nun niemand" (l. Kor 16,10–11). Hier ermahnt er Timotheus selbst, sich als Gebietender und Lehrender so zu benehmen, dass niemand dadurch veranlasst wird, ihn wegen seiner Jugend mit Geringschätzung zu behandeln.[1] Aber nicht nur das, sondern er sollte auch ein Vorbild der Gläubigen sein. Damit weist der Apostel auf einen sehr wichtigen Punkt im Glaubensleben hin. Ein geistlicher Führer – das war Timotheus trotz seiner Jugend – muss nicht nur den rechten Weg weisen können, sondern auch selbst darauf vorangehen, damit die anderen ihm folgen können. So spricht Paulus von sich selbst (l. Kor 11,1; Phil 3,17), in dieser Richtung ermahnt Petrus die Ältesten (l. Pet 5,2.3), und so sehen wir es in Vollkommenheit bei unserem Herrn Jesus (l. Pet 2,21). Der gute Hirte geht vor Seinen Schafen her, und sie folgen Ihm (Joh 10,4).

Nicht nur die Aufseher und Diener (vgl. Kap 3) müssen in ihrem Wandel untadelig sein, sondern auch diejenigen, die im Evangelium, im Hirtendienst und der Lehre mit der ihnen vom Herrn verliehenen Gabe dienen. Welche Autorität könnten sie sonst in ihrem Dienst ausüben?

Zunächst werden die beiden Gebiete genannt, in denen Timotheus ein Vorbild sein sollte: Wort und Wandel. Er sollte also in seinem ganzen Leben ein Beispiel eines treuen Jüngers sein. In seinen Worten sollte keine Unaufrichtigkeit oder Unehrlichkeit, keine Leichtfertigkeit oder Unreinheit zum Ausdruck kommen, sondern sie sollten allezeit in Gnade, mit Salz gewürzt sein (vgl. Eph 4,29; 5,4; Kol 4,6). Aber auch sein Lebenswandel sollte vorbildlich sein, wo immer Timotheus sich bewegen und mit wem er auch zusammenkommen mochte.

Sodann werden die guten Eigenschaften oder Tugenden erwähnt, durch die Timotheus ein Vorbild sein konnte: Liebe, Glaube und Keuschheit. Gott hat Seine Liebe durch

---

[1] Wenn Timotheus etwa 20–25 Jahre alt war, als Paulus ihn auf seiner zweiten Reise um das Jahr 50 als Diener mitnahm (Apg 16), dann mochte er jetzt ungefähr 33-38 Jahre alt sein.

den Heiligen Geist in die Herzen der Gläubigen ausgegossen, und sie lieben, weil Er sie zuerst geliebt hat (Röm 5,5; 1. Joh 4,19). Die göttliche Natur kommt in der Liebe mit ihrer Hingabe, ihrem Zartgefühl und Mitleid zum Ausdruck. Der Glaube ist nicht nur das treue Festhalten an der offenbarten Heilswahrheit, dem Gegenstand unseres Glaubens, sondern die wahre Kenntnis Gottes und das Vertrauen auf Ihn in allen Umständen des täglichen Lebens. Dieser lebendige Glaube ist die mächtige Triebfeder für einen treuen Wandel und Dienst. Die Reinheit schließlich ist das Indiz für die Echtheit und Aufrichtigkeit der Liebe und des Glaubens. Sie beschränkt sich nicht auf den Bereich des Geschlechtlichen, obwohl dieser seit eh und je häufig der Anlass zu Unreinheit und Sünde geworden ist, sondern umfasst wohl alles, was der Person eine lautere und reine Art verleiht. Ohne diese Voraussetzungen hätte Timotheus den nun folgenden Auftrag nicht erfüllen können.

Vers 13: *Bis ich komme, halte an mit dem Vorlesen, mit dem Ermahnen, mit dem Lehren.*

Bereits in Kapitel 3,14 hatte Paulus die Hoffnung ausgesprochen, bald zu Timotheus nach Ephesus zurückzukehren. Nun erinnert er ihn daran, sich bis dahin dem Vorlesen der Heiligen Schrift, dem Ermahnen und dem Lehren zu widmen. Das Wort, das hier mit „anhalten" übersetzt ist (griech. *prosechein*), bedeutet eigentlich „die Aufmerksamkeit auf etwas richten, auf etwas Acht haben". Daher ist es möglich, dass Timotheus hier nicht nur selbst ermahnt wird, diese drei Tätigkeiten auszuüben, sondern auch darauf zu achten, dass andere dies in gebührender Weise taten.

Das Vorlesen und Erklären der Schriften des AT war schon in den jüdischen Synagogen am Sabbat üblich. In der

Synagoge zu Nazareth las und erklärte der Herr Jesus einen Abschnitt aus dem Propheten Jesaja (Lk 4,16.27; vgl. auch Apg 13,14–16). In den Zusammenkünften der Christen geschah dasselbe. Nach und nach kamen zunächst die Briefe (vgl. Kol 4,16), dann die übrigen inspirierten Schriften des NT dazu. Das Lesen der Heiligen Schrift ist die Grundlage jeder christlichen Unterweisung. Wenn es im Geist der Unterwürfigkeit und mit wahrer Bereitschaft nicht nur zum Hören, sondern auch zum Gehorchen geschieht, dann wird allein schon das Lesen des Wortes Gottes in den Seelen eine segensreiche Frucht hervorrufen. Achten wir daher nicht in erster Linie auf Menschenworte, sondern auf das Wort Gottes, ohne jedoch die Gaben zu verachten, die der Herr zur Auferbauung Seiner Versammlung gegeben hat.

Ermahnen ist die Anwendung des Gelesenen auf die Herzen und Gewissen der Zuhörer. Dadurch werden sie zum rechten Handeln erweckt und vor falschen Einflüssen und Lehren bewahrt (vgl. Kap 1,3.4).

Durch das Lehren wird die Bedeutung des Wortes Gottes erklärt, so dass die Hörer den Willen Gottes klar erkennen können.

> Vers 14: *Vernachlässige nicht die Gnadengabe in dir, die dir gegeben worden ist durch Weissagung mit Auflegen der Hände der Ältestenschaft.*

Wenn Timotheus im vorigen Vers zur Aktivität in der Versammlung aufgefordert wurde, so geschah das nicht ohne Grund. Er besaß eine Gnadengabe (griech. *charisma*; vgl. Röm 12,6-8; 1. Kor 12,4; 1. Pet 4,10). Worin diese Gnadengabe bestand, wird weder hier noch anderswo ausdrücklich gesagt. Aber aus 2. Timotheus 4,5 geht hervor, dass er ein Evangelist war, und die bereits betrachteten Stellen in Kapitel 1,3; 4,6-7.11

sowie Kapitel 4,2 des zweiten Briefes an Timotheus zeigen, dass er auch die Gabe des Lehrers besaß (vgl. Eph 4,11).

Diese Gabe sollte Timotheus nicht vernachlässigen. Durch Trägheit, Gleichgültigkeit oder zu starke Beschäftigung mit anderen Dingen kann jede Fähigkeit vernachlässigt werden. Wenn ich im Sommer meinen Garten einige Zeit vernachlässige, sind die Folgen bald für jeden ersichtlich: Das Unkraut breitet sich aus, und die erwünschten Früchte verkümmern oder bleiben ganz aus. Wenn jemand eine Gnadengabe von dem Herrn empfangen hat, ist damit gleichzeitig der Auftrag verbunden, sie zur Ehre des Herrn und zum Segen für andere zu benutzen. Das hat der Herr selbst in dem Gleichnis der Talente in Matthäus 25,14-30 deutlich gemacht. In 2. Timotheus 1,6 wird Timotheus ermahnt, diese Gnadengabe anzufachen, das heißt, aktiv tätig zu sein, damit sie zur vollen Entfaltung kommt.

Die Gnadengabe, die Timotheus besaß, war ihm durch Weissagung zuteil geworden. Schon in Kapitel 1,18 hatte Paulus ihn an die vorangegangenen Weissagungen über ihn erinnert, womit er sicherlich auf die gleiche Tatsache hinwies wie in diesem Vers. Durch prophetische Äußerungen war schon früh auf die Berufung des Timotheus zu einem besonderen Dienst hingewiesen worden. Der Apostel Paulus hatte ihm in einem wohl einmaligen Fall die Gnadengabe Gottes durch das Auflegen seiner Hände mitgeteilt (2. Tim 1,6). An keiner anderen Stelle des NT lesen wir, dass Gnadengaben durch Vermittlung von Menschen verliehen oder auch nur bestätigt werden. Der Herr Jesus selbst gibt Seiner Versammlung die Gaben (griech. *doma*; Eph 4,10), und sie können nur in der Kraft des Heiligen Geistes in rechter Weise ausgeübt werden (1. Kor 12,4.8-11). Jede Ernennung oder Berufung zur Ausübung einer Gabe ist eine Vermischung zwischen den Gnadengaben und den örtlichen Ämtern und zeigt völlige

Unkenntnis der Gedanken Gottes über göttliche Autorität und geistlichen Dienst (vgl. das zu Kapitel 3 Gesagte).

Es ist daher sehr bedeutsam, dass Timotheus eine Gnadengabe nicht *durch*, sondern *mit* Auflegen der Hände der Ältestenschaft besaß. Nicht dadurch, dass die Ältesten ihm die Hände auflegten, hatte er die Gabe empfangen, sondern durch Weissagung und durch das Auflegen der Hände des Apostels. Die Ältesten hatten ihm dann ihre Hände aufgelegt, um ihre Gemeinschaft im Dienst mit ihm auszudrücken. So konnte er seine Arbeit in dem Bewusstsein tun, dass die Ältesten der Versammlung seinen Auftrag anerkannten und unterstützten.

Das Auflegen der Hände war schon im AT im Opferdienst eine sehr bekannte Tatsache. Bei der Darbringung des Brandopfers ging die Wohlgefälligkeit des Opfertieres für Gott auf den Opfernden über (3. Mo 1,4), bei dem Sündopfer wurde dadurch die Sünde auf das Opfertier gelegt (3. Mo 4,4.15.24; 16,21), und beim Friedensopfer kam die Gemeinschaft dadurch zum Ausdruck (3. Mo 3,2). In jedem Fall war es eine Einsmachung mit dem Opfertier, das sinnbildlich von dem Opfer Christi spricht. Auch im NT ist die Handauflegung meistens der Ausdruck der Einsmachung und Gemeinschaft (vgl. Apg 6,6; 13,3; 1. Tim 5,22). Der Gedanke an eine Weihe oder Berufung zu irgendeinem Dienst liegt dem Akt der Handauflegung in der Heiligen Schrift völlig fern. Auch wenn Paulus dem Timotheus die Hände aufgelegt hatte (2. Tim 1,6), kam darin in erster Linie die Einsmachung des alten Dieners mit dem jungen zum Ausdruck (siehe auch Kapitel 5,22).

Vers 15: *Bedenke dies sorgfältig; lebe darin, damit deine Fortschritte allen offenbar seien.*

J. N. Darby übersetzt den ersten Teil dieses Verses wie folgt: „Beschäftige dich mit diesen Dingen", und W. Kelly übersetzt: „Verwende Sorge auf diese Dinge." Das griechische Wort für „bedenken" (*meletao*) kommt nur noch in Apostelgeschichte 4,25 vor, wo es mit „sinnen" wiedergegeben wird.

Wie bereits in Vers 6 und 11 werden Timotheus hier die vorherigen Ermahnungen nochmals besonders ans Herz gelegt. Er soll seinen Sinn ganz auf diese Dinge richten, nicht auf eigene Interessen oder gar weltliche Dinge. Das ist das Kennzeichen eines treuen und brauchbaren Dieners, der für die Interessen seines Herrn besorgt ist. Er soll nicht für sich selbst leben und arbeiten, sondern für seinen Herrn.

Wenn Timotheus dies täte, würden seine Fortschritte allen offenbar werden. Ein Wandel in Gemeinschaft mit dem Herrn kann nicht verborgen bleiben. Er gibt dem Dienst eine sittliche Autorität, die einen tiefen Eindruck auf alle machen wird. Die Fortschritte bestehen in der Kenntnis des Wortes Gottes, in ihrer Anwendung auf den eigenen Wandel und den der Zuhörer, in der Urteilskraft und in dem Erkennen der Bedürfnisse der einzelnen Seelen, sowie in der Fähigkeit, ihnen in geistlicher Weise zu entsprechen.

> *Vers 16: Habe Acht auf dich selbst und auf die Lehre; beharre in diesen Dingen; denn wenn du dies tust, (so) wirst du sowohl dich selbst erretten als auch die, die dich hören.*

Mit den ersten Worten dieses Verses wiederholt der Apostel nochmals, was er Timotheus bereits eingeschärft hat. Jeder Christ, auch der Diener des Herrn, ist in erster Linie für sich selbst verantwortlich, erst dann für andere. So sagt Paulus den Ältesten von Ephesus: „Habt Acht auf euch selbst und auf die ganze Herde" (Apg 20,28). Das eigene Gewissen, das in diesem Brief so oft erwähnt wird, muss immer im Licht Gottes unbefleckt erhalten werden.

Dann aber war es die besondere Aufgabe des Timotheus, auf die Lehre zu achten. Damit ist hier die Reinheit und Sorgfalt bei der Belehrung, aber auch die Lehrtätigkeit anderer Brüder gemeint (vgl. Kap 5,17). Die Belehrung der Gläubigen muss dem Bild gesunder Worte entsprechen.

Timotheus sollte in diesen Dingen beharren. Das bedeutet, dass er einerseits daran festhalten und sich nicht anderen Dingen zuwenden sollte. Aber es bedeutet auch, dass er dies fortgesetzt, ohne Unterlass tun sollte. Schon mancher wollte mit großem Eifer in das Werk des Herrn eintreten. Aber als die ersten Schwierigkeiten auftauchten und die Ergebnisse oder die Anerkennung nicht wie erwartet eintraten, erlahmte das anfängliche Interesse, weil das Ausharren, in dem man sich unter solche Situationen stellt und sie mit dem Herrn und für Ihn erträgt, fehlte.

Wenn Timotheus dies täte, würde er sowohl sich selbst erretten, als auch die, die ihn hörten. Hier ist mit „erretten" nicht die Errettung der Seele gemeint, die Gott demjenigen schenkt, der an den Herrn Jesus glaubt (vgl. Kap 2,4; 2. Tim 1,9), sondern die Errettung des Gläubigen von den vielen Gefahren auf dem Weg zur Herrlichkeit (vgl. Röm 5,10; 2. Tim 4,18; Heb 7,25). Christus verwendet sich zur Rechten Gottes für die Seinigen, aber hier sehen wir unsere Verantwortung dabei (vgl. Phil 2,12). Die Errettung ist hier die vollkommene Bewahrung vor den bösen Lehren und Praktiken, vor denen wir am Anfang dieses Kapitels ausdrücklich durch den Heiligen Geist gewarnt werden.

Witwen und Älteste

1. Timotheus 5

> Verse 1-2: *Einen älteren Mann fahre nicht hart an, sondern ermahne (ihn) als einen Vater, jüngere als Brüder; ältere Frauen als Mütter, jüngere als Schwestern, in aller Keuschheit.*

Immer wieder ermahnt Paulus in diesem Brief den jungen Timotheus zum rechten Verhalten (Kap 4,6.11.15.16; 5,21; 6,2.11). Immer ist dabei der Zweck: „damit du weißt, wie man sich verhalten soll im Haus Gottes". Das Wort „älterer" (griech. *presbyteros*) ist dasselbe wie dasjenige, das in Vers 17 das Amt des Ältesten bezeichnet. Ein Blick auf Vers 2 zeigt jedoch, dass hier nicht nur die Ältesten der Versammlung, sondern alle älteren Männer gemeint sind.

Als junger Mann, der die Aufgabe bekommen hatte, in der Versammlung zu lehren und zu ermahnen, musste Timotheus im Blick auf ältere Personen, ob Brüder oder Schwestern, besonderes Zartgefühl walten lassen. Er sollte sie, wenn es einmal nötig werden sollte, als Väter und Mütter ermahnen, anstatt sie hart anzufahren. Das konnte er nur dann in der rechten Weise tun, wenn er selbst fest mit der Demut umhüllt war (vgl. 1. Pet 5,5), die durch die Gnade von Seiten Gottes und durch den Respekt vor den Älteren bewirkt wird. Wie leicht kann es auch heute geschehen, dass ein jüngerer Bruder, dem der Herr eine geistliche Gabe und Verantwortung anvertraut hat, einen älteren Bruder so empfindlich trifft, dass dieser eine berechtigte Ermahnung nicht annimmt. Dieser Hinweis ist vielleicht besonders in unserem Zeitalter der Jugend wichtig. Erinnern wir uns dabei an die Worte Gottes aus dem AT: „Vor grauem Haar sollst du aufstehen und die Person eines Greises ehren, und du sollst dich fürchten vor deinem Gott" (3. Mo 19,32).

Auch das Verhalten des Timotheus zu den jüngeren Männern sollte durch die Liebe gekennzeichnet werden, denn er sollte sie als *Brüder* ermahnen.

Im Blick auf die jungen Frauen folgt jedoch noch ein wichtiger Zusatz: „in aller Keuschheit". Wie leicht konnte sich bei der Beschäftigung mit ihnen fleischliche Gedanken einmischen! Nur ein Leben in Heiligkeit und Reinheit vor dem Herrn kann da das ausreichende Bewahrungsmittel vor fleischlichem Begehren sein. Wie wichtig gerade diese Ermahnung für jüngere Brüder ist, die sich von dem Herrn gebrauchen lassen möchten, zeigen leider manche negativen Erfahrungen aus der Praxis.

> Verse 3-4: *Ehre (die) Witwen, die wirklich Witwen sind. Wenn aber eine Witwe Kinder oder Enkel hat, (so) mögen sie zuerst lernen, dem eigenen Haus gegenüber fromm zu sein und den Eltern Gleiches zu vergelten; denn dieses ist angenehm vor Gott.*

Die jetzt folgenden Verse 3-16 haben die Sorge für die Witwen in der Versammlung zum Thema. Mancher fragt sich vielleicht, warum einem solchen Gegenstand so viel Platz eingeräumt wird. Aber unser Gott ist der allein weise Gott (Röm 16,27)! Er weiß, wie einsam und vergessen – auch heute noch! – das Leben einer wahren Witwe sein kann. Er weiß auch, wie leicht diese sogar inmitten von Gläubigen, die verheiratet sind und Familien haben, übersehen werden.

Daher sind die Witwen, ebenso wie ihre Kinder, Gegenstände der besonderen Fürsorge unseres Gottes und Vaters. Schon im Psalm 68,5 heißt es: „Ein Vater der Waisen und ein Richter der Witwen ist Gott in seiner heiligen Wohnung" (vgl. Ps 146,9). Zahlreiche Vorschriften im AT unterstreichen dies. Wer den Witwen und Waisen besondere Fürsorge erwies, durfte auf den Segen des HERRN rechnen (5. Mo 14,29; 24,19), weil er in einem Gott wohlgefälligen Geist handelte. Auch heute, in der Zeit der Gnade, ist es nicht anders. In der Versammlung Gottes sollen die Witwen nicht ihrem Los überlassen bleiben. Schon in der ersten Zeit trat das Problem auf, dass die Witwen bei der täglichen Bedienung übersehen wurden, obwohl alle alles gemeinsam hatten (Apg 6,1). Damals wurden in Jerusalem die ersten Diakonen ernannt, die dafür Sorge zu tragen hatten, dass den Witwen der griechischen Juden das Nötige gegeben wurde. Dabei fällt uns auf, dass diese Männer ein gutes Zeugnis haben und voll heiligen Geistes und Weisheit sein mussten (Apg 6,3).

Besonders wichtig erscheinen in diesem Zusammenhang noch die Worte des Jakobus: „Ein reiner und unbefleckter Gottesdienst vor Gott und dem Vater ist dieser: Waisen und Witwen in ihrer Drangsal zu besuchen, sich selbst von der Welt unbefleckt zu erhalten" (Jak 1,27).

Zunächst heißt es nun allgemein: „Ehre die Witwen, die wirklich Witwen sind." Vielleicht benötigten nicht alle von ihnen materielle Hilfe. Aber dennoch sollten sie die geziemende Ehre und den notwendigen Beistand empfangen. In den modernen Industrieländern verhindert heute das „soziale Netz" durch Renten und Versicherungen in den meisten Fällen eine tiefe materielle Not, die früher oft das Los der Witwen war. Daher ist die Unterstützung von bedürftigen Witwen seitens der Versammlungen eine Seltenheit geworden. Der Sinn des Wortes „ehren" geht jedoch viel weiter und hat auch heute noch seine Bedeutung.

Der Heilige Geist teilt in den folgenden Versen die Witwen in drei Gruppen ein:
1. jüngere Witwen (s. Vers 11-14), die am ehesten in Gefahren kommen und denen daher geboten wird, sich wieder zu verheiraten.
2. Witwen, die Kinder oder Enkel haben (s. Vers 4 und 16) und von diesen unterstützt werden sollen.
3. Wirkliche Witwen (s. Vers 3.5 und 16), die vereinsamt sind und keine Verwandten haben, die sie unterstützen können. Zu diesen gehören wohl auch die Witwen, die verzeichnet werden sollen, damit ihnen von den Heiligen Unterstützung zuteil werde (Verse 9.10).

Diese Einteilung erscheint auf den ersten Blick recht mechanisch. Aber Gott ist nicht ein Gott der Unordnung, sondern des Friedens (1. Kor 14,33). Die Ordnung im Haus Gottes gilt auch in diesen Dingen! Der geordnete Dienst der Diakonen ist besser als gutgemeinte, aber ungeordnete und unüberlegte Liebesdienste (vgl. Kap 3,8–13; Apg 6,1 ff.).

Nachdem in Vers 3 zunächst die wirklichen Witwen erwähnt wurden, kommt der Apostel in Vers 4 auf die Witwen zu sprechen, die Kinder oder Enkel hatten. Diese sollten zuerst lernen, gegen das eigene Haus fromm zu sein. Ihnen oblag die Sorge für ihre Mutter oder Großmutter. Wenn sie diese Kindespflicht noch nicht kannten, mussten sie sie lernen. Ähnlich wie in Vers 16 wird hier den Kindern und Enkeln vorgestellt, der Mutter oder Großmutter, die verwitwet ist, durch liebevolle und fromme Ehrerbietung Gleiches zu vergelten, das heißt, etwas von dem zurückzuerstatten, was sie selbst in jungen Jahren an Liebe und Fürsorge erfahren haben. Ein besonders schönes Beispiel dieser Fürsorge sehen wir bei unserem Herrn am Kreuz. In den letzten Augenblicken vor Seinem Tode dachte Er noch in liebender Sorge an

Seine Mutter, als Er sie Seinem Jünger Johannes mit den Worten empfahl: „Siehe, deine Mutter."

Dies ist angenehm vor Gott. In Kapitel 2,3 haben wir gelesen, dass auch das Gebet für alle Menschen und alle, die in Hoheit sind, „gut und angenehm vor unserem Heiland-Gott ist". Die Frömmigkeit oder Gottseligkeit umgreift das ganze Leben des Gläubigen und erweist sich zuallererst im Kreis der Familie.

> Vers 5: *Die aber, die wirklich Witwe und vereinsamt ist, hofft auf Gott und verharrt in dem Flehen und den Gebeten Nacht und Tag.*

Der Apostel wendet sich nun wieder den bereits in Vers 3 erwähnten einsamen Schwestern zu, die wirklich Witwen sind. Er nennt sie „vereinsamt". Wie wenig wird das oft auch unter Gläubigen bedacht! Eine solche Witwe hat keine irdische Hilfsquelle, keine menschliche Unterstützung. Aber unser Gott und Vater hat gerade solchen Seine Hilfe zugesagt. Er ist der Richter der Witwen. Ein Beispiel einer solchen gottesfürchtigen Witwe sehen wir in der Prophetin Anna. Von ihr heißt es: „Diese war in ihren Tagen weit vorgerückt und hatte sieben Jahre mit ihrem Mann gelebt von ihrer Jungfrauschaft an; und sie war eine Witwe von vierundachtzig Jahren, die nicht vom Tempel wich, indem sie Nacht und Tag mit Fasten und Flehen diente" (Lk 2,36.37).

In Vers 5 wird durch das Wort „aber" ein Gegensatz, wenigstens aber ein Unterschied zu Vers 4 herausgestellt. Hier wird lobend die geistliche Haltung solcher Witwen hervorgehoben; stillschweigend geht daraus hervor, dass eine Witwe, die so lebt, die Fürsorge der Versammlung am ehesten verdient. Jemand hat gesagt: „Eine oder zwei solcher Witwen in unserer Mitte wären eine große Quelle der Kraft.

Jede Hilfe, die die Gläubigen ihnen in materieller Hinsicht leisten könnten, wäre wie nichts im Vergleich zu der Hilfe, die sie für die Heiligen bedeuten. Sie verharren Nacht und Tag im Flehen."

Vers 6: *Die aber, die in Üppigkeit lebt, ist lebendig tot.*

Ein völlig anderes Bild sehen wir in diesem Vers. Die hier beschriebene Witwe verfügt über genügend Mittel, um sich ein bequemes, ja luxuriöses Leben zu ermöglichen. Das Böse daran ist, dass sie diese Mittel einzig und allein zu diesem Zweck verwendet. Das für „in Üppigkeit leben" gebrauchte Wort (griech. *spatalao*) findet sich auch in Jakobus 5,5, wo zu den Reichen, die sich als falsche christliche Bekenner offenbaren, gesagt wird: „Wohlan nun, ihr Reichen, weint und heult über euer Elend, das über euch kommt ... Ihr habt in Üppigkeit gelebt auf der Erde und geschwelgt." Was hat ein solches Leben in Fleischeslust, Vergnügen und Befriedigung der Leidenschaften mit dem wahren Leben für Gott gemeinsam? Wer dem Grundsatz nach so lebt, ist geistlich tot, auch wenn er ein christliches Bekenntnis abgelegt hat. Geistlicher Tod bedeutet im NT immer: ohne Leben aus Gott (vgl. Lk 9,60; Eph 2,1; 5,14; Off 3,1). Eine wiedergeborene Seele, in deren Leben keine Frucht für Gott erkennbar ist, wird dagegen nie „tot" genannt, sondern „schlafend". Ein Schlafender kann einem Toten täuschend ähnlich sein (vgl. Eph 5,14; 1. Thes 5,6).

Vers 7: *Und dies gebiete, damit sie unsträflich seien.*

Immer wieder wird uns in diesem Brief, der von der Ordnung im Haus Gottes handelt, das rechte Verhalten in diesem Haus eingeschärft. „Einschärfen" ist die besondere Bedeutung des Wortes „gebieten", das auch in Kapitel 1,3 und

4,11 vorkommt. Dieser Vers verbindet das Vorherige mit dem Folgenden und unterstreicht, dass sowohl die Witwen als auch ihre Nachkommenschaft untadelig leben sollen.

> Vers 8: *Wenn aber jemand für die Seinen und besonders für (die) Hausgenossen nicht sorgt, (so) hat er den Glauben verleugnet und ist schlechter als ein Ungläubiger.*

Hier spricht der Apostel zum zweiten Mal die Kinder beziehungsweise die Angehörigen von Witwen an. Das erste Mal hatte er es bereits in Vers 4 getan, und in Vers 16 wendet er sich ein drittes Mal an sie. An diesem dreimaligen Appell erkennen wir, wie gottgemäß und wichtig es ist, dass Kinder sich nicht der Verantwortung entziehen, für die Eltern, besonders aber für eine alleinstehende Mutter zu sorgen.

Aber während in Vers 4 die positive Seite dieser Frömmigkeit oder Gottseligkeit, die vor Gott angenehm ist, gesehen wird, gebraucht der Apostel hier die schärfsten Ausdrücke für den Fall, dass jemand die Fürsorgepflichten gegenüber seinen nächsten Verwandten und Hausgenossen vernachlässigt. Der Glaube (hier mit dem Artikel) ist nicht die innere Glaubenskraft, sondern das Glaubensgut, die christliche Wahrheit. Die Pflicht zur Fürsorge für die Angehörigen wird sowohl im AT wie im NT gelehrt (vgl. Mt 15,3-6; Eph 6,2-3). Jemand, der für die Seinen und besonders für die Hausgenossen nicht sorgt, ist schlechter als ein Ungläubiger. Jeder normal denkende und fühlende Mensch anerkennt und achtet die Familienbeziehung zwischen Eltern und Kindern. Diese natürliche Liebe hat der Schöpfer in das Menschenherz hineingelegt. Ein Ungläubiger, der seine Eltern achtet und liebt, ist für einen Christen, der dies nicht tut, ein sehr beschämendes Beispiel. Dabei besitzt der Gläubige doch einen unendlich höheren Maßstab für seine Liebe:

„Wandelt in Liebe, wie auch der Christus uns geliebt und sich selbst für uns hingegeben hat" (Eph 5,1.2). Welch ein beschämendes Zeugnis gibt ein Kind Gottes vor der Welt ab, wenn es versäumt, die einfachsten Regeln christlicher Liebe und Barmherzigkeit zu praktizieren!

> Verse 9-10: *Eine Witwe werde verzeichnet, wenn sie nicht weniger als sechzig Jahre alt ist, (die) Frau eines Mannes (war), ein Zeugnis hat in guten Werken, wenn sie Kinder auferzogen, wenn sie Fremde beherbergt, wenn sie (der) Heiligen Füße gewaschen, wenn sie Bedrängten Hilfe geleistet hat, wenn sie jedem guten Werk nachgegangen ist.*

Seit den frühesten Zeiten haben verschiedene Ausleger in den hier genannten Witwen einen besonderen Stand von ordinierten, als „Diakonissen" dienenden Witwen sehen wollen, obwohl hierüber im ganzen Neuen Testament weiter nichts geschrieben steht. W. Kelly schreibt in seiner Auslegung zu dieser Stelle: „Hier ist mehr die Rede von Witwen in einer bevorrechtigten oder auch offiziellen Stellung. Aber nichts deutet darauf hin, dass es sich bei diesen Witwen um eine Klasse von Diakonissen handelt, denn ihr Alter spricht geradezu gegen irgendwelche größere Aktivität dieser Art. Auch handelt es sich hier nicht um Ältestentätigkeit, obwohl das Mindestalter von sechzig Jahren dafür als Argument angeführt werden könnte.

Aus dem Zusammenhang kann man jedoch nicht die geringste Unterstützung für solche Aufgaben entnehmen, wenn auch manche Gelehrte aufgrund von Äußerungen griechischer und lateinischer Kirchenväter den Gedanken an weibliche Aufseher in diese Stelle hineinlegen wollen. Der Apostel spricht hier offenbar nur über solche Witwen, die die Versammlung zwecks Fürsorge und Versorgung in ein Verzeichnis aufnehmen sollte. Die erwähnten Kennzeichen beziehen sich daher auf ihr vergangenes Leben, nicht auf zukünftige größere oder kleinere Pflichten. In der Beschreibung der Witwen ist eine gewisse Steigerung zu erkennen: erstens: Witwen im Allgemeinen, zweitens: wirkliche Witwen und drittens: Witwen, die von der Versammlung speziell als solche anerkannt und verzeichnet wurden. Daraus kann man jedoch keine Andeutung einer organisierten oder gar ordinierten Witwenklasse entnehmen, obwohl bekannt ist, dass es so etwas später gegeben hat" (Exposition of the First Epistle to Timothy).

Der Apostel teilt Timotheus also mit, welche Witwen verzeichnet, das heißt in die Liste der Personen aufgenommen werden sollten, die von der Versammlung unterhalten wurden. Es konnte sich dabei nur um solche Witwen handeln, die keine Mittel oder Einkünfte, aber auch keine näheren Familienangehörigen besaßen. Sie mussten wenigstens sechzig Jahre alt sein. In diesem für damalige Verhältnisse hohen Alter konnten sie nicht mehr leicht für ihren eigenen Unterhalt sorgen. Deshalb musste die Versammlung einspringen. Daraus allerdings den Schluss zu ziehen, dass die Versammlung jüngere Witwen, zum Beispiel bei Krankheiten oder sonstigen Notfällen, nicht zu unterstützen brauchte, wäre falsch. Die über sechzig Jahre alten Witwen sollten jedoch verzeichnet werden, damit sie eine regelmäßige Unterstützung empfingen. Diese wirklichen Witwen hatten den Geschwistern viel gedient und sollten jetzt, da sie es nicht mehr in dem früheren Maß zu tun vermochten, von der Versammlung nicht vernachlässigt werden.

Als erste Bedingung für die Unterstützung wird die Tatsache genannt, dass sie die Frau *eines* Mannes gewesen war. Diese Bemerkung gleicht derjenigen hinsichtlich der Aufseher in Kapitel 3,2 (vgl. Lk 2,36.37). Gemeint ist hier wohl in erster Linie, dass die Witwe ihrem Mann die eheliche Treue gehalten hatte.

Außerdem musste eine Witwe, die verzeichnet wurde, ein Zeugnis in guten (griech. *kalos*) Werken haben, das sind Werke, durch die der Herr verherrlicht wird. Als nächste Voraussetzung wird die Erziehung von Kindern genannt. Die Tatsache, dass hier nicht von ihren (eigenen) Kindern gesprochen wird, könnte darauf hindeuten, dass sie sich auch anderer, bedürftiger Kinder angenommen und sie in der Zucht und Ermahnung des Herrn aufgezogen hat. Fremden gegenüber musste sie gastfrei gewesen sein. Diese Tugend wird mehrfach im NT erwähnt und setzt Hingabe und Freigebigkeit voraus (Röm 12,13; Heb 13,2). Es ist die besondere Aufgabe der Hausfrau, wahre Gastfreundschaft zu üben und dadurch die Herzen der Heiligen zu erquicken. Damit in Verbindung steht auch die nächste Bedingung, „wenn sie der Heiligen Füße gewaschen ... hat". In den damaligen Zeiten und Umständen war dies eigentlich eine Sklavenarbeit, die man dem müden Wanderer, der ins Haus einkehrte, zuteil werden ließ als Zeichen besonderer Fürsorge und Gastfreundschaft. Welch eine Erquickung war es für den Reisenden in heißen Gegenden, der nur mit Sandalen beschuht war, nach einem mühevollen Fußmarsch über staubige Straßen und Wege, wenn er diesen einfachen, aber wichtigen Dienst empfing. Wer ihn ausübte, folgte damit in Demut auch dem Beispiel des Herrn Jesus, der die Füße Seiner Jünger wusch (Joh 13). Wenn heute in unseren Breiten ein solcher Dienst auch nicht erforderlich ist, gibt es doch sicherlich manche vergleichbaren Aufgaben, die eine Dienerin des Herrn an den Heiligen erfüllen kann, besonders an den Brüdern, die am Werk des Herrn arbeiten.

Auch sollte die Witwe Bedrängten Hilfe geleistet haben, wodurch sie Mitgefühl und Barmherzigkeit unter Beweis stellen konnte. In den Zeiten der Verfolgungen gab es viele Bedrängnisse. Manche Gläubige hatten alle ihre Habe verloren (vgl. Heb 10,34) und benötigten in ihrer Bedrängnis Hilfe. Auch heute gibt es trotz veränderter Lebensbedingungen noch Fälle äußerer und innerer Bedrängnis, in denen Hilfeleistung sehr angebracht ist. Unter den in 1. Korinther 12,28 aufgezählten Gnadengaben werden auch Hilfeleistungen ausdrücklich erwähnt.

Zum Schluss fasst der Apostel alles mit den Worten zusammen: „Wenn sie jedem guten (griech. *agathos*) Werk nachgegangen ist." Er hatte nur einige dieser Werke aufgezählt, aber es gab sicherlich noch weitere, die ein Herz voll Hingabe für den Herrn und die Seinigen erkennen und tun konnte. Dieser Satz ist keine bloße Wiederholung der Worte am Anfang dieser Aufzählung: „Wenn sie ... ein Zeugnis hat in guten Werken." Das dort verwendete Wort (griech. *kalos*) bedeutet „an und für sich gut, edel". Solche guten Werke sind gut in den Augen Gottes, müssen aber nicht unbedingt im Blick auf andere Menschen geschehen. Die zuletzt genannten guten Werke (griech. *agathos*) sind solche, die auch mit „wohltätig" umschrieben werden können, das heißt, dass in ihnen der Wunsch zum Ausdruck kommt, anderen Gutes zu tun.

Eine Witwe, deren Leben so erfüllt war durch den Dienst für den Herrn und die Seinigen, war, obwohl äußerlich arm, doch innerlich reich. Wenn für sie besondere Sorge getragen werden sollte, würde das sicher nicht dazu führen, dass sie für andere nicht mehr nach Vermögen sorgte. Deshalb die Anweisung, diese wirklichen Witwen besonders zu ehren.

Verse 11-12: Jüngere Witwen aber weise ab; denn wenn sie üppig geworden sind gegen Christus, so wollen sie heiraten und fallen (dem) Urteil anheim, weil sie den ersten Glauben verworfen haben.

Bei jüngeren Witwen konnten Gefahren lauern, auf die der Apostel hier hinweist. Der Ernst und die Einfachheit des Lebens einer wirklichen, ganz dem Dienst für ihren Herrn geweihten Witwe konnte ihnen eine zu schwere Last sein. Der Eigenwille konnte wach werden und sie auf Abwege führen. Dabei wurde ihre wahre Beziehung zu dem Herrn offenbar. Wenn Gott einen Ehegatten durch den Tod hinwegnimmt, ist das für den zurückbleibenden Teil immer eine ernste Sprache Gottes. Von einer gläubigen Witwe könnte also erwartet werden, dass sie aus diesem Reden Gottes und ihrem Schmerz die Lehre zieht, dass die Zeit gedrängt ist und dass die Gestalt dieser Welt vergeht (vgl. 1. Kor 7,29-31). Aber wenn solche den Herrn aus dem Auge verlieren und Sein Handeln mit ihnen nicht verstehen, suchen sie nicht mehr Ihm zu dienen, sondern werden üppig gegen Ihn und rasten und ruhen nicht eher, als bis sie sich wieder in dem Zustand befinden, den Er doch in Seinen Wegen mit ihnen gerade erst beendet hatte. So fallen sie dem Urteil anheim (wörtlich: haben – [das] Urteil), weil (oder: dass) sie ihren ersten Glauben verworfen haben.

Die Worte „fallen dem Urteil anheim" sind in der englischen und französischen Bibelübersetzung von J. N. Darby sowie in der niederländischen Voorhoeve-Übersetzung durch „sind schuldig" wiedergegeben. W. Kelly übersetzt: „sie haben als Anklage, dass sie den ersten Glauben verworfen haben". Sie machen sich durch ihr Tun schuldig und klagen dadurch sich selbst an. Mit „Glaube" ist hier wohl das praktische Vertrauen auf Gott gemeint. Ein Abfall vom christlichen Glauben ist in einem solchen Verhalten doch nicht zu sehen, obwohl es dazu kommen könnte. Anstatt wie früher auf Gott und Seine Führung zu warten, verwarfen sie diese Glaubensfrische und handelten unabhängig von Gott, indem sie selbst ihren Lebensweg bestimmen wollten.

> Vers 13: *Zugleich aber lernen sie auch, müßig (zu sein), indem sie in den Häusern umherlaufen; nicht allein aber müßig, sondern auch geschwätzig und vorwitzig, indem sie reden, was sich nicht geziemt.*

Wenn man dem Eigenwillen freien Lauf lässt und den Dienst für den Herrn nicht mehr im Herzen hat, dann sind die Folgen immer schlimm. Das Leben wird geistlich leer und müßig. Aber da der Geist des Menschen immer irgendeine Beschäftigung sucht, gehen solche in den Häusern umher, um so die Zeit totzuschlagen. Der Apostel sagt von ihnen, dass sie nicht nur müßig sind, sondern auch geschwätzig und vorwitzig. Das Wort „vorwitzig" (griech. *periergos*) kommt nur noch in Apostelgeschichte 19,19 vor, wo es für die Zaubereien der ephesischen Wahrsager gebraucht wird. Hier bedeutet es, sich mit unnützen, überflüssigen Dingen zu beschäftigen. Wenn das Herz eines Kindes Gottes nicht mit Christus beschäftigt ist, wird über alles Mögliche geredet, man steckt seine Nase in alles, und Streit und Zerrüttung sind die Folgen. Müßigkeit, Neugier und Klatschsucht offenbaren sich schließlich in ungeziemenden Reden, bei denen man sich vergisst und jedes Gefühl für Wohlverhalten verliert. – Diese Dinge sollten für jeden Christen ein ernster Prüfstein seines Verhaltens sein, wenn auch hier eine besondere Veranlassung durch die jüngeren Witwen gegeben ist.

> Verse 14-15: *Ich will nun, dass jüngere (Witwen) heiraten, Kinder gebären, Haushaltung führen, dem Widersacher kei-*

nen Anlass geben (der) Schmähung wegen; denn schon haben sich einige abgewandt, dem Satan nach.

Ebenso wenig wie alle jüngeren Witwen unter das in den Versen 11-13 ausgesprochene Urteil fallen, meint der Apostel hier alle jüngeren Witwen ohne Ausnahme. Das geht schon daraus hervor, dass in beiden Fällen der Artikel fehlt, wodurch ausgedrückt wird, dass es sich nicht um die bestimmte ganze Gruppe handelt, sondern um solche, die diese Kennzeichen trugen. Daher besteht auch kein Widerspruch zwischen dem Willen des Apostels Paulus in Vers 14 und dem Eigenwillen der jüngeren Witwen in Vers 11. In 1. Korinther 7,1-11 und 25-40 wird das Thema der Heirat und Ehe ausführlich behandelt. Inspiriert vom Heiligen Geist gibt der Apostel dort zuerst das klare Gebot des Herrn wieder (Vers 10), aber auch wie hier seine Gedanken als ein vom Herrn Begnadigter (Verse 6.8.12.25.35.40). Dies waren keine Offenbarungen von Seiten Gottes, sondern die Gedanken eines auserwählten Gefäßes, deren Richtigkeit Gott dadurch bestätigte, dass Er sie durch die Leitung des Geistes in Sein unfehlbares Wort aufnahm. So sagt Paulus hier, dass er will, dass jüngere Witwen heiraten, weil es den meisten Menschen nicht gegeben ist, allein zu sein wie Paulus selbst. Wenn eine jüngere Witwe ihre Gedanken und Wünsche dem Herrn vorlegt, auf Seine Führung und Zeit wartet, so ist das durchaus in Übereinstimmung mit Seinem Willen, wenn alles unter dem Leitgedanken steht: „Wenn aber der Mann entschlafen ist, so ist sie frei, sich zu verheiraten, an wen sie will, nur *im Herrn*" (1. Kor 7,40). Heiraten, Kinder gebären, Haushalt führen, dem Widersacher keinen Anlass geben – alle diese Dinge stehen als Kennzeichen einer gläubigen Frau im Gegensatz zu dem in den Versen 11-13 Gesagten. Alles soll „anständig und in Ordnung" geschehen (vgl. 1. Kor

14,40). Es ist sehr beachtenswert, dass Gott im Blick auf die Ordnung in Seinem Haus solche Einzelheiten erwähnen lässt. Ob es sich nun um die Ältesten (Kap 3,4-7), die Diener (Kap 3,10-13) oder die Witwen handelt, immer soll das Bewusstsein der Zugehörigkeit zum Haus Gottes im Herzen lebendig sein. In Seinem Haus darf nichts zugelassen sein, was dem Widersacher Anlass zur Schmähung gibt. Der Widersacher ist nicht Satan selbst, sondern es sind damit Menschen gemeint, die sich zu seinen Werkzeugen machen lassen (vgl. 1. Kor 16,9; Phil 1,28; 2. Thes 2,4: „welcher widersteht").

Weil sie diese Belehrungen nicht beachtet hatten, hatten sich etliche dieser Witwen (siehe Vers 12) abgewandt, dem Satan nach. Sie hatten damit nicht den christlichen Glauben aufgegeben, wohl aber den Wandel des Glaubens, zumal im Blick auf Keuschheit und Sittsamkeit. So waren sie in die Schlinge des Teufels geraten.

Vers 16: *Wenn ein Gläubiger oder eine Gläubige Witwen hat, (so) leiste er ihnen Hilfe, und die Versammlung werde nicht belastet, damit sie denen Hilfe leiste, die wirklich Witwen sind.*

Viele deutsche Bibelübersetzungen (z. B. Zürcher, Menge, Schlatter, Weizsäcker) lassen die Worte „Ein Gläubiger oder" aus, ebenso die Herausgeber des Greek New Testament (herausgegeben von United Bible Societies und im Text identisch mit Nestle-Aland, 27. Aufl.). Letztere bemerken dazu, dass beträchtliche Zweifel darüber bestehen, ob es korrekt ist, „eine Gläubige" zu lesen oder „ein Gläubiger oder eine Gläubige". Die längere Lesart findet sich in den meisten späteren Handschriften und dadurch auch im Textus Receptus, während unter anderem in mehreren guten alten Handschriften nur „eine Gläubige" steht. Der bekannte Schriftforscher W. Kelly führt hierzu aus: „Das Gewicht des Zeugnisses für die kürzere Lesart *piste* (ℵ A C F G P usw. sowie einige alte Übersetzungen und Kirchenväter) ist so groß, dass die bedeutendsten modernen Herausgeber diesem gefolgt sind. Die Stelle ergibt dadurch jedoch einen eigenartigen und unbefriedigenden Sinn. Warum sollte die Unterstützung oder Hilfe für eine jüngere Witwe ausgerechnet einer gläubigen *Frau* zufallen? Entspräche dies der Nüchternheit, der Großzügigkeit und Weisheit der Heiligen Schrift? Viel verständlicher ist es, wenn in einer solchen Notlage gläubige Männer *oder* Frauen angesprochen würden. Diesen Text bieten die Handschriften D K L, die meisten Minuskeln, einige alte Übersetzungen und Kirchenväter" (Exposition of the First Epistle to Timothy). Einige Kirchenväter und alte Übersetzungen erwähnen nur die männliche Form „ein Gläubiger". Wenn wir die angeführten Feststellungen abwägen, spricht doch alles für die Beibehaltung der längeren Lesart „ein Gläubiger oder eine Gläubige".

In Vers 4 waren die Kinder und Enkel der Witwen auf ihre vor Gott angenehme Pflicht des Unterhaltes ihrer Eltern und Großeltern hingewiesen worden, und in Vers 8 war die Vernachlässigung dieser Pflicht ernst gerügt worden. Hier in Vers 16 geht der Apostel noch weiter. Er legt den gläubigen Männern oder Frauen, die Witwen in ihren Häusern hatten, (ohne Rücksicht auf den Verwandtschaftsgrad) ans Herz, diesen Witwen Hilfe zu leisten, damit die Versammlung nicht belastet oder gehindert würde, denen zu helfen, die wirklich Witwen sind (vgl. Vers 3.5.9-10). Das menschliche Herz neigt dazu, Verantwortung auf andere – besonders auf die Allgemeinheit – abzuwälzen. Aber die Versammlung ist kein „Unterstützungsverein". Der Glaube enthebt den Menschen nicht der persönlichen Verantwortung. Gott hat die Ehe und die Familie in der Schöpfung eingesetzt. Die Bindung der Familienmitglieder untereinander soll sich auch in der gegenseitigen Fürsorge in Notfällen offenbaren. Solange eine Witwe noch Familienangehörige hat, die sie unterstützen können, ist sie nicht im hier genannten Sinn „wirklich Witwe", die der Fürsorge der Versammlung anbefohlen wird.

> Verse 17-18: *Die Ältesten, die wohl vorstehen, lass doppelter Ehre für würdig erachtet werden, besonders die, die da arbeiten in Wort und Lehre. Denn die Schrift sagt: „Du sollst dem Ochsen, der da drischt, nicht das Maul verbinden", und: „Der Arbeiter ist seines Lohnes wert".*

Wie wir bereits bei der Betrachtung von Kapitel 3,1 sahen, bezeichnet das Wort „Älteste" im NT im Allgemeinen dieselbe Gruppe von Dienern der Versammlung wie „Aufseher". Das griech. Wort ist nichts anderes als der Komparativ (Steigerungsform) von „alt" (griech. *presbys*) und bedeutet normalerweise „älter" (griech. *presbyteros*). In diesem Sinn wird es in Lukas 15,25 für den Bruder des verlorenen Sohnes verwendet. In 1. Timotheus 5,1 und 1. Petrus 5,5 bedeutet es „älterer Mann", wobei der Gegensatz zu den jüngeren deutlich hervortritt.

Bereits im Volk Israel gab es jedoch seit alter Zeit die Gewohnheit, dass ältere, verständige Männer als Führer anerkannt wurden und insgesamt die Bezeichnung „Älteste" trugen (vgl. 2. Mo 24,9; 1. Sam 16,4). Auch in der neutestamentlichen Versammlung in Jerusalem gab es solche Ältesten und Führer, ohne dass wir etwas von ihrer Einsetzung in ein Amt lesen. In den neu entstandenen Versammlungen außerhalb Judäas wurden jedoch vielfach Älteste von den Aposteln oder von ihren Beauftragten angestellt (Apg 14,23; Titus 1,5; vgl. Apg 20,17 und Phil 1,1).

Der Zusatz in Vers 17: „welche wohl vorstehen" macht klar, dass es sich hier nicht einfach um ältere Brüder handelt, sondern um solche, die den Dienst von Ältesten oder Aufsehern empfangen hatten. Ihre Aufgabe bestand darin, die Herde Gottes, die bei ihnen war, zu hüten (vgl. Apg 20,28; 1. Pet 5,2). Die Versammlungen werden aufgefordert, den Dienern des Herrn bei ihrem oft schwierigen Dienst die gebührende Ehre zu erweisen (l. Kor 16,16; 1. Thes 5,13; Heb 13,17). Wenn sie ihren Dienst nun mit besonderer Hingabe taten und der Versammlung, in der sie dienten, wohl vorstanden, dann sollte Timotheus darauf achten, dass sie doppelter Ehre würdig erachtet wurden. In ganz besonderer Weise galt dies für diejenigen, die in Wort und Lehre arbeiteten. Obwohl die Ältesten oder Aufseher lehrfähig sein mussten (Kap 3,2; Tit 1,9), war es offenbar nicht die Aufgabe aller Ältesten, in Wort und Lehre zu dienen, sondern in erster Linie die Ordnung im Haus Gottes aufrechtzuerhalten. Aber schon damals scheint es an der Achtung ihrer Autorität und der damit verbundenen Ehrerbietung gefehlt zu haben, sonst hätte Paulus dem Timotheus nicht ans Herz zu legen brauchen, die Ältesten, die wohl vorstanden, doppelter Ehre würdig achten zu lassen. Was ist mit doppelter Ehre gemeint? Sicherlich nicht nur ein erhöhtes Maß an Achtung. Der folgende Vers gibt mit seinem einleitenden, begründenden Bindewort einen deutlichen Hinweis darauf, dass außer der liebevollen Achtung auch eine materielle Unterstützung gefordert wird. Auf diese Seite des Dienstes geht Paulus in 1. Korinther 9 ausführlich ein. Es ist demnach die Pflicht der Kinder Gottes, denjenigen, die unter ihnen arbeiten, in materieller Hinsicht behilflich zu sein. Inwieweit die Diener darauf angewiesen sind oder davon Gebrauch machen, ist eine andere Frage. Paulus selbst wollte lieber mit eigenen Händen arbeiten und seinen Lebensunterhalt bestreiten, um so das Evangelium kostenfrei zu machen, als sich dem Vorwurf auszusetzen, die Freigebigkeit der Gläubigen auszunutzen (vgl. Apg 20,33-35; 1. Kor 9,15; 2. Thes 3,7-10). Auch darin wollte der große Apostel ein Vorbild für andere sein.

Dennoch bleibt der Grundsatz bestehen: „Du sollst dem Ochsen, der da drischt, nicht das Maul verbinden" (vgl. Gal 6,6). Diesen Vers aus 5. Mose 25,4 hatte Paulus schon einmal in 1. Korinther 9,9 angeführt und hinzugefügt: „Ist Gott etwa um die Ochsen besorgt? oder spricht er nicht durchaus unsertwegen? Denn es ist um unsertwillen geschrieben, dass der Pflügende auf Hoffnung pflügen soll, und der Dreschende auf Hoffnung dreschen, um dessen teilhaftig zu werden." Der Israelit, der sich zur Erntezeit an dieses Gebot Gottes hielt, war sich seiner tiefen geistlichen Bedeutung sicherlich nicht bewusst. Es ist für uns jedoch eine Bestätigung für die Erhabenheit und Einheit des ganzen Wortes Gottes sowie für die Wahrheit von 1. Korinther 10,11: „Alle diese Dinge aber widerfuhren jenen als Vorbilder und sind geschrieben worden zu unserer Ermahnung, auf die das Ende der Zeitalter gekommen ist" (vgl. Röm 15,4). Das folgende Zitat: „Der Arbeiter ist seines Lohnes wert" stammt aus dem Evangelium nach Lukas, Kapitel 10,7 (nicht aus Mt 10,10, wo es „Nahrung" statt „Lohn" heißt). Dieses Zitat ist aus zwei Gründen sehr bemerkenswert und wichtig. Erstens zeigt es, dass das Evangelium nach Lukas bereits bei der Abfassung des ersten Briefes an Timotheus vorlag. Zweitens beweist es, dass dieses sogleich von den Gläubigen als ein zur Heiligen Schrift gehörendes, kanonisches Buch anerkannt wurde. Die einleitenden Worte: „denn die Schrift sagt ..." stellen die Zitate aus 5. Mose 24,4 und Lukas 10,7 auf eine Ebene, den Boden des göttlich inspirierten Wortes. Das Wort „Schrift" (griech. *graphe*) kommt im NT über fünfzigmal vor und bezeichnet immer das geschriebene Wort Gottes. Im Plural meint es die Gesamtheit der alttestamentlichen Schriften (z. B. Mt 21,42; Joh 5,39), teilweise jedoch auch die im Entstehen begriffenen Schriften des NT (vgl. Röm 16,26; 2. Pet 3,16). Im Singular wird *graphe* meistens für einzelne Schriftstellen gebraucht (z. B. Mk 12,10; Lk 4,21). Die Tatsache, dass hier eine Stelle aus dem Lukasevangelium als zur Schrift gehörend betrachtet wird, zeigt uns, dass der Heilige Geist mit der gleichen Sorgfalt die Zusammenstellung der einzelnen Schriften zur Bibel leitete, wie Er die Schreiber bei der Abfassung ihrer Bücher inspirierte. Der vorliegende Vers ist jedoch nicht der einzige Beweis für die göttlich bewirkte Gleichstellung der neutestamentlichen Schriften mit denen des AT. Auch der Apostel Petrus anerkennt die göttliche Autorität der Briefe seines geliebten Bruders Paulus, wenn er sie mit den „übrigen Schriften" des AT auf eine Stufe stellt (2. Pet 3,16).

Vers 19: *Gegen einen Ältesten nimm keine Klage an, außer bei zwei oder drei Zeugen.*

Auch ein Ältester konnte in seinem Dienst oder in seinem Wandel fallen. Der Feind der Seelen hat es besonders auf die Diener des Herrn abgesehen. Wenn er sie zu Fall bringen kann, ist der Schaden größer als bei anderen. Anklagen gegen einen Ältesten mussten daher mit besonderer Sorgfalt behandelt werden. Deshalb durfte Timotheus gegen einen Ältesten keine Klage annehmen, außer bei zwei oder drei Zeugen. Dieser Grundsatz mehrerer Zeugen galt bereits im mosaischen Gesetz: „Ein einzelner Zeuge soll nicht gegen jemanden auftreten wegen irgendeiner Ungerechtigkeit und wegen irgendeiner Sünde, bei irgendeiner Sünde, die er begeht; auf zweier Zeugen Aussage oder auf dreier Zeugen Aussage soll eine Sache bestätigt werden" (5. Mo 19,15; vgl.

Kap 17,6). Wie leicht kann aus persönlichen, fleischlichen Motiven eine Anklage von einem Einzelnen ausgesprochen werden! Aber auch bei aufrichtiger Beurteilung ist kein Mensch in der Lage, als Einzelner ein wirklich objektives Urteil zu finden. Deshalb werden wir vom Herrn selbst aufgefordert, nicht nur in diesen, sondern in allen Fällen, wo Schwierigkeiten zwischen Brüdern aufgetreten sind, die im persönlichen Zwiegespräch nicht gottgemäß geordnet werden können, einen oder zwei Brüder hinzuzuziehen, „damit aus zweier oder dreier Zeugen Mund jede Sache bestätigt werde" (Mt 18,16; vgl. 2. Kor 13,1).

> Vers 20: *Die da sündigen, überführe vor allen, damit auch die Übrigen Furcht haben.*

Die Verse 19-21 haben Bezug auf Älteste, die der Sünde beschuldigt wurden. Sie hatten damals durch ihre offizielle Ernennung eine besondere Stellung in der Versammlung. Deshalb durfte eine Anklage gegen sie nicht leichtfertig erhoben oder angenommen werden. Wenn nun eine von zwei oder drei Zeugen bestätigte Anklage gegen einen Ältesten begründet war und tatsächlich Sünde vorlag, so sollte dieser Bruder vor allen überführt oder bestraft werden. Das griech. Wort *elencho* hat die folgenden Bedeutungen: überführen (z.B. Mt 18,15; Joh 16,8; 1. Kor 14,24; Tit 1,9), bloßstellen (Eph 5,13), strafen (Lk 3,19; Eph 5,11; 2. Tim 4,2) und zurechtweisen (Tit 1,13).

Nicht leicht zu beantworten ist in diesem Vers einmal die Frage, ob es sich bei denen, die da sündigen, tatsächlich um die ab Vers 17 erwähnten und in Vers 19 angeklagten Ältesten oder allgemeiner um Glieder der örtlichen Versammlung handelt. Daraus ergibt sich sogleich eine zweite Frage: Wenn es sich bei denen, die sündigen, um Älteste handelt, bedeutet dann ihre Überführung „vor allen" vor der gesamten Versammlung oder nur vor allen übrigen Ältesten? W. Kelly möchte diesen Vers nicht auf Älteste beschränken, sondern auf alle Glieder einer Versammlung anwenden. J. N. Darby gibt in seiner Synopsis hierzu keinen Kommentar, macht aber zweimal in seinen Schriften Bemerkungen im Sinn einer allgemeinen Anwendung. Andere Ausleger wie F. W. Grant, H. Rossier (sowie die kirchlichen Ausleger) beziehen diesen Vers nur auf die Ältesten. Mehrere Argumente sprechen für die letzte Erklärung. Der Gegenstand der Verse 17-21 ist doch die Stellung der Ältesten. Es wäre ungewöhnlich, wenn in Vers 20 plötzlich eine allgemeine Anweisung gegeben würde. So sind in Kapitel 3,11 auch nicht alle Frauen, sondern nur die der Diener (Diakone) gemeint. In den Versen 17-18 werden die Ältesten, die wohl vorstehen, genannt, in Vers 19 geht es um Anklagen gegen einen Ältesten, und folgerichtig wird in Vers 20 die Handlungsweise bei begründeten Anklagen beschrieben. Außerdem würde dieser Vers bei einer ganz allgemeinen Anwendung im Widerspruch zu anderen Schriftstellen stehen. Wenn ein Bruder oder eine Schwester in Sünde fällt, ohne dass dabei ein böser Zustand offenbar wird, ist der erste Schritt immer die persönliche Zurechtbringung (Mt 18,15; Gal 6,1; Jak 5,19.20). Schließlich haben Personen, die eine führende und damit vorbildliche Stellung einnehmen, nach Gottes Wort eine besondere Verantwortung. Wenn ein Priester oder ein Fürst Israels gesündigt hatte, musste er ein größeres Opfer bringen, als jemand aus dem Volk (vgl. 3. Mo 4,3.22.27).

Eine solche öffentliche Überführung kann sich daher nur auf die Ältesten beziehen. Bei ihnen war diese ernste Art der Zurechtweisung angebracht. Ein Beispiel dafür sehen wir in Galater 2,11ff, als Paulus Petrus öffentlich zurechtwies. Petrus nennt sich selbst in 1. Petrus 5,1 der „Mitälteste", aber er war mehr, nämlich ein Apostel. Wenn er nicht „vor allen" bestraft worden wäre, um sein öffentliches Ansehen nicht zu schädigen, so wäre eine gefährliche Gleichgültigkeit der Gläubigen hinsichtlich der Sünde zu befürchten gewesen. Gerade weil es sich um eine angesehene Person handelte, trug das Böse einen ernsteren Charakter, der eine öffentliche Bestrafung erforderlich machte. Das schlechte Beispiel eines solchen Führers konnte andere zum Bösen verleiten. So war es in Antiochien bereits geschehen. „Und mit ihm heuchelten auch die übrigen Juden, so dass selbst Barnabas durch ihre Heuchelei mit fortgerissen wurde. Aber als ich sah, dass sie nicht den geraden Weg nach der Wahrheit des Evangeliums wandelten, sprach ich zu Kephas *vor allen* …" (Gal 2, 13-14). So gebietet Paulus es nun auch dem Timotheus.

Eine weitere Schwierigkeit in diesem Vers ist, ob die Worte „vor allen" vor allen Ältesten oder vor allen Gläubigen bedeuten. Diejenigen Ausleger, die in denen, „die da sündigen", nur die Ältesten sehen, neigen dazu, in „allen" auch nur die übrigen Ältesten zu sehen, so dass dieser Vers bedeuten würde: die Ältesten, die da sündigen, überführe vor allen übrigen Ältesten, damit auch sie Furcht haben. Wie leicht könnte aber durch eine Zurechtweisung in einem kleinen Kreis der Anschein der Heimlichtuerei entstehen, wodurch Anlass zu übler Nachrede gegeben wäre! Wenn aber die Darlegung der Angelegenheit und die Zurechtweisung in ernster und ruhiger Weise vor der ganzen Versammlung erfolgte, dann musste die Auswirkung bei allen eine tiefe Furcht vor der Sünde sein.

Nach dieser etwas eingehenderen Betrachtung des Verses 20 im Licht der ganzen Heiligen Schrift gibt die folgende Umschreibung den Sinn am besten wieder: die Ältesten, die da sündigen, überführe vor allen Gläubigen, damit auch die Übrigen Furcht haben. – Obwohl es heute keine rechtmäßig angestellten Ältesten oder Aufseher mehr geben kann (vergleiche das zu Kapitel 3,1-7 Gesagte), gilt dieser Grundsatz doch noch im Blick auf solche Brüder, die der Herr in besonderer Weise in der Mitte der Gläubigen benutzt und die deshalb eine besondere Verantwortung haben, und in einzelnen Fällen auch darüber hinaus.

> Vers 21: *Ich bezeuge ernstlich vor Gott und Christus Jesus und den auserwählten Engeln, dass du diese (Dinge) ohne Vorurteil beobachtest, indem du nichts nach Gunst tust.*

Dieser Vers bekräftigt in ernster Weise die Wichtigkeit der vorhergehenden Ermahnungen. Wenn diese auch buchstäblich auf die damals angestellten Ältesten Anwendung finden, bleibt ihre grundsätzliche Bedeutung und ihre sittliche Kraft doch auch für uns bestehen. Paulus beruft sich dabei auf drei Zeugen: auf Gott, der über allem steht, auf Christus Jesus, den verherrlichten Menschen zur Rechten Gottes, der das Haupt der Versammlung ist, und auf die auserwählten Engel (vgl. Kap 6,13; 2. Tim 4,1). Engel sind zwar Geschöpfe, aber sie zeichnen sich aus durch Heiligkeit und Herrlichkeit. Zwar gibt es auch Engel, die ihren ersten Zustand nicht bewahrt und gesündigt haben (vgl. 1. Mo 6,2.4; 2. Pet 2,4; Jud 6) und deshalb schon jetzt Strafe leiden, während Satan und seine Engel (Mt 25,41) noch eine gewisse Freiheit haben (vgl. Hi 1,6ff; Eph 2,2; 6,11-12; Off 12,7-10). Im Gegensatz dazu werden hier die auserwählten Engel erwähnt, die an anderer Stelle auch heilige Engel genannt werden (Mk 8,38; Lk 9,26). Die Engel sind Zeugen der großen Macht- und Liebestaten Gottes (vgl. Hi 38,4-7; Lk 2,9-14; 22,43; 24,4; Joh 20,12; Apg 1,10; Eph 3,10; 1. Pet 1,12). Angesichts aller dieser Zeugen ermahnt Paulus den Timotheus, diese Dinge zu beobachten. Alles im Haus Gottes geschieht nicht nur vor den Augen der Gläubigen, sondern vor Gott, Christus Jesus und den auserwählten Engeln. Das wird manchmal vergessen. Timotheus durfte sich deshalb weder durch Vorurteile gegen jemand, noch durch Gunst für irgendeine Partei leiten lassen, sondern durch Vorsicht, Weisheit und ein geistliches Urteil, wie es sich für einen guten Diener Christi geziemt.

Vers 22: *(Die) Hände lege niemand schnell auf und habe nicht teil an fremden Sünden. Bewahre dich selbst keusch.*

Ab Vers 22 folgen allgemeinere Anweisungen an Timotheus, die jedoch in einem gewissen Zusammenhang mit dem Vorigen stehen. Die sinngemäß zusammenhängenden Ermahnungen werden durch eine persönliche Aufforderung an Timotheus in Vers 23 ergänzt.

Über die Bedeutung des Handauflegens im NT besteht viel Meinungsverschiedenheit. Im Judentum spielte die Handauflegung eine wichtige Rolle. Denken wir nur an die Handauflegung bei der Darbringung verschiedener Opfer (3. Mo 1,4; 3,8; 4,4; vgl. 3. Mo 16,21). Der Verfasser des Hebräerbriefes schreibt daher von einer Lehre des Handauflegens (Heb 6,2). Im NT finden wir drei verschiedene Arten von Handauflegung:

1. Der Herr Jesus hat mehrfach Kindern segnend und Kranken heilend die Hände aufgelegt (Mt 19,15; Mk 6,5; 8,23; Lk 4,40; 13,13). Neben anderen Zeichen hat Er diese Kraft den Aposteln verheißen. Alle diese Zeichen der Macht Gottes sind in der apostolischen Zeit in Erfüllung gegangen (Mk 16,18; Apg 9,12.17; vgl. Heb 2,4). Bei dieser Art der Handauflegung besaßen oder empfingen die Werkzeuge göttliche Autorität und offenbarten so Seine Gnade.

2. Zweimal empfingen Neubekehrte durch das Auflegen der Hände der Apostel den Heiligen Geist (Apg 8,17; 19,6), und einmal wurde dadurch einem Gläubigen eine Gabe verliehen (2. Tim 1,6). Dies waren jedoch Ausnahmen, bei denen Gott mit bestimmter Absicht Seine Apostel ehrte und als Segenskanäle benutzte. Normalerweise und in anderen Fällen geschah dies nicht so. Heute gibt es keine Apostel mit besonderen Aufgaben und Befugnissen wie im Anfang.
3. Den von der Versammlung in Jerusalem gewählten Dienern legten die Apostel die Hände auf (Apg 6,6). Ähnliches geschah bei Paulus und Barnabas in Apostelgeschichte 13,3. Auch Timotheus waren von den Ältesten die Hände aufgelegt worden (s. bei Kap 4,14). Diese Art des Handauflegens war der Ausdruck der Gemeinschaft oder Einsmachung.

Aus keiner Stelle des NT können wir entnehmen, dass die beiden ersten Arten der Handauflegung heute noch vorhanden sind. Andererseits war die dritte Art der Handauflegung allgemein der Ausdruck der Gemeinschaft, wie auch das Reichen der Hand (Gal 2,9). Nirgendwo steht jedoch, dass darin eine offizielle Bestätigung oder Ordinierung zum Ausdruck kam. Obwohl die Handauflegung bei der Erwählung der Diener in Apostelgeschichte 6 erwähnt wird, fehlt sie bei der Ernennung von Ältesten. Das Auflegen der Hände, bei dem Timotheus zur Wachsamkeit ermahnt wurde, war also keine offizielle Handlung und steht in keinem unmittelbaren Zusammenhang mit den vorigen Versen. Wenn Timotheus auf diese Weise seine innige Gemeinschaft mit einem Gläubigen zum Ausdruck bringen wollte, dann sollte er dies nicht übereilt tun. Wenn er den sittlichen Charakter und den Wandel des betreffenden Gläubigen nicht kannte, konnte es geschehen, dass er sich dadurch mit dessen Sünden einsmachte. Diese Worte sind ein wichtiger Hinweis auf die so leicht übersehene Tatsache, dass in Gottes Augen auch die Verbindung mit Bösem verunreinigt. Durch die Gemeinschaft mit Sündern oder den Umgang mit Gläubigen, die in Sünde leben, macht sich jeder Erlöste vor Gott und den Seinigen schuldig (l. Kor 5,11; 2. Kor 6,14-18; 2. Joh 10.11).

Die folgenden Worte: „Bewahre dich selbst rein", sollen einerseits die Wichtigkeit des vorigen Gedankens unterstreichen. Aber andererseits sind sie eine erneute Aufforderung an Timotheus, auf sich selbst Acht zu geben (vgl. Kap 4,16), damit er nicht nur vor Tatsünden, sondern auch vor jeder Art von geistlicher und sittlicher Verunreinigung bewahrt blieb. Keuschheit ist nur ein Teil dieser inneren Reinheit, die jedes Kind Gottes, besonders aber den Diener Christi zieren soll (vgl. Kap 4,12; 2. Kor 7,1).

Vers 23: *Trinke nicht länger nur Wasser, sondern gebrauche ein wenig Wein, um deines Magens und deines häufigen Unwohlseins willen.*

Dieser Vers schließt sich an die vorherigen Worte an: „Bewahre dich selbst rein." Offenbar hatte Timotheus es sich zur Gewohnheit gemacht, überhaupt keinen Wein mehr zu trinken. Der Wein war damals in den Mittelmeerländern ein Hauptnahrungs- und Genussmittel, vor dessen Missbrauch Gottes Wort allerdings häufig warnt. Paulus kannte wohl das Anliegen seines jungen Mitstreiters, sich selbst rein zu erhalten und alles zu meiden, was ihn irgendwie erregen oder gar das Fleisch befriedigen konnte. Durch diesen Verzicht vermied Timotheus auch, dass andere Anstoß an seinem Verhalten nahmen. Vielleicht neigte er aber auch von Natur oder aus anderen Gründen ein wenig zur Askese. Paulus sah diese ein wenig zum Extremen neigende Haltung seines jungen Mitarbeiters. Durch seine Worte in Vers 23 wollte er verhindern, dass Timotheus seiner Gesundheit dadurch weiteren Schaden zufügte, dass er sich dessen enthielt, was zu ihrer Erhaltung oder Förderung dienlich war. Der Christ hat die Freiheit, alles zu genießen, was Gott ihm darreicht, wenn seine Motive dabei aufrichtig sind (Kap 6,17b; 1. Kor. 10, 23.31).

Der Ausdruck „Wasser trinken" ist im Griechischen ein einziges Wort (*hydropoteo*). Timotheus wird hier nicht aufgefordert, überhaupt kein Wasser mehr zu trinken, sondern nicht länger ein „Wassertrinker" zu sein, der sich des Weines völlig enthält. Aus den Worten des Nachsatzes: „sondern *gebrauche* ein *wenig* Wein", ist jedoch zu entnehmen, dass der Apostel ihn nicht zum unbeschränkten Weingenuss aufforderte, sondern ihm den Gebrauch von ein wenig Wein als heilsam für seinen schwachen Magen und wegen seines häufigen Unwohlseins empfahl.

Am Rand sei bemerkt, dass Paulus seinen Mitarbeiter nicht von seiner körperlichen Schwäche heilte, obwohl er die Gnadengaben der Heilungen in 1. Korinther 12 mehrfach erwähnte und auch persönlich besaß (vgl. Apg 28,8-9). Aber diese Gnadengabe war nicht dazu bestimmt, bei Gläubigen angewandt zu werden, sondern bei Ungläubigen. Auch andere kranke Mitarbeiter oder Freunde hat Paulus nicht geheilt.

Verse 24-25: *Von einigen Menschen sind die Sünden vorher offenbar und gehen voraus zum Gericht, einigen aber folgen sie auch nach. Ebenso sind auch die guten Werke vorher offenbar, und die, die anders sind, können nicht verborgen bleiben.*

Nach der Einschaltung in Vers 23, die von der Fürsorge des Apostels für Timotheus zeugt, wird in den Versen 24–25 der in Vers 22 begonnene Gedanke fortgeführt.

Die Sünden gewisser Menschen geschehen vor aller Augen. Man kann sie sofort beurteilen, und sie zeugen schon von dem Gericht, das auf sie folgt. Bei anderen jedoch sind die Sünden verborgen und werden von einem Mantel des Anstands oder der Frömmigkeit bedeckt. Sie werden erst später offenbar, in jedem Fall jedoch vor dem Thron Gottes. Timotheus sollte nicht durch voreilige Handauflegung an solchen verborgenen Sünden teilhaben, die auf den ersten Blick nicht erkennbar waren, und sich selbst rein erhalten.

Wie bei den Sünden, so ist es auch bei den guten Werken (griech. *erga kala*); (s. bei Kap 2,10). Es gibt gute Werke, die allen sichtbar werden. Selbstverständlich sind damit nicht die heuchlerischen „guten Werke" gemeint, vor denen der Herr Jesus in Matthäus 6,1-18 so eindringlich warnt, sondern die von Gott gewirkte Frucht des neuen Lebens (vgl. Eph 2,10; Jak 2,14). An anderer Stelle sagte der Herr zu Seinen Jüngern: „Also lasst euer Licht leuchten vor den Menschen, damit sie eure guten Werke (griech. *erga kala*) sehen und euren Vater, der in den Himmeln ist, verherrlichen" (Mt 5,16). Durch solche Werke wird nicht derjenige, der sie tut, verherrlicht, sondern Gott. Während die Werke offenbar werden, tritt der Mensch zurück.

Aber es gibt auch Werke, die im Verborgenen getan werden und den Augen der Menschen im Allgemeinen unsichtbar bleiben. Aber Gott, unser Vater, sieht auch diese verborgenen Werke. Er nimmt jetzt Kenntnis davon und wird sie eines Tages, wenn auch nicht auf der Erde, so doch vor dem Richterstuhl Christi offenbar machen (2. Kor 5,10). Welch eine Ermunterung und auch welch ein Trost für manche, vielleicht sogar von Mitchristen verkannte Seele, die demütig und im Verborgenen für ihren Herrn gelebt und manches gute Werk getan hat!

Genügsamkeit und Reichtum

1. Timotheus 6

> Vers 1: *Alle, die Knechte unter (dem) Joch sind, sollen ihre eigenen Herren aller Ehre würdig achten, damit nicht der Name Gottes und die Lehre verlästert werde.*

In Kapitel 6 wendet der Apostel sich dem weiteren Kreis der irdischen Umstände und der menschlichen Gesellschaft zu, in die der Christ gestellt ist und wo er zur Ehre seines Herrn leben soll. Die ersten Verse enthalten Anweisungen für die Sklaven. Nach griechisch-römischer Auffassung waren Sklaven keine Persönlichkeiten, sondern Sachen. Sie waren das uneingeschränkte Eigentum ihrer Herren (griech. *despotes*: Gebieter) und besaßen keinerlei Rechte. Zwischen den damaligen Sklaven und den heutigen Arbeitnehmern besteht also ein grundlegender Unterschied in der Stellung. Trotzdem sind die hier gegebenen Vorschriften auch heute noch wichtig und anwendbar, und glücklich der gläubige Arbeitnehmer, der annimmt und auslebt, was Gottes Wort über das Verhalten der Knechte gegenüber ihren Herren lehrt! Der göttliche Grundsatz der Autorität bleibt immer bestehen. Die gläubigen Sklaven konnten auf ganz verschiedene Art und Weise unter dieses Joch der völligen Unterwerfung gekommen sein: durch Geburt, durch Kriegsgefangenschaft oder durch eigenes Verschulden. Aber sie sollten diese Stellung der Unterordnung von Gott annehmen (vgl. Eph 6,5-8; Kol 3,22-24; Tit 2,9-10; 1. Pet 2,18-23). Dabei spielte es keine Rolle, ob ihre Herren gläubig waren oder nicht. In jedem Fall sollten sie sie aller Ehre würdig achten und sie als Gebieter anerkennen, wenn sie auch ihren Lebenswandel oder ihre Handlungen nicht gutheißen konnten.

Wenn der Apostel hier die Sklaven ermahnt, ihre Herren zu ehren, dann kann daraus selbstverständlich nicht der Schluss gezogen werden, dass er die Sklaverei dadurch rechtfertigt. Die Tatsache, dass der Mensch, der im Bild Gottes geschaffen worden ist, sich zum Herrn und Eigentümer anderer Menschen aufgeworfen hat, ist eine Erscheinungsform der Sünde und eine Folge des Sündenfalls. Gleichzeitig ist sie für den unterjochten Teil ein ernstes Zeichen der Regierungswege Gottes mit dem gefallenen Menschen (vgl. 1. Mo 9,26-27).

In den Gesetzen, die das Volk Israel von Gott empfing, sehen wir, dass durch Seine Gnade das harte Los dieser armen Menschen gemildert werden sollte. Ein hebräischer Knecht musste im siebten Jahre in die Freiheit entlassen werden (2. Mo 21,2; 3. Mo 25,39; 5. Mo 15,12). Aber im NT wird weder den gläubigen Herren noch den gläubigen Sklaven etwas Derartiges gesagt. Wohl hoffte und erwartete der Apostel Paulus, dass ein Philemon seinen bekehrten Sklaven Onesimus freilassen würde, damit er dem Apostel im Dienst behilflich sein könne. Aber in der neuen Schöpfung in Christo gibt es diese sozialen Unterschiede nicht mehr. „Da ist nicht Jude noch Grieche, da ist nicht Sklave noch Freier, da ist nicht Mann und Frau; denn ihr alle seid einer in Christus Jesus" (Gal 3,28; vgl. 1. Kor 12,13; Kol 3,11). Von den Zuständen in der uns umgebenden gottfeindlichen Welt ist dabei nicht die Rede. Es ist auch nicht die Aufgabe des Christen, diese Zustände zu verändern. „Ein jeder bleibe in dem Stand, in dem er berufen worden ist. Bist du als Sklave berufen worden, so lass es dich nicht kümmern; wenn du aber frei werden kannst, so benutze es vielmehr. Denn der als Sklave im Herrn Berufene ist ein Freigelassener des Herrn;

ebenso ist der als Freier Berufene ein Sklave Christi. Ihr seid um einen Preis erkauft worden; werdet nicht Sklaven von Menschen. Ein jeder, worin er berufen worden ist, Brüder, darin bleibe er bei Gott" (1, Kor 7,20-24).

Jeder Christ soll sein Licht in der ihn umgebenden Finsternis leuchten lassen, damit Gott andere aus dieser Finsternis in Sein wunderbares Licht führen kann. Daher ruft der Apostel die Sklaven nicht zum Aufstand gegen ihre Besitzer auf, um die Freiheit zu erlangen. Sie sollen vielmehr ihre eigenen Herren aller Ehre würdig achten. Die folgende Begründung ist sehr bemerkenswert. In ihr wird nämlich weder die Sklaverei als eine legitime Angelegenheit betrachtet, noch wird das oft harte äußerliche Los dieser armen Menschen beklagt – nein, davon wird überhaupt nicht gesprochen. Die Begründung lautet: „... damit nicht der Name Gottes und die Lehre verlästert werde." Diese Sklaven hatten bekannt, dass sie Gott dienten und die Lehre des Herrn angenommen hatten. Wenn sie sich nun nicht unterwarfen, ihre Arbeit nachlässig taten oder ihren Herren ungehorsam waren, welch ein Zeugnis wären sie dann für Gott gewesen? Wie hätten sie den Herrn Jesus entehrt, der sich selbst erniedrigt und Knechtsgestalt angenommen hat und gehorsam geworden ist bis zum Tode! Wenn der heilige Name Gottes und die reine Lehre des Evangeliums so verlästert worden wäre, hätten andere Menschen Grund gehabt zu sagen: „Was ist das für ein Gott, der Unordnung hervorruft, und was ist das für eine Lehre, die Revolution und Gewalttat duldet!"

Auch heute geht von dem Verhalten des Gläubigen an seinem Arbeitsplatz entweder ein positives oder ein negatives Zeugnis für seinen Herrn aus. Durch Gleichgültigkeit, Nachlässigkeit, Unfreundlichkeit und Unaufrichtigkeit gegenüber Vorgesetzten und Mitarbeitern wird Anlass zur Lästerung des Namens unseres Gottes und Seiner Lehre gegeben. Aber jeder Gläubige, der sich bewusst ist, dass er nicht Menschen, sondern dem Herrn Christus dient, wird durch Pflichterfüllung, Eifer, Nächstenliebe und Ehrlichkeit am Arbeitsplatz die Lehre unseres Heiland-Gottes zieren in allem (Tit 2,10).

> Vers 2: *Die aber, die gläubige Herren haben, sollen (sie) nicht verachten, weil sie Brüder sind, sondern (ihnen) umso mehr dienen, weil sie Treue und Geliebte sind, die die Wohltat empfangen. Dies lehre und ermahne.*

Wenn die Sklaven gläubige Herren hatten, dann machte das grundsätzlich im Blick auf ihre Stellung keinen Unterschied. Wie wir gesehen haben, sind aufgrund des Werkes Christi am Kreuz im Blick auf die *himmlische* Stellung des Christen alle nationalen, sozialen, religiösen und geschlechtlichen Unterschiede *vor Gott* beseitigt. In dem Leib des Christus, in der Versammlung, bestehen diese Unterschiede nicht mehr. Aber solange die Christen auf der Erde weilen, bleiben in ihren *irdischen* Beziehungen diese Unterschiede, die zum Teil durch die Schöpfungsordnung, aber zum Teil auch durch den Sündenfall eingeführt worden sind, bestehen.

Die natürliche Neigung des Fleisches mochte die gläubigen Sklaven dazu verleiten, sich zu sagen: „Als Brüder sind wir gleich, deshalb können unsere Herren von uns nicht die gleiche Achtung erwarten wie von den ungläubigen Sklaven." Das wäre eine Verachtung ihrer Herren gewesen. Aber gerade das sollten sie als wahre Sklaven Christi nicht tun, „sondern (ihnen) umso mehr dienen, weil sie Treue (oder ‚Gläubige', griech. *pistos*; dasselbe Wort wie am Anfang des Verses) und Geliebte sind, die die Wohltat empfangen". Schon die lateinische Übersetzung der Vulgata, Luther und in neuerer Zeit auch Weizsäcker sehen in der Wohltat den treuen Dienst der Sklaven und bieten einen ähnlichen Wortlaut wie die Elberfelder Übersetzung. Für die Sklaven, die gläubige Herren besaßen, war die herzliche Bruderliebe also noch ein zusätzlicher Anreiz für einen gehorsamen und hingebungsvollen Dienst. Eine Reihe neuerer Übersetzungen verstehen den letzten Teil des Verses jedoch so, dass die gläubigen Herren sich des Wohltuns befleißigen. Diese Übersetzung ist sprachlich zwar möglich, im vorliegenden Zusammenhang jedoch ziemlich abwegig. Die Allgemeingültigkeit einer solchen Feststellung ist unhaltbar, wenn wir die anderen Briefstellen in Betracht ziehen, in denen nicht nur die gläubigen Sklaven, sondern auch die Herren sehr ernst ermahnt werden (Eph 6,9; Kol 4,1).

Die Tatsache, dass in Epheser 6,5-9 und Kolosser 3,22 bis 4,1 die Sklaven vor den Herren ermahnt und hier wie in Titus 2,9 und 1. Petrus 2,18 ausschließlich angesprochen werden, zeigt, dass die Verantwortung zum rechten Verhalten in erster Linie auf Seiten der untergeordneten Partei lag. Die anschließenden Worte: „Dies lehre und ermahne", unterstreichen das Gesagte, aber sie bilden weder den Abschluss des vorherigen noch den Beginn eines neuen Abschnittes, sondern stehen mitten in einem fortlaufenden Zusammenhang, der in den folgenden Versen fortgeführt wird.

> Verse 3-5: *Wenn jemand anders lehrt und nicht beitritt (den) gesunden Worten, die unseres Herrn Jesus Christus sind, und der Lehre, die nach (der) Gottseligkeit ist, (so) ist er aufgeblasen und weiß nichts, sondern ist krank an Streitfragen und Wortgezänken, aus denen entsteht: Neid, Streit, Lästerungen, böse Verdächtigungen, beständige Zänkereien von Menschen, die an der Gesinnung verdorben sind und die Wahrheit verloren haben, die meinen, die Gottseligkeit sei ein (Mittel zum) Gewinn.*

Mit großer Entschiedenheit verurteilt der Apostel nun jede Abweichung von der soeben niedergelegten Lehre. Es war für ihn verabscheuungswürdig, wenn jemand mit schönklingenden Vorwänden und hochtrabendem Bekenntnis das Verhältnis zwischen Sklaven und Herren untergraben wollte. Wenn also jemand behaupten wollte, dass es sich bei dem Sklavendienst und dem Glaubensleben doch um zwei ganz verschiedene Lebensbereiche handle, dann musste ihm entgegengehalten werden, dass gerade in den familiären, sozialen und sonstigen irdischen Umständen, in denen der Christ sich befinden mag, die Lehre nach der Gottseligkeit verwirklicht wird. Eine respektlose oder gar aufrührerische Haltung würde Gott verunehren und kann deshalb nicht geduldet werden.

Wer etwas anderes lehrte, trat diesen gesunden Worten (vgl. Kap 1,10) nicht bei, die als Worte unseres Herrn Jesus Christus bezeichnet werden. Die Lehre des Apostels Paulus unterscheidet sich nicht von der des Herrn Jesus, wie wir sie in den Evangelien finden. Mit den Worten (griech. *logos*) sind hier nicht bestimmte einzelne Aussprüche gemeint, sondern der Ausdruck der Gedanken unseres Herrn Jesus Christus. Hatte Er nicht selbst gesagt, dass Seine Lehre nicht Sein war, sondern dessen, der Ihn gesandt, und dass Er das Wort des Vaters den Jüngern gegeben hatte (Joh 7,16; 17,14)? In den Worten unseres Herrn Jesus Christus ist die Wahrheit über die höchsten göttlichen Gedanken, aber auch über die einfachsten menschlichen Beziehungen enthalten. In der Lehre nach der Gottseligkeit zeigt Gott uns, wie unser Leben für Ihn nach Seinen Gedanken aussehen soll.

So sehen wir auf der einen Seite die *gesunden* Worte unseres Herrn Jesus Christus, auf der anderen Seite Aufgeblasenheit, Unwissenheit und ein *Kranken* an Streitfragen und Wortgezänken. Auch hier zeigen sich vielleicht schon die ersten Andeutungen des Gnostizismus (s. die Ausführungen zu Kap 4,3). Immer war es die Absicht Satans, die göttliche Wahrheit zu verdunkeln und beiseite zu setzen und seine zerstörerischen Gedanken ins Licht zu rücken. Aber die böse Quelle solcher Bemühungen verrät sich nicht nur durch Aufgeblasenheit und Zänkerei, sondern auch durch die deutlich erkennbare Tatsache, dass die Lehre, die nach der Gottseligkeit ist, verachtet wird.

Die Aufgeblasenheit geht Hand in Hand mit vermeintlicher Erkenntnis (1. Kor 8,1), ist in Wirklichkeit jedoch Unwissenheit über die Gedanken und das Wort Gottes. Solche Unwissenheit entsteht, wenn der menschliche Verstand sich mit Streitfragen und Wortgezänken beschäftigt. Diese fördern nicht die Gottseligkeit, sondern bringen nur weitere Werke des Fleisches hervor. Ganz anders hingegen ist es, wenn der Glaube durch die Liebe wirkt. Dann zeigt sich die Frucht des Geistes in Liebe, Freude, Friede, Langmut, Freundlichkeit, Gütigkeit, Treue, Sanftmut, Enthaltsamkeit (Gal 5,22). Aber der Stolz des Menschen verträgt keine Rivalen, deshalb führen die Wortgezänke unweigerlich zum Neid. Aus dem Neid gehen Hader oder Streit hervor, die oft in Lästerungen, das heißt Schmähungen oder Verleumdungen, zum Ausdruck kommen. Damit stehen wiederum böse Verdächtigungen und beständige Zänkereien in Verbindung.

Es ist eine ernste Tatsache, dass das Fleisch in jedem Kind Gottes zu solchen Dingen fähig ist. Hier sind sie jedoch die Kennzeichen von Menschen, „die an der Gesinnung verdorben sind und die Wahrheit verloren haben, die meinen, die Gottseligkeit sei ein (Mittel zum) Gewinn". Ihr wahres Motiv und Ziel ist also irdischer Gewinn, und sie glauben, dass die Gottseligkeit ein Weg dazu ist! Sie meinen, das Christentum sei nur ein Mittel, um die Lebensverhältnisse zu bessern und weltliche Vorteile zu erreichen.

Wir leben heute in einer Zeit, in der das Christentum vielfach für ideologische und politische Ziele herhalten muss. Befreiungsbewegungen in so genannten Drittländern werden mit kirchlichen Spendengeldern finanziert, Waffen werden im Tausch gegen gespendete Nahrungsmittel besorgt, und alles dies geschieht dann im Namen christlicher Nächstenliebe. Ist das nicht ein deutliches Beispiel für den schon zur Zeit des Apostels offensichtlich aufkommenden Gedanken, die Gottseligkeit sei als Mittel zum Gewinn zu gebrauchen?

> Verse 6-7: *Die Gottseligkeit mit Genügsamkeit aber ist ein großer Gewinn; denn wir haben nichts in die Welt hereingebracht, so dass wir auch nichts hinausbringen können.*

Es gab in der griechischen Welt eine philosophische Richtung, die Stoa, in der das Wort Genügsamkeit (griech. *autarkeia*) eine wichtige Rolle spielte. Darin kam der Wunsch zum Ausdruck, dass der Mensch in allen Lebenslagen zufrieden sein und vermöge der eigenen Willenskraft dem Einfluss äußerer Umstände widerstehen sollte. Aber die Stoiker waren dabei eher harte als glückliche Menschen. Auch wenn sie in der Praxis ihr Ziel erreicht hätten, wie weit wären sie in ihrer selbstsicheren Zufriedenheit hinter einem Leben wahrer Gottseligkeit in Christo Jesu zurückgeblieben! Von dieser Gottseligkeit hatte Paulus schon in Kapitel 4,8 gesagt, dass sie zu allen Dingen nütze sei, indem sie die Verheißung des jetzigen und des zukünftigen Lebens hat.

Die Gottseligkeit mit Genügsamkeit ist ein großer Gewinn im Gegensatz zu der philosophischen Selbstbescheidung, die ohne Gott und ohne Vertrauen auf Ihn auskommen will. Gottseligkeit mit Genügsamkeit gibt der Seele Frieden und das Bewusstsein, dass Gott für sie Sorge trägt.

In Zeiten des Wohlstandes besteht für den Gläubigen die Gefahr, dass er zwar gottselig leben, aber gleichzeitig in dieser Welt vorankommen will. Dann genießt das Herz nicht den Segen, den die wahre Gottseligkeit gibt. Genügsamkeit ist die Zufriedenheit mit dem, was Gott, der Vater, gibt. Paulus schreibt in Philipper 4,11–13: „Ich habe gelernt, worin ich bin, mich zu begnügen. Ich weiß, sowohl erniedrigt zu sein, als ich weiß, Überfluss zu haben; in jedem und in allem bin ich unterwiesen, sowohl satt zu sein als zu hungern, sowohl Überfluss zu haben als Mangel zu leiden. Alles vermag ich in dem, der mich kräftigt" (vgl. Mt 6,31–34; Heb 13,5).

In Vers 7 finden wir den Grund für die Genügsamkeit, die mit wahrer Gottseligkeit verbunden ist. „Denn wir haben nichts in die Welt hereingebracht, so ist es offenbar, dass wir auch nichts hinausbringen können." Die prägnante und beinahe hart anmutende Kürze dieser Feststellung hat wohl dazu geführt, dass in den Text verschiedener alter Handschriften Zusätze eingefügt wurden. Einige Handschriften leiten den zweiten Satzteil mit den Worten ein: „(es ist) wahr" (D, Vulgata und andere), eine größere Anzahl mit den Worten: „(es ist) offenbar" (א und D als nachträgliche Korrektur, K L P und viele Kursivhandschriften). Die älteste zu ermittelnde Lesart scheint jedoch die oben angegebene zu sein (nach א A F G, mehreren Kursivhandschriften und alten Übersetzungen; so auch W. Kelly).

Wie schon mehrfach im AT (vgl. Hi 1,21; Ps 49,17; Pred 5,15) werden wir hier daran erinnert, dass alles Irdische vergänglich ist und nicht in die Ewigkeit mitgenommen werden kann. „Denn das, was man sieht, ist zeitlich, das aber, was man nicht sieht, ewig" (2. Kor 4,18). Jeder Mensch, auch der Gott nicht kennt, weiß, dass er nichts aus dieser Welt mit hinausnehmen kann. Deshalb versucht er, zum Schaden seiner Seele, in der kurzen Zeit zwischen Geburt und Tod so viel wie möglich von den vergänglichen irdischen und den sündigen weltlichen Dingen zu genießen. Wie beschämend ist es, wenn ein Gläubiger, der in Christus mit jeder geistlichen Segnung reichlich gesegnet ist, den Menschen dieser Welt ähnelt. Wenn er wirklich die Größe der Gabe Gottes in Christo erkannt hat (vgl. Joh 4,10; Röm 8,32; 2. Kor 9,15), dann wird Christus mehr und mehr der Inhalt, das Vorbild, das Ziel und die Kraft seines Lebens werden. Es wird ihm dann nicht schwer fallen, sich in den irdischen Umständen mit dem zu begnügen, was vorhanden ist (Heb 13,5).

Vers 8: *Wenn wir aber Nahrung und Bedeckung haben, (so) wollen wir uns daran genügen lassen.*

Gott hatte bereits Seinem irdischen Volk Israel mitgeteilt, dass Er den Fremdling liebte und ihm *Brot* und *Kleider* geben würde (5. Mo 10,18). In der so genannten Bergpredigt sagte der Herr Jesus Seinen Jüngern: „So seid nun nicht besorgt, indem ihr sagt: Was sollen wir essen?, oder: Was sollen wir trinken?, oder: Was sollen wir anziehen? Denn nach all diesem trachten die Nationen; denn euer himmlischer Vater weiß, dass ihr dies alles nötig habt. Trachtet aber zuerst nach dem Reich Gottes und nach seiner Gerechtigkeit, und dies alles wird euch hinzugefügt werden" (Mt 6,31–33). Gott, unser Vater, hat den Seinen also das zum Leben Nötige verheißen. Die auserlesensten Speisen und die teuersten Kleidungsstücke gehören nicht dazu. Gerade in den Zeiten allgemeinen äußeren Wohlstandes haben es die Christen besonders nötig, sich vor Augen zu halten, dass sie Fremdlinge in einem fremden Land und unter einem fremden Volk sind.

Vers 9: *Die aber, die reich werden wollen, fallen in Versuchung und Fallstrick und in viele unvernünftige und schäd-*

liche Begierden, die die Menschen versenken in Verderben und Untergang.

Im Gegensatz zu den Gläubigen, die hinsichtlich ihres Lebensunterhaltes auf ihren Gott und Vater vertrauen und sich mit dem begnügen, was Er ihnen schenkt, spricht der Apostel hier von denen, die reich werden *wollen*. Dabei unterscheidet er jedoch nicht zwischen Gläubigen und Ungläubigen. Einerseits greift Vers 9 den Gedanken der Gewinnsucht in Vers 5 auf und führt ihn weiter aus, andererseits wird der Gegensatz zu der mit Genügsamkeit verbundenen Gottseligkeit (Verse 6-8) noch stärker herausgestellt. Die Verse 9-10 handeln von der Sucht nach irdischem Reichtum und den damit verbundenen Folgen. In den Versen 17-19 geht es um den Reichtum an sich und die daraus hervorgehende Verantwortung.

Unter dem alten Bund hatte Gott Seinem irdischen Volk Israel irdische Segnungen verheißen. Wohlstand wurde deshalb beim Volk Israel normalerweise als ein Beweis des Segens Gottes betrachtet. Aber im Zeitalter der Gnade geht es in erster Linie nicht um irdische, sondern um himmlische Dinge. Ursprung, Stellung und Ziel des christlichen Lebens ist der Himmel, wo der Christus ist, sitzend zur Rechten Gottes. In Ihm sind wir gesegnet mit jeder geistlichen Segnung in den himmlischen Örtern (Eph 1,3; 2,6). Dorthin sollte auch unser Blick gerichtet sein (Kol 3,1-4). Als Christen sind wir Verwalter alles dessen, was Gott uns auf der Erde anvertraut hat. Einmal wird Er durch Christus von uns Rechenschaft darüber fordern (vgl. Mt 25,14–30; Lk 19,12–26). Das gilt sowohl für die geistlichen Segnungen und Gaben als auch für materielle Güter, Zeit, Gesundheit und Intelligenz (1. Kor 4,1; 1. Pet 4,10). In dem Gleichnis von dem ungerechten Verwalter bezeichnet der Herr die irdischen Dinge als das Geringste, das Fremde und den ungerechten Mammon, und als das wahre Ziel stellt Er uns die ewigen Hütten, das Viele, das Wahrhaftige und das Unsrige vor (Lk 16,9–12).

Das Verlangen nach irdischem Reichtum verrät daher Unzufriedenheit mit der Berufung als Christ und fehlendes Vertrauen auf Gott und Seine Güte und Weisheit. Es zeigt, dass ein solcher Mensch die himmlische Berufung und Stellung nicht verstanden hat. Anstatt sich mit den ewigen Reichtümern zu beschäftigen, die in der Schatzkammer der Heiligen Schrift offenbart sind, sehnt er sich nach irdischem Reichtum und müht sich dafür ab. Dadurch verfehlt er sein gottgewolltes Ziel. Er lässt sich von seiner Geldgier fortreißen. Um sein eigenes Ziel zu erreichen, verlässt er schnell den Pfad der Ehrlichkeit. Einmal auf dem abschüssigen Weg, wird das Gewissen mehr und mehr verhärtet. Die Versuchung wird zum Fallstrick, zur Falle, aus der man sich nicht mehr befreien kann. Abwertung von Waren beim Einkauf, Aufwertung beim Verkauf, Glücksspiele und Börsenspekulationen sind nur einige der unvernünftigen und schädlichen Begierden, die die Menschen versenken in Verderben und Untergang. Je länger man auf diesem Weg ist, desto mehr und größere Wünsche stellen sich ein, deren Befriedigung zum moralischen und materiellen Verderben führt. Paulus spricht hier ausdrücklich von „Menschen", nicht von Gläubigen, denn die Worte „Verderben" (griech. *olethros*) und „Untergang" (griech. *apoleia*) werden im NT sowohl für zeitliches (*olethros*: 1. Kor 5,5; *apoleia*: Mt 26,8) als auch für ewiges Verderben (*olethros*: 1. Thes 5,3; 2. Thes 1,9; *apoleia*: Mt 7,13; Joh 17,12; Röm 9,22 usw.) gebraucht.

> Vers 10: *Denn die Geldliebe ist eine Wurzel alles Bösen, der nachstrebend einige von dem Glauben abgeirrt sind und sich selbst mit vielen Schmerzen durchbohrt haben.*

Das Wort „Geldliebe" (griech. *philargyria*) kommt im NT nur hier vor. Dagegen finden wir die noch ernstere Habsucht (griech. *pleonexia*), die als Götzendienst bezeichnet wird (Kol 3,5; Eph 5,5), insgesamt zehnmal im NT. Die Geldliebe ist eine Erscheinungsform der Habsucht, bei der die Gier nach materiellem Besitz den Platz im Herzen einnimmt, der eigentlich Gott gehören soll. Es heißt nicht, dass die Geldliebe *die* Wurzel alles Bösen ist, sondern *eine*. Das Fehlen des Artikels zeigt, dass es sich hier nicht um die einzige Ursache handelt. Andererseits gibt es kein Übel, das nicht aus ihr hervorkommen kann, wie aus der Mehrzahlform „aller bösen (Dinge)" hervorgeht, wenn wir den griechischen Text wörtlich übersetzen.

Einige derer, die sich im Haus Gottes befanden, hatten ihr ganzes Sinnen und Trachten auf die Geldliebe gerichtet und waren dadurch von dem Glauben abgeirrt. Sie hatten sich von ihm entfernt und ihn verlassen, um nie mehr dahin zurückzukehren! Der Glaube hatte für sie keinen Geschmack und keine Anziehungskraft. Statt himmlischer Schätze wollen sie ausschließlich irdische und weltliche Schätze sammeln (vgl. Mt 6,19-21). Der Glaube mit dem Artikel ist hier, wie an vielen anderen Stellen, die christliche Glaubenswahrheit.

Diese Menschen hatten sich selbst mit vielen Schmerzen durchbohrt. Kann man sich ein traurigeres Ergebnis denken? Man erstrebte den Wohlstand, suchte den Reichtum, liebte das Geld und den gegenwärtigen Zeitlauf, und man verließ dabei das christliche Bekenntnis als hinderlich und unvereinbar mit dem eigenen Streben und dem dadurch Erreichten. Man verließ den gesegneten Pfad des Glaubens und geriet wie ein verirrtes Schaf in das Sündendickicht dieser Welt, wo man von den Dornen, ein Bild des Fluches der Sünde (1. Mo 3,18), mit vielen Schmerzen durchbohrt wurde.

Bittere Erfahrungen, zerrissene Familienbande, zügellose und verschwenderische Kinder, unaufhörliche Furcht vor Verlusten und tausend andere Schmerzen durchbohren die Seele eines solchen Menschen wie mit giftigen Dornen. Schließlich steht am Ende der bittere Schmerz des Gewissens, wenn man alles loslassen muss und von dem, was man hier so gesucht hat, nichts mit in die Ewigkeit hinübernehmen kann.

> Vers 11: *Du aber, o Mensch Gottes, fliehe diese (Dinge); strebe aber nach Gerechtigkeit, Gottseligkeit, Glauben, Liebe, Ausharren, Sanftmut des Geistes.*

Durch diese Ermahnung weist Paulus seinen Mitarbeiter darauf hin, dass er sich nicht über diese Versuchungen erhaben dünken darf. Auch für Timotheus waren die in den vorigen Versen erwähnten Dinge also nicht ohne Gefahr, und somit auch für uns. Die Ermahnung beginnt mit dem stark betonten „du aber", das uns noch dreimal im zweiten Brief begegnet (2. Tim 3,10.14; 4,5). Immer heben diese Worte den Gegensatz zu dem Vorherigen besonders stark hervor.

Paulus nennt Timotheus hier: „Mensch Gottes". Diese Bezeichnung für einen Diener Gottes im NT finden wir nur noch in 2. Timotheus 3,17. In 2. Petrus 1,21 werden die Propheten des AT so genannt. Im AT selbst werden Mose (5. Mo 33,1), David (2. Chron 8,14), Elia (l. Kön 17,18) und Elisa (2. Kön 4,7) und sechs weitere Personen Männer Gottes genannt (l. Sam 2,27; 1. Kön 12,22; 13,1; 20,28; 2. Chron 25,7; Jer 35,4). Ein Mann Gottes ist jemand, der von Gott in diese Welt gesandt ist und hier für Ihn einsteht. Er hat eine bestimmte Botschaft von Gott und erfüllt dadurch eine prophetische Sendung. Nicht jeder Glaubende ist ein Mensch oder ein Mann Gottes, sondern nur derjenige, der sich in allen Situationen von seinem Gott gebrauchen lassen und auch in schweren Zeiten von Ihm zeugen will. Ein solcher Mann war Timotheus.

Ihm wird nun zugerufen: „Fliehe diese (Dinge)", die der wahren Gottseligkeit ganz und gar zuwiderlaufen. Das ausdrucksvolle Wort „fliehen" verwendet der Apostel Paulus auch an einigen anderen Stellen, und zwar immer dann, wenn eine große Gefahr für das geistliche Leben droht (vgl. 1. Kor 6,18; 10,14; 2. Tim 2,22). Wenn der Teufel schwache Seiten bei uns als Angriffsfläche für seine Versuchungen benutzen kann, dann gibt es nur eins: fliehen! Aber dann, wenn Satan sich als Widersacher des einmal den Heiligen überlieferten Glaubens offenbart, heißt es: widerstehen (Jak 4,7; 1. Pet 5,9)! Manchmal verwechseln die Kinder Gottes diese beiden Taktiken des Feindes; sie fliehen, wo sie widerstehen, und versuchen zu widerstehen, wo sie fliehen sollen! Aber Timotheus sollte nicht nur fliehen, sondern als guter Zeuge seines Herrn danach streben, dass Gott verherrlicht wurde. Das Wort „streben" (griech. *dioko*) bedeutet eigentlich „jagen" und wird an einigen anderen Stellen auch so übersetzt (Phil 3,12.14; Heb 12,14). Hier geht es nicht darum, durch eigene Anstrengung eine bestimmte Stellung oder Höhe zu erreichen, wo man sich ausruhen kann. Durch diese Ermahnung wird der Mensch Gottes aufgerufen, sich keine Ruhe zu gönnen, die folgenden Eigenschaften mehr und mehr zu offenbaren. Dadurch kommt das Wesen Gottes in Menschen zum Ausdruck und kann in dieser dunklen Welt leuchten. Das vollkommene Vorbild hierfür ist der Herr Jesus selbst, der wahre „Mensch Gottes". Aber auch Timotheus sollte ein Vorbild der Gläubigen sein (vgl. Kap 4,12), und diese sollen ihn darin nachahmen. So hat jeder Christ die Aufgabe, in seinem Wirkungskreis – sei er klein oder groß, weithin sichtbar oder unscheinbar – Gott zu verherrlichen (1. Kor 6,20).

Die erste der sechs hier erwähnten Eigenschaften ist Gerechtigkeit (vgl. 2. Tim 2,22). Es ist nicht die Gerechtigkeit aus Glauben im paulinischen Sinn, sondern die praktische Gerechtigkeit im täglichen Leben des Glaubens. In Epheser 6,14 bildet sie den Brustharnisch der Waffenrüstung Gottes. Sie besteht darin, dass der Christ in dieser Welt dem Wesen und Willen seines Gottes gerecht wird. Die Gerechtigkeiten (die gerechten Taten oder Werke) der Heiligen werden einst das Kleid der Braut, des Weibes des Lammes, bilden (Off 19,8). Die Gottseligkeit erscheint hier als eines der Schlüsselworte zum achten Mal in diesem Brief (siehe das zu Kap 2,2 Gesagte) und bezeichnet ein Leben in praktischer Abhängigkeit von Gott und zu Seiner Ehre. Der Glaube steht im Gegensatz zum Vertrauen auf das Sichtbare und das eigene Vermögen, wozu ja auch der materielle Reichtum gehört. Die Liebe ist das Wesen Gottes, und sie ist ausgegossen in das Herz eines jeden Gläubigen. Er kann jetzt mit göttlicher Liebe lieben, auch wenn diese Liebe nicht erwidert wird (vgl. 1. Kor 13). Das Ausharren ist erforderlich zur Vermeidung des Bösen und zum Ertragen aller Art von Prüfungen. Zum Schluss führt Paulus die Sanftmut des Geistes an. In den besten Handschriften (ℵ A F G usw.) steht ein Wort (griech. *praypathia*), das nur hier im NT vorkommt und ausdrucksstärker ist als das sonst (und auch hier von den meisten Handschriften) für Sanftmut verwendete Wort (griech. *praytes*). Das vollkommene Vorbild der Sanftmut ist der Herr Jesus (Mt 11,29). In dieser Geisteshaltung können wir Gottes Handeln ohne Zweifel und Widerstand annehmen, und diese Haltung wird sich dann auch gegenüber unseren Mitmenschen offenbaren.

Vers 12: *Kämpfe den guten Kampf des Glaubens; ergreife das ewige Leben, zu dem du berufen worden bist und bekannt hast das gute Bekenntnis vor vielen Zeugen.*

Es ist unmöglich, in dieser Welt für Gott und Seinen Sohn einzustehen, ohne dem Widerstand des Feindes zu begegnen. Er versucht mit allen Mitteln, den Gläubigen daran zu hindern, die in Vers 11 genannten Dinge zu erstreben und zu verwirklichen. Der Kampf ist hier nicht im Sinn von Krieg zu verstehen, wie in Kapitel 1,18, sondern bezeichnet im Allgemeinen den Kampf in der Arena oder den Wettkampf in der Rennbahn. Das hier und in 2. Timotheus 4,7 benutzte Wort (griech. *agon*) kommt außerdem in Philipper 1,30; Kolosser 2,1; 1. Thessalonicher 2,2 und Hebräer 12,1 vor. Hier gilt es, einen guten Kampf zu kämpfen, um den Preis zu erringen. Der Apostel Paulus konnte am Ende seines Lebens sagen, dass er diesen guten Kampf gekämpft und den Glauben bewahrt hatte.

Die zweite Ermahnung lautet: „Ergreife das ewige Leben." In den Schriften des Apostels Paulus wird der Christ zwar in seiner vollkommenen Stellung in Christo aufgrund des Glaubens an Sein vollbrachtes Werk gesehen, aber er wartet noch auf die Vollendung in der Herrlichkeit. Christus ist jetzt schon unser Leben, aber unser Leben ist verborgen mit dem Christus in Gott (Kol 3,3.4). Die vollkommene, ungestörte Freude daran ist noch zukünftig. Deshalb schreibt Paulus den Römern: „Jetzt aber, von der Sünde freigemacht und Gottes Sklaven geworden, habt ihr eure Frucht zur Heiligkeit, als das Ende aber ewiges Leben" (Röm 6,22). So wird das ewige Leben auch in diesem Vers als das vor uns liegende Ziel in der Herrlichkeit betrachtet. Die Zeitform des Wortes „ergreife" (Imperativ Aorist) drückt eine einzige, einmalige Handlung aus, während die Worte fliehen, streben und kämpfen eine allgemeingültige oder fortgesetzte Tätigkeit anzeigen (Imperativ Präsens). Der Glaube kann schon jetzt dieses vollkommene Gut ergreifen und sich im Voraus daran erfreuen, denn der Empfang ist ihm sicher.

Besitzt denn der Gläubige das ewige Leben jetzt noch nicht? Über diese Seite der Wahrheit belehrt uns der Apostel Johannes. Er betrachtet uns als Menschen, die von neuem, das heißt aus Wasser und Geist, und dadurch aus Gott geboren sind (Joh 1,12-13; 3,3.5). Das neue Leben, das wir besitzen, ist das ewige Leben (Joh 3,16; 10,28; 17,3; 1. Joh 5,20). Dieses ewige Leben, das nur der empfängt, der an den Sohn Gottes glaubt, besteht schon jetzt in der Gemeinschaft mit dem Vater und mit Seinem Sohn Jesus Christus (1. Joh 1,1-4). Es ist das besondere Kennzeichen und das ausschließliche Vorrecht der Familie Gottes. Timotheus wird nun daran erinnert, dass er von Gott zu diesem ewigen Leben berufen ist. In der Berufung kommen Gottes souveräne und ewige Heilsgedanken mit den Menschen sichtbar zum Ausdruck (vgl. Röm 8,30; Gal 1,15). Diese Berufung steht im NT mit himmlischen Dingen in Verbindung (Eph 1,18; Phil 3,14; Kol 3,15; 1. Thes 2,12; Heb 3,1; 1. Pet 5,10). So auch hier. Diese Berufung ist der Ruf Gottes, der in dieser Zeit an die Menschen ergeht, die Er vor Grundlegung der Welt auserwählt hat.

Dann bestätigt Paulus dem Timotheus, dass er das gute Bekenntnis vor vielen Zeugen bekannt und so dem wichtigen Grundsatz entsprochen hatte: „Mit dem Herzen wird geglaubt zur Gerechtigkeit, und mit dem Mund wird bekannt zum Heil" (Röm 10,10). Es wird uns nicht mitgeteilt, unter welchen Umständen, wann und vor wem Timotheus dies getan hatte. Der Apostel würde Ungläubige wohl kaum als „viele Zeugen" anführen, so dass wir wohl nur an Christen zu denken haben, die dieses gute Zeugnis bestätigen konnten (vgl. Apg 16,2).

> Verse 13-14: *Ich gebiete dir vor Gott, der alles am Leben erhält, und vor Christus Jesus, der vor Pontius Pilatus das gute Bekenntnis bezeugt hat, dass du das Gebot unbefleckt,*

> *unsträflich bewahrst bis zur Erscheinung unseres Herrn Jesus Christus.*

Die beiden nun folgenden Verse, die auf Kapitel 1,5 und 18 zurückgreifen, fassen gleichsam das bisher Gesagte in gedrängter Kürze zusammen. Das Wort „gebieten" (griech. *parangello*) hat auch die Bedeutung „auftragen, einschärfen". Auch Timotheus selbst hatte die Aufgabe, anderen zu gebieten (vgl. Kap 1,3; 4,11; 5,7; 6,17).

Ähnlich wie in Kapitel 5,21 und in 2. Timotheus 4,1 ruft Paulus hier Gott und Christus Jesus als Zeugen an. Daran können wir sehen, wie wichtig Paulus die Anerkennung der von Gott bestimmten Autorität war. Gott ist die Quelle und der Erhalter alles Lebens, sowohl des natürlichen als auch des geistlichen. Das sollte Timotheus ermutigen, denn es zeigte ihm, dass er sich in allen Lagen in der Hand dieses Gottes befand. Christus Jesus hat vor Pontius Pilatus das gute Bekenntnis bezeugt. Es ist klar, dass hier nicht dasselbe Bekenntnis gemeint ist wie in Vers 12. Timotheus hatte das Bekenntnis über seinen lebendigen Glauben an den Herrn Jesus in Gegenwart von Gläubigen abgelegt, wenn auch nicht nur vor ihnen. Es war ein subjektives Zeugnis über die Wahrheit und darüber, dass Timotheus diese im Glauben angenommen hatte. Das Bekenntnis des Herrn Jesus jedoch betraf objektive Tatsachen hinsichtlich Seiner Person und Seines Werkes. Erstens bezeugte Er, dass Er ein König (nicht nur der König Israels) war, zweitens, dass Sein Reich nicht von dieser Welt war, und drittens, dass Er gekommen war, um der Wahrheit Zeugnis zu geben (Joh 18,33-37). Dieses gute Bekenntnis hatte der Herr vor Pontius Pilatus, Seinem irdischen Richter, einem Feind Gottes, abgelegt. Dieses Bekenntnis bezieht sich nicht so sehr auf die ewigen, himmlischen Dinge wie auf das Reich Gottes, dessen König Christus ist. Auf die zukünftige Offenbarung dieses Reiches kommt Paulus in Vers 15 zurück.

Timotheus hatte die Aufgabe, das Gebot (griech. *entole*) unbefleckt und unsträflich zu bewahren. Dieses Gebot beinhaltete mehr als das in den Versen 11-12 Gesagte; es umfasste alle Vorschriften dieses Briefes, ja, alles, was zu einem Leben in wahrer Gottseligkeit notwendig ist. Bereits in Kapitel 1,5 hatte Paulus geschrieben: „Das Endziel des Gebotes (griech. *parangelia*) aber ist: Liebe aus reinem Herzen und gutem Gewissen und ungeheucheltem Glauben." Was Gott den Menschen gebietet, ist immer „heilig und gerecht und gut" (Röm 7,12). Das galt für das Gesetz vom Sinai ebenso wie für das Gebot Gottes heute. Es nicht zu halten bedeutet, es zu beflecken und vor der Welt zu beschmutzen. Es gewissenhaft aus reinem Herzen und ungeheucheltem Glauben zu halten heißt, es unbefleckt und unsträflich zu bewahren. Die beiden Eigenschaftsworte haben Bezug auf das Bewahren des Gebotes, nicht auf Timotheus.

Paulus verbindet das Bewahren des Gebotes mit der Erscheinung unseres Herrn Jesus Christus. Das ist sehr bemerkenswert. Tatsächlich endet ja die Verantwortung des Christen auf der Erde mit seinem Tod oder mit dem Kommen des Herrn zur Entrückung der Heiligen. Aber wie auch bei anderen Gelegenheiten (vgl. Phil 1,10; 1. Thes 3,13) bringt das Wort Gottes das, was unserer Verantwortung unterliegt, mit der Erscheinung des Herrn in Herrlichkeit in Verbindung. Diese Erscheinung (griech. *epiphaneia*, vgl. 2. Thes 2,8; 2. Tim 4,1.8; Tit 2,13) oder Offenbarung (*apokalypsis*, vgl. 1. Kor 1,7; 2. Thes 1,7; 1. Pet 1,7.13) bildet den Auftakt zum Tag des Herrn, an dem Er von allen als Herr anerkannt werden wird. Das Wort Ankunft (griech. *parousia*) ist ein allgemeinerer Ausdruck, der sich sowohl auf Christi Kommen für die Seinen (l. Thes 4,15; 2. Thes 2,1) als auch auf Seine Erscheinung oder Offenbarung beziehen kann (Mt 24,3; 1. Thes 3,13; 2. Thes 2,8).

Bei der Erscheinung des Herrn auf der Erde werden alle himmlischen Heerscharen (Off 19,14), bestehend aus Engeln (Mt 25,31; 2. Thes 1,7) und Heiligen, das heißt Gläubigen (1.Thes 3,13), Ihn begleiten und mit Ihm in Herrlichkeit offenbart werden (Kol 3,4). Dann wird der ihnen vor dem Richterstuhl verliehene Lohn vor aller Welt offenbar (2. Thes 1,10; 2. Tim 4,8). Nach der Vernichtung der feindlichen Heere werden der Antichrist und das Haupt des Römischen Reiches in den Feuersee geworfen (2. Thes 2,8; Off 19,19-20), und der Satan wird für tausend Jahre gebunden (Off 20,1-3). Christus wird die dann auf der Erde lebenden Völker richten und Seine tausendjährige Herrschaft des Friedens antreten (Mt 25,31ff; 2. Thes 1,8-9; Off 20,4-6).

> Verse 15-16: *Die zu seiner Zeit zeigen wird der selige und alleinige Machthaber, der König der Könige und Herr der Herren, der allein Unsterblichkeit hat, der ein unzugängliches Licht bewohnt, den keiner (der) Menschen gesehen hat noch sehen kann, dem Ehre (sei) und ewige Macht! Amen.*

Die Erscheinung Christi wird ein gewaltiges Ereignis sein. Jedes Auge wird Ihn als den verherrlichten Menschen, den Vollender aller Ratschlüsse Gottes, sehen. Die Offenbarung des Herrn Jesus Christus wird zu dem von Gott festgesetzten Zeitpunkt stattfinden. Von diesem Tag sagte schon der alttestamentliche Prophet Sacharja in Kapitel 14,7 seines Buches: „Und es wird ein einziger Tag sein (er ist dem HERRN bekannt)." Das Wissen um diesen Tag steht allein bei Gott (Mt 24,36; Apg 1,7). Deshalb ist jede diesbezügliche Spekulation abzulehnen. „Was aber die Zeiten und Zeitpunkte betrifft, Brüder, so habt ihr nicht nötig, dass euch geschrieben werde. Denn ihr selbst wisst genau, dass der Tag des Herrn also kommt wie ein Dieb in der Nacht" (l. Thes 5,1-2).[1] Zu der von Ihm festgesetzten Zeit wird Gott Seinen Erstgeborenen wiederum in den Erdkreis einführen. Es wird ein Tag des Gerichts für Seine Feinde sein, aber ein Tag der Freude für diejenigen, die den Messias erwarten werden.

Der Gedanke an diese herrliche Erscheinung Christi führt den Apostel zu einem erhabenen Lobpreis Gottes und Seiner Größe und ewigen Majestät. Zehnmal finden wir in den Schriften des Apostels Paulus eine solche Doxologie (Röm 1,25; 9,5; 11,33-36; 16,25-27; Gal 1,5; Eph 3,20-21; Phil 4,20; 1. Tim 1,17; 6,15-16; 2. Tim 4,18). Hier bringt er durch die Ehrennamen Gottes in wunderbarer Weise zum Ausdruck, was seine Seele erfüllt. Von drei Seiten stellt er uns die herrliche, anbetungswürdige Größe und das Wesen Gottes vor:

1. „Der selige und alleinige Machthaber, der König der Könige und Herr der Herren." Nur in Kapitel 1,11 und hier wird Gott „selig" genannt. Er ist der einzige, der in sich selbst unendlich vollkommen ist, unberührt von allen Geschehnissen in der Schöpfung und in sich selbst völliges Genüge findend. Nichts kann die ewige Ruhe, den vollkommenen Frieden und die tiefe Glückseligkeit Gottes stören (vgl. Hi 35,5-7). Aber Er ist auch der souveräne und unantastbare Machthaber alles Sichtbaren und Unsichtbaren, das Seine starke Hand gebildet hat. Er hält die ganze Schöpfung in Seiner Hand. Er herrscht über Leben und Tod und lenkt alles

---

[1] Das Bild des Diebes, der in der Nacht kommt, bezieht sich im NT nie auf das von den Gläubigen ersehnte Kommen des Herrn zur Entrückung der Braut, sondern immer auf die unerwartete, mit Gericht verbundene Erscheinung oder Offenbarung Christi (Mt 24,43; 1. Thes 2,2; 2. Pet 3,10; Off 3,3; 16,15).

nach Seinem Wohlgefallen und Seiner Weisheit (Ps 89,11-13). Unter Seiner universalen Herrschaft stehen auch die oft so stolzen Machthaber dieser Erde. Über ihnen steht Er als der alleinige Machthaber, der sie ein- und absetzt, ihr Schicksal lenkt und sie erhöht und erniedrigt, wie es Ihm gefällt (l. Chr 29,11-12). Dieser selige und alleinige Machthaber ist unser Gott. Welch eine Ermutigung für die Gläubigen der damaligen und auch der heutigen Zeit liegt in dem Gedanken, dass Er über den Regierenden und Herrschenden steht! Dieser Titel Gottes hatte auch eine besondere Bedeutung in den Umständen, in denen Timotheus sich befand. Welch ein Trost für die Herzen der Gläubigen, daran zu denken, dass sie diesem souveränen und seligen Gott angehören. Welche Macht der Welt kann ihnen schaden oder ihnen ihre Freude in Ihm rauben?

Gott wird hier der König der Könige und Herr der Herren genannt. In Offenbarung 17,14 und 19,16 (mit einer kleinen Abwandlung) ist dies der Titel des Herrn Jesus, dessen Gottheit dadurch bestätigt wird.

2. „Der allein Unsterblichkeit hat." Kein Geschöpf besitzt an und für sich Unsterblichkeit. Unsterblichkeit ist mehr als ein Leben ohne Ende; es ist ein für den Tod unangreifbarer Zustand. Gott allein ist ewig, ohne Anfang und ohne Ende. Er ist der ewige Gott (Röm 16,26) und der lebendige Gott (Mt 16,16; 1. Thes 1,9; 1. Tim 3,15; 4,10; Heb 10,31). Die Gläubigen hingegen werden Unsterblichkeit anziehen, wenn ihre Leiber bei dem Kommen des Herrn verwandelt werden (l. Kor 15,53.54).

3. „Der ein unzugängliches Licht bewohnt, den keiner der Menschen gesehen hat, noch sehen kann." In Sei-

nem absoluten Wesen ist Gott für das Geschöpf unerreichbar und unsichtbar. Schon zu Mose sprach Er: „Du vermagst nicht mein Angesicht zu sehen, denn nicht kann ein Mensch mich sehen und leben" (2. Mo 33,20). Johannes schreibt: „Niemand hat Gott jemals gesehen" (Joh 1,18; 1. Joh 4,12), und Paulus nennt Ihn den „unsichtbaren Gott" (Kol 1,15). Wenn Gott sich offenbart, tut Er es einzig und allein im Sohn. Dieser ist der Engel des HERRN im AT (l. Mo 16,7.13; Ri 6,11–14). Er selbst ist der HERR (vgl. Jes 6 mit Joh 12,39–41). Der Sohn Gottes ist das Wort, der Logos (Joh 1,1), und das Bild des unsichtbaren Gottes, der Abglanz Seiner Herrlichkeit und der Abdruck Seines Wesens von aller Ewigkeit, nicht erst seit Seiner Fleischwerdung (Kol 1,15; Heb 1,3). Gott ist Licht (l. Joh 1,5), und Er bewohnt ein Licht, in dem es keine Finsternis gibt. Moralisch gesehen ist der Mensch Finsternis und wohnt in Finsternis. Durch den Glauben an das wahrhaftige Licht, das in diese Welt hineinleuchtet, wird er selbst Licht und kommt auch in das Licht (Eph 5,8; 1. Pet 2,9). Aber in das unzugängliche Licht des absoluten Wesens Gottes vermag nie ein Geschöpf einzudringen. In dem Sohn sehen wir jedoch die vollkommene Ausstrahlung der Herrlichkeit Gottes. „Niemand hat Gott jemals gesehen; der eingeborene Sohn, der in des Vaters Schoß ist, der hat ihn kundgemacht." Wer Ihn gesehen hat, hat den Vater gesehen. Ihn, den Sohn, der das Bild des unsichtbaren Gottes ist, werden die Erlösten, die zu Seiner Braut gehören, sehen, wie Er ist. Im Vaterhaus werden sie mit Ihm vereint sein und die Wahrheit der Worte des Sohnes Gottes erfahren, der zu Seinem Vater sprach: „Vater, ich will, dass die, die du mir gegeben hast, auch bei mir seien, wo ich bin, damit sie meine Herrlichkeit schauen, die du mir gegeben hast, denn du hast mich geliebt vor Grundlegung der Welt" (Joh 17,24).

Diesem unsterblichen, unsichtbaren Gott, der sich im Sohn Seinen Geschöpfen offenbart hat, gibt der Apostel nun Ehre und ewige Macht. Stimmen wir ein in das Lob dessen, der allein aller Anbetung würdig ist!

> Vers 17: *Den Reichen in dem gegenwärtigen Zeitlauf gebiete, nicht hochmütig zu sein noch auf (die) Ungewissheit (des) Reichtums Hoffnung zu setzen, sondern auf Gott, der uns alles reichlich darreicht zum Genuss.*

Am Schluss seines Briefes greift Paulus das Thema Reichtum nochmals von einer anderen Seite auf. Es geht hier nicht, wie in den Versen 9-11, um solche, die nach Gewinn streben, sondern um diejenigen, die reich sind. Das sind vor allem diejenigen, die sich bereits in dieser Situation befanden, als Gott sie berief. Der Apostel fordert sie nicht auf, ihre Reichtümer zu verkaufen, sie den Armen zu geben oder alles zu verteilen. Er erinnert sie jedoch an die Verantwortung, die mit dem Besitz des Reichtums verbunden ist, sowie an die Gefahr der Unabhängigkeit von Gott, der ihnen irdische Güter als Verwaltern anvertraut hat. Darin sollen sie treu erfunden werden (1. Kor 4,2). Sie sind reich an vergänglichen Dingen in einer Zeit, die schnell vorübereilt. Paulus spricht nur zwei der vielen Gefahren an, die damit verbunden sind: den Hochmut und die Selbstsicherheit. Andere Gefahren sind der Hang zum Luxus, zur Bequemlichkeit und zur Genusssucht. Die Folge der Verbindung mit irdischen Dingen ist oft die Verbindung mit weltlichen Dingen. Die Lust des Fleisches und die Lust der Augen und der Hochmut des Lebens sind nicht von dem Vater, sondern von der Welt. Die Welt und ihre Lust vergeht, wer aber den Willen Gottes tut, bleibt in Ewigkeit (vgl. 1. Joh 2,16-17). In unserer Zeit des allgemeinen Wohlstandes in vielen Ländern gelten diese Ermahnungen nicht nur wenigen, sondern nahezu allen Gläubigen.

Erstens soll Timotheus den Reichen in dem gegenwärtigen Zeitlauf gebieten, gegenüber denen, die in dieser Welt eine niedrigere Stellung einnehmen, nicht hochmütig zu sein. Welch ein Beispiel ist darin der Herr Jesus, der sich von Seiner unendlichen Erhabenheit auf den Platz Seiner Geschöpfe erniedrigte und sich zu verlorenen Sündern herabneigte! An einer anderen Stelle schreibt Paulus: „Sinnt nicht auf hohe Dinge, sondern haltet euch zu den niedrigen" (Röm 12,16).

Der natürliche Mensch neigt dazu, sich auf die Dinge, die er in dieser Welt besitzt, sei es Reichtum oder Intelligenz, etwas einzubilden und sich dadurch über andere erhaben zu dünken. Wenn wir uns aber der Tatsache bewusst sind, dass uns alles von Gott anvertraut ist, bleiben wir davor bewahrt, uns dieser Dinge zu rühmen.

Zweitens sollen die Reichen ihre Hoffnung nicht auf die Ungewissheit des Reichtums setzen, denn er kann ihnen von einem Augenblick zum anderen genommen werden (vgl. Ps 62,10; Spr 23,4.5). Wie mancher, der sich auf seinen Wohlstand verließ und meinte, dass alles gut angelegt sei, musste erfahren, dass er plötzlich vor dem Nichts stand. Es gibt auf der Erde keine Sicherheit.

Wie ganz anders ist es bei Gott! Auf Ihn dürfen wir ohne Furcht und Zagen vertrauen. Er gibt allen alles reichlich zum Genuss. Hier verurteilt Gottes Wort deutlich den Geist der Askese. Dieser besitzt zwar einen schöneren Schein als der Hang zum Luxus. In Wirklichkeit sind jedoch beide einander entgegengesetzte Formen der Selbstsucht, die Gott nicht wohlgefallen.

In Kapitel 4,10 haben wir gesehen, dass Gott der Erhalter aller Menschen ist, besonders der Gläubigen. Hier wird uns nun Seine Güte gegenüber Seinen Kindern vorgestellt. Er reicht uns alles reichlich dar zum Genuss. Wenn Er der Gebende ist, gebührt auch Ihm aller Dank dafür. Dieses Bewusstsein erhält die Seele in wahrer Abhängigkeit von Gott. In dieser Abhängigkeit darf der Christ die Gaben Gottes von ganzem Herzen genießen. Die ersten Christen nahmen ihre Speise mit Frohlocken und Einfalt des Herzens zu sich (Apg 2,46). Diese Einfalt des Herzens kann den Gläubigen auch bewahren vor allen Genüssen, die er nicht in Aufrichtigkeit und mit wahrer Dankbarkeit von seinem Gott und Vater annehmen kann.

> Verse 18-19: *Gutes zu tun, reich zu sein an guten Werken, freigebig zu sein, mitteilsam, indem sie sich selbst eine gute Grundlage auf die Zukunft sammeln, damit sie das wirkliche Leben ergreifen.*

Nun folgen einige praktische Ermahnungen für die Reichen – aber nicht nur für sie. Die beiden ersten, zunächst sehr ähnlich erscheinenden Ermahnungen unterscheiden sich dadurch, dass in den Worten „Gutes zu tun" ein Wort steckt (griech. *agathos*), das „gut" in seinen Auswirkungen auf andere bedeutet, während die guten (griech. *kalos*) Werke an sich schön, lobenswert und edel sind. So kann der Reichtum dazu verwendet werden, Bedürftigen Hilfe zu leisten und die Arbeiter im Werk des Herrn zu unterstützen. Dadurch werden die Reichen nicht ärmer, sondern in einem anderen Sinn reich, nämlich in guten Werken. Auch können sie sich dadurch Schätze im Himmel sammeln. Gott, der sich nichts schenken lässt, wird sie reichlich dafür segnen. „Die segnende Seele wird reichlich gesättigt, und der Tränkende wird auch selbst getränkt" (Spr 11,25). Die Reichen sollen auch freigebig und mitteilsam sein. Zwar ist vorschnelles, übereiltes Handeln auch in dieser Hinsicht nicht gut. Aber, wenn aufgrund zuverlässiger Information eine wirkliche Notwendigkeit zu erkennen ist, sei es im privaten Bereich, in der Versammlung oder im Werk des Herrn, ist Zögern und Zurückhaltung nicht am Platz. Den Korinthern schrieb Paulus einmal: „Wer sparsam sät, wird auch sparsam ernten, und wer segensreich sät, wird auch segensreich ernten" (2. Kor 9,6). Wenn die Reichen in dem gegenwärtigen Zeitlauf ihre Besitztümer so nach Gottes Gedanken und zu Seiner Ehre verwalten, verlieren sie nichts, sondern sammeln sich im Gegenteil eine gute Grundlage auf die Zukunft, einen Schatz, der unendlich kostbarer ist als alle irdischen Reichtümer. Der Herr Jesus beschließt das Gleichnis über den untreuen Verwalter mit den Worten: „Macht euch Freunde mit dem ungerechten Mammon, damit, wenn er zu Ende geht, man euch aufnehme in die ewigen Hütten" (Lk 16,9). In der Bergpredigt heißt es: „Sammelt euch nicht Schätze auf der Erde, wo Motte und Rost zerstört, und wo Diebe durchgraben und stehlen; sammelt euch aber Schätze im Himmel, wo weder Motte noch Rost zerstört, und wo Diebe nicht durchgraben noch stehlen; denn wo dein Schatz ist, da wird auch dein Herz sein" (Mt 6,19-21).

Anstatt nach irdischem Reichtum zu greifen, sollten die Reichen durch Gutestun sich eine gute Grundlage auf die Zukunft sammeln, damit sie das wirkliche Leben, das heißt das ewige Leben, ergreifen möchten. Ganz ähnlich war schon Timotheus in Vers 12 ermuntert worden. Paulus will hier nicht sagen, dass das Erdenleben nur ein Scheinleben sei. Aber da es infolge der Sünde von Geburt an den Keim des Todes in sich trägt, hält es einem Vergleich mit dem ewigen Leben nicht stand. Nur dieses Leben ist des Namens „Leben" wirklich wert.

> Vers 20-21: *O Timotheus, bewahre das anvertraute (Gut), indem du dich von den ungöttlichen, leeren Geschwätzen und Widersprüchen der fälschlich so genannten Kenntnis wegwendest, zu der sich bekennend einige von dem Glauben abgeirrt sind. Die Gnade (sei) mit dir!*

Mit der Ermahnung, das anvertraute Gut zu bewahren, beschließt Paulus nun seinen Brief an Timotheus. In 2. Timotheus 1,14 nennt er es sogar das „schöne anvertraute Gut". Damit ist die von Gott den Gläubigen anvertraute Wahrheit gemeint, die Timotheus von Paulus in Gegenwart vieler Zeugen gehört hatte. „Hier ist nicht die Seele, die Errettung, der Dienst oder die Gabe des Heiligen Geistes gemeint, sondern die vollkommenen Mitteilungen über das Wesen, die Wege, die Beziehungen und die Ratschlüsse Gottes. Sie sind allein durch Offenbarung gegeben und jetzt durch die Inspiration gesichert" (W. Kelly, Exposition of the First Epistle to Timothy). Nicht nur Timotheus, der darin eine besondere Aufgabe zu erfüllen hatte, war dazu berufen, diesen kostbaren Schatz zu hüten. Alle Gläubigen werden aufgefordert, für den einmal den Heiligen überlieferten Glauben zu kämpfen (Jud 3). Hand in Hand mit der Bewahrung der Wahrheit Gottes geht die Wachsamkeit gegenüber den Irrlehren. Deshalb wird Timotheus aufgefordert, sich abzuwenden von den ungöttlichen, leeren Geschwätzen und Widersprüchen der fälschlich so genannten Kenntnis. Aus der Kirchengeschichte wissen wir, dass es in den ersten Jahrhunderten des Christentums, besonders im Osten, eine weitverzweigte Irrlehre, die Gnosis, gab. Dieses griechische Wort, das „Kenntnis" bedeutet, steht auch hier. Bei der Betrachtung von Kapitel 4,1ff und Kapitel 6,3-5 habe ich bereits auf diese in späteren Zeiten so verheerend wirkende Irrlehre hingewiesen. Die fälschlich so genannte Kenntnis, von der Paulus hier spricht, war gewiss nicht das vollentwickelte System, das sich einige Jahrzehnte später offenbarte. Aber hier und im Brief an die Kolosser sind doch wohl schon die Ansätze dazu zu erkennen. Der Gnostizismus versuchte, Gott und Seine Offenbarung dem menschlichen Verstand zu unterwerfen. So setzte sich der Mensch auf den Richterstuhl über Gott und Sein Wort. Gott nennt diese Lehren ungöttliche, leeren Geschwätze (vgl. 2. Tim 2,16) und Widersprüche und stellt fest, dass einige durch ihr Bekenntnis zu diesem Irrweg von dem Glauben abgeirrt sind. Wörtlich übersetzt müsste es heißen: „… bezüglich des Glaubens das Ziel verfehlt haben." Der Glaube ist hier, wie meistens, wenn der Artikel davor steht, das christliche Glaubensgut.

Der Brief endet mit den Worten: „Die Gnade sei mit dir", oder, wie mehrere gute Handschriften lesen: „Die Gnade sei mit euch" (א A F G u. a.), wie auch im zweiten Brief. Es ist eher anzunehmen, dass spätere Abschreiber des an eine einzelne Person gerichteten Briefes das ursprünglich dastehende Wort „euch" zu „dir" abgeändert haben als umgekehrt.

Timotheus und mit ihm die Gläubigen in Ephesus brauchten diese Gnade gewiss. Auch wir benötigen sie heute noch täglich. Deshalb beginnt und schließt der Apostel Paulus jeden Einzelnen seiner Briefe mit einem Gnadenwunsch. Jeder Gläubige kennt aus Erfahrung die errettende Gnade, die bewahrende Gnade und die wiederherstellende Gnade Gottes. Aber darüber hinaus soll unser Leben praktisch von dieser Gnade erfüllt und gekennzeichnet sein (vgl. Apg 6,8; Kol 3,16; 4,6; 2. Tim 2,1; Heb 13,9; 2. Pet 3,18). Wir benötigen und empfangen diese Gnade bis zu dem nahe bevorstehenden Kommen unseres Herrn, auf dessen letztmalige Ankündigung in der Heiligen Schrift die ermunternden und tröstenden Schlussworte folgen: „Die Gnade des Herrn Jesus Christus sei mit allen Heiligen" (Off 22,21).

Eine Auslegung des
2. Timotheusbriefes

Einleitung

Empfänger des Briefes

Timotheus (sein Name bedeutet: „Ehre Gott") war einer der treusten Mitarbeiter des Apostels Paulus, der in seinem Auftrag manche wichtige Aufgabe durchführte. Er war der Sohn eines griechischen Vaters und einer jüdischen Mutter. Sowohl seine Großmutter Lois als auch seine Mutter Eunike hatten den jungen Timotheus von frühester Kindheit in den Heiligen Schriften des AT unterwiesen (Apg 16,1; 2. Tim 1,5; 3,15). Auf seiner zweiten Missionsreise von Antiochien über Kleinasien nach Griechenland und zurück wurde Paulus in der Gegend von Derbe und Lystra auf den jungen Timotheus aufmerksam, weil er ein gutes Zeugnis von den Brüdern in Lystra und Ikonium hatte (Apg 16,2). Da Paulus bereits auf seiner ersten Reise (Apg 13-15) in dieser Gegend evangelisiert hatte, können wir wohl annehmen, dass Timotheus bereits damals die Botschaft vom Kreuz gehört und im Glauben angenommen hatte.

In den beiden Briefen an Timotheus erfahren wir, dass der Herr ihn für einen besonderen Dienst bestimmt hatte. Es waren Weissagungen über ihn ergangen, die auf eine besondere Gnadengabe in diesem jungen Mann hinwiesen (l. Tim 1,18). Diese Gnadengabe – es war wohl die eines Evangelisten (2. Tim 4,5) – wurde durch die Auflegung der Hände des Apostels Paulus besiegelt und dadurch anerkannt, dass die Ältesten ihm ebenfalls die Hände auflegten (2. Tim 1,6; 1. Tim 4,14).

Damit ihm die Abkunft von einem heidnischen Vater im Verkehr mit den Juden nicht hinderlich wäre, beschnitt Paulus den Timotheus (Apg 16,3; vgl. 1. Kor 9,20). Mit Timotheus als neuem Begleiter zogen Paulus und Silas nun durch Kleinasien nach Mazedonien. Von Beröa zog Paulus allein weiter nach Athen, aber Silas und Timotheus folgten ihm später dorthin (Apg 17,14; 1. Thes 3,12). Von dort aus sandte Paulus Timotheus jedoch noch einmal nach Thessalonich zurück (1. Thes 3,1-6). Erst in Korinth trafen sie wieder zusammen und schrieben von dort aus den ersten Brief an die Thessalonicher (Apg 18,5; 1. Thes 1,1).

Auch auf der dritten Missionsreise begleitete Timotheus den Apostel Paulus. Von Ephesus wurde er gemeinsam mit Erastus nach Mazedonien und weiter nach Korinth gesandt, wo er nach Ankunft des ersten Korintherbriefes eintraf (Apg 19,22; 1. Kor 4,17; 16,10). Bei der Abfassung des zweiten Korintherbriefes befand Timotheus sich wieder bei Paulus in Mazedonien (2. Kor 1,1). Als Paulus durch Mazedonien nach Kleinasien zurückkehrte, wartete Timotheus mit einigen anderen Brüdern in Troas auf ihn (Apg 20,3-6). Wahrscheinlich ist er dann aber nicht mit nach Jerusalem gezogen, sondern womöglich in Ephesus geblieben, wo er später auf Bitten des Apostels Paulus gearbeitet hat (l. Tim 1,3). Später hat er den gefangenen Apostel in Rom besucht, wie sich aus Kolosser 1,1, Philipper 1,1 und Philemon 1 ergibt. Aus Hebräer 13,23 erfahren wir dann noch, dass Timotheus irgendwann an einem uns unbekannten Ort gefangen genommen, aber auch wieder freigelassen wurde. Neben dieser kurzen Mitteilung sind die beiden Briefe an Timotheus die letzten Zeugnisse an und über diesen treuen Knecht des Herrn und Mitarbeiter des Apostels Paulus.

Timotheus ist das Vorbild eines treuen und hingebungsvollen Dieners Christi. Kaum ein anderer Begleiter und Mitarbeiter des Apostels wird so gelobt wie er. Den Philippern schrieb Paulus aus der Gefangenschaft: „Ich hoffe aber in dem Herrn Jesus, Timotheus bald zu euch zu senden ... Denn ich habe keinen Gleichgesinnten, der von Herzen für das Eure besorgt sein wird; denn alle suchen das Ihre, nicht das, was Jesu Christi ist. Ihr kennt aber seine Bewährung, dass er, wie ein Kind dem Vater, mit mir gedient hat an dem Evangelium" (Phil 2,19-22). Im ersten Brief an die Thessalonicher wird er „unser Bruder und Mitarbeiter Gottes in dem Evangelium des Christus" genannt, der die soeben bekehrten Thessalonicher befestigen und trösten konnte (l. Thes 3,2).

Als der Apostel Paulus seinen Lauf nahezu beendet hatte, war Timotheus einer der wenigen Brüder, die sich nicht von ihm abgewandt hatten. Er konnte ihm daher die göttlichen Anweisungen über das Haus Gottes, die Versammlung, übermitteln und ihn ermuntern, seinen Dienst, den er bisher ja größtenteils gemeinsam mit Paulus getan hatte, nun allein bis zum Ende zu vollführen (2. Tim 4,5).

Es erscheint mir noch wichtig, kurz darauf hinzuweisen, dass die beiden Briefe an Timotheus und der Brief an Titus nicht wie die übrigen Briefe des Apostels Paulus (mit Ausnahme des Philemonbriefes) an Versammlungen gerichtet sind, sondern an einzelne Knechte des Herrn, die besondere Aufgaben in der Versammlung hatten. Wenn wir das aus dem Auge verlieren, können wir die besonderen Züge dieser Briefe nicht verstehen, und wir geraten in Gefahr, das wahre Wesen des rechten christlichen Dienstes zu übersehen.

Umstände und Zeit der Abfassung des Briefes

Die meisten modernen kirchlichen Ausleger bezweifeln, dass Paulus der Verfasser der Pastoralbriefe (auch Hirtenbriefe, d. h. 1. und 2. Timotheus- und Titusbrief) ist. Den

Hauptgrund meint man darin sehen zu können, dass diese Briefe angeblich nicht in der von der Apostelgeschichte beschriebenen Zeit entstanden sein können.

Tatsächlich lassen sich die in diesen Briefen enthaltenen Angaben über die Reisetätigkeit des Apostels nicht ohne weiteres mit den Berichten der Apostelgeschichte vereinigen. Aber das ist auch gar nicht unbedingt erforderlich. Sehr vieles spricht nämlich dafür, dass Paulus in dem in Jerusalem begonnenen Prozess, in dessen Verlauf er nach Rom transportiert wurde, freigesprochen wurde. Hinweise auf seine Freilassung finden wir schon in den Briefen an die Philipper (Kap 1,22-26; 2,24) und an Philemon (V. 22). Nach dieser Freilassung besuchte Paulus die Versammlung in Ephesus, wo er Timotheus zurückließ, während er selbst nach Philippi, d. h. nach Mazedonien zog (l. Tim 1,3). Dann verbrachte er einen Winter in Nikopolis (Tit 3,12) und reiste danach wahrscheinlich noch einmal über Troas nach Ephesus (2. Tim 4,13). Von dort führte ihn sein Weg wohl wieder über Milet und Korinth und zu seiner zweiten Gefangennahme (2. Tim 4,20). Wieder wurde er nach Rom gebracht und dort schließlich zum Tode verurteilt. Aus dieser zweiten Gefangenschaft konnte Paulus als letztes uns bekanntes Zeugnis den zweiten Brief an Timotheus schreiben, und zwar wahrscheinlich im Herbst des Jahres 66.

Wie gesagt, dies ist eine Annahme, die sich auf die wenigen Angaben der Heiligen Schrift stützt. Wichtig sind in diesem Zusammenhang auch die beiden Bemerkungen des Apostels: „Den Mantel, den ich in Troas bei Karpus zurückließ ..." und: „Trophimus aber habe ich in Milet krank zurückgelassen" (2. Tim 4,13.20). So etwas hätte Paulus wohl kaum während seiner ersten, in der Apostelgeschichte beschriebenen Gefangenschaft geschrieben; denn er hatte bereits zwei volle Jahre in Cäsarea gefangen gesessen, bevor er nach Rom gebracht wurde, wo er nochmals zwei Jahre in einem gemieteten Haus als Gefangener lebte (vgl. Apg. 24,27; 28,30).

Es gibt also überhaupt keinen Grund zu der Annahme, dass ein anderer als Paulus diesen Brief geschrieben hätte. Bereits die ersten Worte des Briefes sagen es deutlich: „Paulus, Apostel Jesu Christi ...", und das ist für jedes Kind Gottes, das an der göttlichen und wörtlichen Inspiration der ganzen Heiligen Schrift festhält, ausschlaggebend. Die persönlichen Angaben in Kapitel 3,11 bestätigen dies, und auch der ganze Inhalt des Briefes, der in engem Zusammenhang mit den übrigen Schriften des Apostels der Nationen steht.

Anlass und Zweck des Briefes

Der Apostel Johannes zeigt uns in seinen Briefen und in der Offenbarung die Geschichte des Verfalls und des Gerichtes der Versammlung, aber auch das Gericht über die Welt. Er beschreibt auch das Leben, das unabhängig vom Zustand der Versammlung unveränderlich bleibt. Dieses göttliche Leben befähigt uns, Gott zu kennen und zu genießen, weil es uns Seine Natur und Sein Wesen gibt. So gesehen sollte Johannes als Zeuge bleiben, bis der Herr Jesus wiederkommt (vgl. Joh 21,22).

Paulus hatte einen anderen Dienst empfangen. Er hatte als Gottes Mitarbeiter unter Ihm Seine Versammlung auf der Erde gebaut, und zwar in erster Linie außerhalb Palästinas (vgl. Gal 2,7-9; 1. Kor 3,9-10; Eph 2,20). Er hatte mit einmaliger Hingabe und Treue daran gearbeitet und darüber gewacht, musste aber doch mit ansehen, wie das, was er so sorgsam gepflanzt und behütet hatte, sich von dem Herrn Jesus, der Kraftquelle, entfernte. Das war eine ungemein schmerzliche Erfahrung für ihn! Aber wenn auch der Tempel Gottes, die Behausung Gottes im Geist, in Unordnung und Verfall gerät, der Herr bleibt treu, denn Er kann sich selbst nicht verleugnen. Sein fester Grund steht für immer.

Diese Entwicklung sah der alte, gefangene Diener des Herrn mit klarem Blick. Er wusste, dass sein Leben zu Ende ging. Die erste Gerichtsverhandlung hatte bereits stattgefunden (2. Tim 4,16), und er wartete nun auf seine Verurteilung. Aber er sah auch, dass sein junger, treuer Begleiter und Mitarbeiter ängstlich werden, ja, womöglich verzweifeln konnte, wenn er sich jetzt in dem Niedergang des christlichen Zeugnisses äußerlich allein gelassen sah. So schrieb der alte Streiter des Herrn seinem furchtsamen jungen Mitkämpfer aus dem Gefängnis einen letzten, aufmunternden Brief, getrieben und geleitet vom Heiligen Geist.

Er konnte nicht mehr von dem Haus Gottes, der Versammlung des lebendigen Gottes (l. Tim 3,15), schreiben. Der Niedergang war schon so weit gegangen, dass er von einem großen Haus mit Gefäßen zur Ehre, aber auch solchen zur Unehre sprechen musste (2. Tim 2,20). Im ersten Brief hatte er noch Anweisungen bezüglich der Ältesten und Diener gegeben. Das zeigte, dass der Zustand der Versammlungen noch normal war; denn er hatte als Apostel und Bevollmächtigter des Herrn ja auch Älteste eingesetzt (vgl. Apg 14,23; 20,17.28; Phil 1,1). Im zweiten Brief finden wir jedoch nur noch persönliche Aufforderungen an Timotheus, wie das dreimalige ernste „Du aber …" (Kap 3,10.14; 4,5). Aber es gibt kein Nachgeben oder gar Resignieren! Wie schlimm die Zeit auch sein mag, die Kraft Gottes und die Gnade des Herrn sind immer dieselben. Daher ist dieser Brief zu allen Zeiten eine Ermunterung für diejenigen gewesen, die treu ihrem Herrn und Heiland folgen wollten.

Der besseren Übersicht halber können wir den zweiten Timotheusbrief wie folgt einteilen:

Kapitel 1   *Die Leiden eines Dieners*
              Verse 1- 2   Gruß und Einleitung
              Verse 3- 5   Ungeheuchelter Glaube
              Verse 6-14   Schäme dich nicht
              Verse 15-18   Drei Namen

Kapitel 2   *Die Aufgaben eines Dieners*
              Verse 1- 6   Stark in der Gnade
              Verse 7-13   Bedenke, was ich sage
              Verse 14-18   Ein bewährter Arbeiter
              Verse 19-22   Ein großes Haus
              Verse 23-26   Ein Knecht des Herrn

Kapitel 3   *Die Hilfsmittel des Dieners im Verfall*
              Verse 1- 9   Schwere Zeiten
              Verse 10-17   Du aber …

Kapitel 4   *Der treue Herr eines treuen Dieners*
              Verse 1- 4   Predige das Wort
              Verse 5- 8   Der gute Kampf
              Verse 9-18   Der Beistand des Herrn
              Verse 19-22   Schluss und Gruß

Die Leiden eines Dieners

2. Timotheus 1

> Vers 1: *Paulus, Apostel Christi Jesu durch Gottes Willen, nach Verheißung (des) Lebens, das in Christus Jesus ist.*

Die beiden ersten Verse dieses Briefes enthalten den einleitenden Gruß des Apostels. Er stellt sich nicht als Knecht oder Sklave vor wie in den Briefen an die Römer, Philipper oder Titus, sondern als Apostel (d. h. Gesandter) Christi Jesu. Die anderen Apostel, die vor ihm berufen worden waren, hatten ihren Auftrag von dem Herrn auf Erden empfangen, wenn Er ihn auch als der Auferstandene wiederholte (Lk 6,13; Mt 28,16-20; Mk 16,14-18). Paulus war jedoch von dem verherrlichten Herrn im Himmel berufen worden. Von Anfang an standen sein Apostelamt und sein ganzer Dienst unter dem Zeichen dieser Herrlichkeit. Ihm wurde das „Evangelium der Herrlichkeit" (l. Tim 1,11) anvertraut, dessen Inhalt bis dahin ein Geheimnis war. Gott offenbarte Paulus, dass der verherrlichte Christus das Haupt der Versammlung, Seines Leibes, ist, die sich aus erretteten Menschen aus Juden und Heiden zusammensetzt (vgl. Eph 1,13.20-23; 3,4-9; Kol 1,18). Dieses Geheimnis zu verkündigen, war die spezielle Aufgabe des Apostels Paulus, nicht der anderen Apostel. So war er in ganz besonderer Weise „Apostel Christi Jesu", des von Gott erhöhten und verherrlichten, zum Herrn und „Christus" gemachten Sohn des Menschen, der einst in Niedrigkeit gekommen war (vgl. Apg 2,36).

Grundlage seines Apostelamtes war, dass er durch Gottes Willen (vgl. 1. und 2. Kor 1,1; Eph 1,1; Kol 1,1) von dem Herrn Jesus Christus berufen worden war. Dies Bewusstsein konnte seinem Innern Gewissheit, Kraft und Hingabe im Dienst für seinen Herrn geben. Aber der Wille Gottes verlieh auch eine Autorität, die nicht durch Widerstand und Untreue anderer außer Kraft gesetzt werden konnte.

Ein Apostel des Herrn musste Ihn gekannt und gesehen haben (vgl. Joh 15,27; Apg 1,21-26; 1. Kor 9,1), damit er ein treuer Zeuge sein konnte. Die Apostel waren es, die den Grund des Hauses Gottes auf Erden legten und die Wahrheit Gottes weitertrugen (l. Kor 3,10; Eph 2,20; 3,5). In ihrem Dienst verbanden sich Amt und Gabe in besonderer Weise miteinander. Deshalb werden die Apostel immer an erster Stelle genannt (vgl. 1. Kor 12,28; Eph 4,11). Aus diesen neutestamentlichen Tatsachen lässt sich weder eine apostolische Nachfolge noch eine Neubelebung dieses Amtes ableiten. Daher kann heute niemand mehr die Autorität eines Apostels beanspruchen. Nur einmal wurde der Grund der Kirche Gottes auf Erden durch die Apostel gelegt, die von dem Herrn Jesus selbst durch Gottes Willen berufen waren.

Paulus war ein Apostel *Christi Jesu,* und zwar *durch Gottes Willen.* Nun folgt als drittes Kennzeichen der Charakter dieses Amtes: „nach Verheißung (des) Lebens, das in Christo Jesu ist." Paulus sah dem Tod bereits ins Auge (Kap 4,6), und Timotheus befand sich ziemlich allein inmitten von mehr und mehr verweltlichten Christen. Welch ein Trost und welche Ermunterung war es da für ihn, an dieses „Leben, das in Christo Jesu ist", erinnert zu werden, das unvergänglich ist! Keinem wahren Kind Gottes kann dies Teil je verloren gehen, wie weit der allgemeine Verfall auch fortgeschritten sein mag. Von diesem letzten Brief des Apostels Paulus können wir eine Verbindung ziehen zu dem ersten Brief des Apostels Johannes, der ähnlich schreibt: „Und dies ist das Zeugnis: dass Gott uns ewiges Leben gegeben hat, und dieses Leben ist in seinem Sohn ... Dieser ist der wahrhaftige Gott und das ewige Leben" (1. Joh 5,11.20). Im Evangelium nach Johannes wird die Offenbarung des ewigen Lebens in dem Sohn Gottes als Mensch auf Erden beschrieben, und im ersten Johannesbrief in den Kindern Gottes. Es ist das Leben des ewigen Gottes, das denen zuteil wird, die Ihn kennen, weil Er ihr Vater ist (Joh 3,16; 17,3). Paulus sieht es meistens als etwas, das in vollem Umfang erst in der Zukunft offenbart wird (siehe Röm 6,22; Gal 6,8).

Vor ewigen Zeiten hat Gott das ewige Leben verheißen (Tit 1,2), um es denen zu geben, die durch den Sohn an Ihn glauben würden. Er hat es dem Sohn verheißen, bevor die Welt und die Menschen erschaffen waren. Diese Verheißung reicht also unendlich weiter zurück als die Verheißungen, die Abraham gegeben wurden. Letztere stehen mit der Erde in Verbindung, erstere mit dem Himmel (Joh 3,12).

Mit der Verheißung dieses Lebens war das Apostelamt des Paulus in Übereinstimmung. Er war nicht nur ein Diener des Evangeliums und der Versammlung als Leib Christi (Kol 1,23-24), sondern durch Gottes Willen auch Apostel „nach Verheißung des Lebens, das in Christus Jesus ist". Jedes Kind Gottes besitzt dieses Leben jetzt schon in Ihm. In ganzer Fülle wird es genossen, wenn Er kommen wird, um die Seinigen ins Vaterhaus zu bringen, dorthin, wo sie Ihn sehen werden, wie Er ist, von dem Johannes sagt: „Dieser ist der wahrhaftige Gott und das ewige Leben" (1. Joh 3,2; 5,20). Jetzt ist die Zeit des Glaubens, nicht des Schauens, deshalb wird noch von Hoffnung gesprochen. Aber das christliche Hoffen ist kein unsicheres Gefühl, sondern ein überzeugtes Warten (Heb 11,1; Röm 5,5).

Es mag noch bemerkt werden, dass uns in diesem Brief siebenmal (sieben ist in der Heiligen Schrift die Zahl göttlicher Vollkommenheit) die Worte „in Christus Jesus" begegnen. In Vers 1 ist Er Quelle und Sitz des ewigen Lebens, in Vers 9 der Mittler der Gnade Gottes zur Errettung, in Vers 13 das Fundament des Glaubens und der Liebe, in Kapitel 2,1 reicht Er Gnade zum Dienst dar, in Vers 10 ist Er der Bürge der Seligkeit; in Kapitel 3,12 sehen wir, dass ein Leben zur Ehre Gottes nur in Ihm seine Grundlage finden kann, und in Vers 15 gilt dasselbe vom Glaubensleben.

> Vers 2: *Timotheus, (meinem) geliebten Kind: Gnade, Barmherzigkeit, Friede von Gott, (dem) Vater und Christus Jesus, unserem Herrn.*

Am Anfang des ersten Briefes nennt Paulus Timotheus sein echtes Kind im Glauben, hier sein geliebtes Kind. Das Wort „Kind" weist meistens auf die Abstammung hin, auch in geistlicher Hinsicht (griech. *teknon*). Zwischen Paulus, dem „Alten" (vgl. Phlm 9), und dem jungen Timotheus bestand eine innige Verbindung. Das kommt auch in anderen Briefen immer wieder zum Ausdruck, z. B. in 1. Korinther 4,17: „mein geliebtes und treues Kind in dem Herrn", oder in Philipper 2,22, wo wir lesen, dass er wie ein Kind dem Vater mit Paulus an dem Evangelium gedient hatte. Auch im folgenden Kapitel nennt Paulus ihn noch einmal „mein Kind" (Vers 1). Diese Worte des Apostels an Timotheus waren keine formelle oder bedeutungslose Phrase, sondern der Ausdruck echter, inniger Zuneigung. Timotheus war ein etwas ängstlicher Charakter und brauchte deshalb diesen Zuspruch, vor allem aber auch, um die ernsten und wichtigen Ermahnungen des Apostels anzunehmen und zu befolgen. Denn seit dem ersten Brief war die Lage kritischer und ernster geworden, und Paulus sah sein Ende bereits herannahen.

Gnade ist die Erweisung der Liebe Gottes an verlorene Menschen, die Gottes ewiges, gerechtes Gericht wegen ihrer Sünden verdient haben und deswegen verdammt sind. Gnade und Wahrheit sind durch die Menschwerdung des Sohnes Gottes offenbart worden (Joh 1,17). Aber nur aufgrund des vollkommenen Sühnungswerkes Christi am Kreuz von Golgatha kann Gott jetzt Gnade erweisen. Wer nun durch die Gnade (Ursprung, Röm 3,24), aus Glauben (Weg, Röm 5,1) und durch Christi Blut (Mittel, Röm 5,9) gerechtfertigt ist, steht in der Gnade oder Gunst Gottes, zu der er durch den Glauben Zugang hat (Röm 5,2). Sie begleitet ihn gleichsam auf seinem ganzen weiteren Weg, denn sie wird von Gott, dem Vater, und unserem Herrn Jesus Christus reichlich dargereicht. Deshalb begegnet uns dieses Wort so häufig im NT. Im letzten Vers der Bibel heißt es noch: „Die Gnade des Herrn Jesus Christus sei mit allen Heiligen!"

Der *Friede* mit Gott ist das Teil aller, die das volle Evangelium geglaubt haben. Der Herr Jesus hat Frieden gemacht durch das Blut Seines Kreuzes (Kol 1,20), so dass jetzt Menschen, die einst Gottes Feinde waren (Röm 5,10), mit Ihm versöhnt werden können. Durch das Evangelium hat Er diesen Frieden verkündet, damit jeder, der an Ihn glaubt, Frieden mit Gott empfängt (Eph 2,17; Röm 5,1). Diesen Frieden wollte der Herr Seinen Jüngern „lassen", als Er im Begriff stand, zum Vater zurückzukehren (Joh 14,27), und sie bekamen ihn, als der Herr nach Seiner Auferstehung mit den Worten „Friede euch" zu ihnen kam und ihnen Seine durchbohrten Hände und Seine durchstochene Seite als Zeichen des vollbrachten Erlösungswerkes zeigte (Lk 24,36; Joh 20,19).

Aber der *Friede*, den Paulus hier meint, geht noch weiter. Ihn meinte der Herr, wenn Er in Johannes 14,27 fortfuhr: „Meinen Frieden gebe ich euch", und den Er am Abend Seines Auferstehungstages den Jüngern gab, als Er zum zweiten Mal sagte: „Friede euch" (Joh 20,21). Dieser Friede, der auch der Friede des Christus und der Friede Gottes genannt wird (Kol 3,15; Phil 4,7), soll die Kinder Gottes auf ihrem ganzen Weg begleiten und erfüllen, damit sie frei von Angst und Sorgen leben, wandeln und von Ihm zeugen können.

Es ist schon öfter bemerkt worden, dass Paulus in seinen Briefen an die Versammlungen Gnade und Friede an den Anfang stellt, während er in den Briefen an Timotheus „*Barmherzigkeit*" hinzufügt (l. Tim 1,2; 2. Tim 1,2). Während die Versammlung auf der vollkommenen und unerschütterlichen Grundlage der Erlösung gesehen wird, benötigt der Einzelne Barmherzigkeit wegen seiner Schwachheit auf dem Glaubenspfad (vgl. Heb 4,14-16). Auch der Apostel Johannes wünscht gegen Ende des ersten Jahrhunderts einer auserwählten Frau und ihren Kindern „Gnade, Barmherzigkeit, Friede von Gott, dem Vater, und von dem Herrn Jesus Christus, dem Sohn des Vaters, in Wahrheit und Liebe" (2. Joh 3). Judas, der den kommenden Abfall der Christenheit beschreibt, ermahnt die Gläubigen, die Barmherzigkeit des Herrn Jesus Christus zum ewigen Leben – d. h. Seine Wiederkunft – zu erwarten, und er beginnt seinen kurzen Brief ebenfalls mit den Worten: „Barmherzigkeit und Friede und Liebe sei euch vermehrt" (Jud 2 und 21).

In Notzeiten brauchen wir die Barmherzigkeit Gottes ganz besonders. Als Mose in einer schwierigen Situation war, weil Israel sich von Gott abgewandt hatte, nannte Gott sich zum erstenmal: „HERR, HERR, Gott, barmherzig und gnädig, langsam zum Zorn und groß an Güte und Wahrheit" (2. Mo 34,6). Noch manches Mal finden wir danach diese Eigenschaft Gottes in der Heiligen Schrift. Barmherzigkeit entspringt einer inneren Bewegung des Gemüts. Sie mildert das Leiden, wie wir es besonders auch in der Geschichte von dem barmherzigen Samariter in Lukas 10 sehen. Das arme

Opfer des Überfalls ist zwar ein Bild des verlorenen Menschen, aber auch das Kind Gottes braucht Barmherzigkeit, so lange es auf Erden ist, besonders aber in Zeiten der Not und der Probleme, wie Timotheus sie vor sich sah. Welch ein herrlicher Gedanke ist es dann, dass unser Gott ein barmherziger und gnädiger Gott ist!

> Verse 3-4: *Ich danke Gott, dem ich von (meinen) Voreltern her mit reinem Gewissen diene, wie unablässig ich deiner gedenke in meinen Gebeten Nacht und Tag, voll Verlangen, dich zu sehen, indem ich eingedenk bin deiner Tränen, damit ich mit Freude erfüllt sein möge.*

Es ist keine leere Floskel, wenn Paulus seine Briefe mit Dank (Röm 1,8; 1. Kor 1,4; Phil 1,3; Kol 1,3;1.Thes 1,2; 2. Thes 1,3; Phlm 4) oder Preis (2. Kor 1,3; Eph 1,3) beginnt. Nur in drei Briefen fehlt dieser Ausdruck der Freude, weil Paulus aus bestimmten Gründen dort sofort zur Sache kommen musste (Galater-, 1. Timotheus- und Titusbrief). Der Grund für seine Dankbarkeit hier ist die nicht so selbstverständliche Tatsache, dass er unablässig in seinen Gebeten (eigentlich „Bitten") an seinen jungen Mitarbeiter denken konnte, und zwar Tag und Nacht. War sein Leben vor seiner Gefangennahme von rastloser Tätigkeit auf Reisen und im Dienst des Wortes gekennzeichnet, die „Nacht und Tag" andauerte, so war er in der Gefangenschaft keineswegs lahmgelegt. Jetzt betete und rang er in derselben Weise für alle Heiligen. Er war voll Verlangen, Timotheus wieder zu sehen[1]; noch zweimal erinnert er ihn in diesem Brief daran, so bald wie möglich zu

---

[1] W. Kelly verbindet in seiner Übersetzung die Worte „Tag und Nacht" mit „voll Verlangen", was ebenso möglich ist (An Exposition of the Two Epistles to Timothy, London, S. 185).

ihm nach Rom zu kommen (Kap 4,9.21). Dabei dachte er an die von Timotheus vergossenen Tränen. Wo und wann hatte dieser sie geweint? Aus dem Zusammenhang wird deutlich, dass es beim Abschied von seinem geliebten Lehrer war; denn die Freude, die Paulus erwähnt, bezieht sich ja auf das erhoffte Wiedersehen.

Zwischendurch macht Paulus nun die auf den ersten Blick erstaunliche Feststellung, dass er Gott von seinen Voreltern her mit reinem Gewissen diene. Es wäre verständlich, wenn er nur von seinem Leben nach seiner Bekehrung spräche, aber er bezieht hier sogar ausdrücklich seine Voreltern mit ein. Wir müssen hierbei beachten, dass dies nicht die göttliche Beurteilung seines Herzenszustandes oder desjenigen seiner Vorfahren ist, sondern sein eigenes Urteil, vom Standpunkt des Gewissens (vgl. Apg 23,1). Nach ihrer Kenntnis des Wortes Gottes hatten sie in Aufrichtigkeit gelebt. Paulus' Lebenswandel von Jugend auf war allen Juden bekannt (Apg 26,4). Er war als Pharisäer und Sohn von Pharisäern, der strengsten Sekte der jüdischen Religion, zu den Füßen Gamaliels nach der Strenge des väterlichen Gesetzes auferzogen und unterwiesen worden (Apg 22,3; 26,5). Er glaubte für Gott zu eifern, wenn er die Versammlung Gottes verfolgte. Aber vor Damaskus fiel das göttliche Licht, das ihn plötzlich umstrahlte, auch in sein Gewissen und zeigte ihm das Törichte und Böse seines bisherigen Weges. Das Gewissen ist also kein absoluter Maßstab! Es ist einer Waage vergleichbar, die geeicht werden muss durch die persönliche Kenntnis des Wortes Gottes und die Gemeinschaft mit Gott. Das so geübte Gewissen bewahrt uns in Aufrichtigkeit und Ehrlichkeit vor Gott. Paulus konnte auch von seinem Leben nach der Bekehrung sagen: „Darum übe ich mich auch, allezeit ein Gewissen ohne Anstoß zu haben vor Gott und den Menschen" (Apg 24,16).

Warum erwähnt Paulus nun in Vers 3 diese Tatsache, dass er, was sein Gewissen anbetraf, Gott von seinen Voreltern her aufrichtig gedient hatte? Er will damit auf eine Ähnlichkeit mit Timotheus hinweisen, auf die er in Vers 5 näher eingeht.

Vers 5: *Indem ich mich erinnere des ungeheuchelten Glaubens in dir, der zuerst wohnte in deiner Großmutter Lois und deiner Mutter Eunike, ich bin aber überzeugt, auch in dir.*

Es war für Paulus eine große Freude, wenn er an seinen jungen Bruder und Mitarbeiter Timotheus dachte. Aber wenn er sich an seine Zuneigung zu ihm erinnerte, wurden seine Gedanken auch auf die gläubigen Frauen gelenkt, die Timotheus erzogen hatten. Der ungeheuchelte Glaube, den er hier gefunden hatte, steht weit höher als das reine Gewissen in seiner eigenen Familie. Die Auswirkungen dieses Glaubens bei dem jungen Timotheus waren ihm schon bei seiner ersten Begegnung aufgefallen, und durch die Haltung der Mutter und der Großmutter war dieser Glaube gewiss gefördert worden. Es ist Gottes Wille, dass der Glaube nicht auf Einzelne beschränkt bleibt, sondern sich in der Familie ausbreitet, besonders wenn es sich um die Kinder handelt. Zwar muss jeder persönlich den Heiland finden, aber durch den Glauben der Eltern wird ein geistliches „Klima" in der Familie geschaffen, das die Kinder vor vielem Bösen bewahrt und den Weg zu Gott zubereitet (vgl. Apg 16,31: „du und dein Haus"; 1. Kor 7,14). Dabei ist der Einfluss des regelmäßigen gemeinsamen Lesens des Wortes Gottes außerordentlich wichtig (vgl. Kap 3,15).

Dass es hier nicht wie bei Paulus (V. 3) um das Judentum geht, sieht man schon daran, dass der Vater des Timotheus, der hier nicht erwähnt wird, ein Grieche war. Die Gesetze der Juden waren also in dieser Familie missachtet worden. Timotheus war daher vom jüdischen Standpunkt aus gesehen unrein wie seine Mutter (vgl. Es 9,2; 10,3; Neh 13,23-31) und von den jüdischen Vorrechten ausgeschlossen. Er war darum als Kind auch nicht beschnitten worden. Dass Paulus ihn beschnitt, war ebenfalls nicht nach dem Gesetz, es sei denn, Timotheus hätte ein Proselyt werden wollen; aber wie wir wissen, war der Grund ein anderer, denn Paulus hatte längst erkannt, dass das Zeitalter des Gesetzes vorbei war.

Somit gingen die Gedanken des Paulus hier nicht weiter zurück als bis zu dem Augenblick, da diese Familie zum Glauben kam. Mit besonderem Nachdruck fügt er jedoch hinzu: „Ich bin aber überzeugt, auch in dir." Angesichts des geistlichen Rückgangs so vieler Gläubiger (siehe Vers 15) tritt der Glaube des Timotheus besonders hervor. Dieser Beweis wahren göttlichen Lebens lässt die persönlichen Gefühle des Apostels nicht kalt. Das ist nichts Verwerfliches, im Gegenteil, es ist die Grundlage des persönlichen Vertrauens, das Paulus zu Timotheus hatte. Gleichzeitig gründet sich auch die Ermahnung des nächsten Verses auf dieses innige, wahrhaft christliche Verhältnis, das zwischen diesen beiden Männern bestand.

> Vers 6: *Aus diesem Grund erinnere ich dich daran, die Gnadengabe Gottes anzufachen, die in dir ist durch das Auflegen meiner Hände.*

Die einleitenden Worte „um welcher Ursache willen" geben uns die Erklärung, warum Paulus Timotheus an seinen ungeheuchelten Glauben und sein eigenes Vertrauen zu diesem erinnert hatte. Er wollte ihm eine ernste und für die Erfüllung seiner Aufgaben wichtige Ermahnung geben, die er durch das recht milde klingende Wort „erinnern" zum Ausdruck bringt. Aus dem ersten Brief an Timotheus wissen wir, dass bereits vor längerer Zeit Weissagungen über ihn ausgesprochen worden waren. „Dieses Gebot vertraue ich dir an, mein Kind Timotheus, gemäß den vorher über dich ergangenen Weissagungen, damit du durch diese den guten Kampf kämpfst" (l. Tim 1,18). Wenn die Brüder in Lystra und Ikonium, von denen Timotheus ja ein gutes Zeugnis besaß, über ihn gesprochen hatten, dann mochte sicherlich der eine oder andere, durch den Heiligen Geist geleitet, gesagt haben: Timotheus wird einmal ein guter und treuer Diener Christi werden! – So wurde auch den Propheten und Lehrern in Antiochien durch den Geist deutlich gemacht, dass Er Paulus und Barnabas zu einer neuen, besonderen Aufgabe berufen hatte, die über ihren bisherigen Wirkungskreis hinausging (Apg 13).

In 1. Timotheus 4,14 lesen wir weiter: „Vernachlässige nicht die Gnadengabe in dir, die dir gegeben worden ist durch Weissagung mit Auflegen der Hände der Ältestenschaft." Zu der Voraussage durch Weissagung kam also noch das Auflegen der Hände seitens der Ältesten. Das Wörtchen „mit" zeigt, dass dies Händeauflegen eine zusätzliche begleitende Handlung war. Dadurch brachten die Ältesten ihre Gemeinschaft mit diesem noch jungen Diener des Herrn zum Ausdruck. Nicht durch diese Handauflegung erhielt Timotheus also die Gnadengabe, denn es war eine „Gnadengabe Gottes". Aber sie wurde dadurch anerkannt. Ebenso legten die bereits erwähnten drei Brüder Barnabas und Saulus die Hände auf, um sie der Gnade Gottes anzubefehlen. Timotheus selbst wird davor gewarnt, jemand die Hände vorschnell aufzulegen und dadurch womöglich an fremden Sünden teilzuhaben (l. Tim 5, 22).

Jetzt erfahren wir, dass auch Paulus ihm die Hände aufgelegt hatte. Er war in diesem Fall – dem einzigen, der uns im NT beschrieben wird – das Instrument (vgl. hier das Wort

„durch"), das von dem Herrn dazu bestimmt wurde, Timotheus eine Gnadengabe mitzuteilen.

Jede Gnadengabe, die zur Ausbreitung und Aufrechterhaltung des christlichen Zeugnisses dient, ist göttlichen Ursprungs und wird von dem verherrlichten Herrn gegeben. „Hinaufgestiegen in die Höhe, hat er die Gefangenschaft gefangen geführt und den Menschen Gaben gegeben ... Und er hat die einen gegeben als Apostel und andere als Propheten, und andere als Evangelisten und andere als Hirten und Lehrer, zur Vollendung der Heiligen, für das Werk des Dienstes, für die Auferbauung des Leibes Christi ..." (Eph 4,8.11-12). Der Heilige Geist ist die Kraft, in der jede Gnadengabe zur Verherrlichung Christi und Gottes ausgeübt werden soll. „Es sind aber Verschiedenheiten von Gnadengaben, aber derselbe Geist ... Alles dies aber wirkt ein und derselbe Geist, einem jeden insbesondere austeilend, wie er will" (l. Kor 12,4.11). Solange die Versammlung Gottes auf Erden ist, wird so der Dienst durch die vom Herrn gegebenen Gaben unter der Leitung des Heiligen Geistes ausgeübt werden können, „bis wir alle hingelangen zu der Einheit des Glaubens und der Erkenntnis des Sohnes Gottes" (Eph 4,13).

Bedingt durch mangelndes Verständnis der Gedanken Gottes und menschlichen Eigenwillen hat der größte Teil der Christenheit seit langem die Autorität Gottes und die Leitung des Geistes durch Organisation in Form von Berufung und Bestallung der „Geistlichen" ersetzt. Dafür gibt jedoch weder dieser Vers noch irgendein anderer im NT die geringste Handhabe. Es gibt zwar auch eine neutestamentliche Wahl oder Ernennung, aber sie gilt nur für Aufseher und Diener (Diakone), deren Aufgaben ganz andere waren als die der Gnadengaben. Im Gegensatz zu diesen war ihr Wirkungskreis örtlich begrenzt, und sie wurden von den Aposteln oder deren Beauftragten gewählt. Diese Autorität ist heute jedoch nicht mehr vorhanden. Paulus sagt bei seinem Abschied zu den Aufsehern von Ephesus: „Und nun befehle ich euch Gott und dem Wort Seiner Gnade" (Apg 20,32), und erwähnt mit keinem Wort irgendeine Nachfolgeregelung für Aufseher (Älteste) oder Diener.

Von keiner Person im NT haben wir so viele bemerkenswerte Beweise ihres Dienstes wie von Timotheus. Offensichtlich war es notwendig, dass Paulus ihn immer wieder darauf ansprach. Auch hier wollte er ihn durch die Erinnerung an die Kraft und Realität seiner Gabe dazu ermuntern, diese anzufachen. Das griechische Wort *anazopyreo* bedeutet eigentlich „ein Feuer wieder anfachen, entflammen". Timotheus sollte seine Gabe, die wohl die eines Evangelisten war (vgl. Kap 4,5), nicht dadurch vernachlässigen, dass er sie nicht ausübte (vgl. 1. Tim 4,14), sondern sie im Gegenteil durch ständigen Gebrauch aktivieren.

Wenn alles gut geht, wenn der Sieg des Evangeliums sogar von der Welt gesehen wird, wenn Seelen errettet werden, dann fällt die Arbeit leicht, auch wenn es hier und da Schwierigkeiten gibt. Aber wenn sich sogar die Christen von dem Diener des Wortes abwenden, wenn es Satan gelingt, das Zeugnis zu schwächen, dann ist es nicht so einfach, den Mut zu behalten und mit Kraft und Energie die Arbeit für den Herrn fortzusetzen.

Für Timotheus lag zudem eine besondere Gefahr in seiner natürlichen Furchtsamkeit, die dazu führte, dass er sich zu sehr zurückhielt. Ein Diener, der sich der Tatsache bewusst ist, dass seine Gabe von Christus kommt und nicht sein eigenes Verdienst ist, wird wirkliche Demut an den Tag legen. Aber die Demut des Timotheus führte zur Vernachlässigung seiner Gabe, und das entsprach nicht den Gedanken Gottes. Er musste daher lernen, Kraft und Mut nicht von den Gesichtern seiner Zuhörer oder aus ihren Reaktionen zu schöpfen, sondern aus der stetigen verborgenen Gemeinschaft mit dem Herrn.

> Vers 7: *Denn Gott hat uns nicht einen Geist (der) Furchtsamkeit gegeben, sondern (der) Kraft und (der) Liebe und (der) Besonnenheit.*

Paulus unterstreicht nun seine Ermahnung, die Gnadengabe Gottes anzufachen, durch die Erinnerung an drei wichtige Dinge. Timotheus neigte dazu, einen Geist der Furchtsamkeit zu offenbaren (griech. *deilia:* Furchtsamkeit, Feigheit); das konnte dazu führen, dass er ängstlich zurückschreckte und zögerte, wo es galt, Entschiedenheit, Mut und Ausharren zu zeigen. Wenn es um die Verteidigung der Wahrheit des Evangeliums geht, muss der Diener Christi stark und mutig sein und für die Ehre seines Herrn einstehen. Deshalb musste es Timotheus gesagt werden, dass Gott uns – das gilt für jedes Kind Gottes, nicht nur für Paulus – nicht einen Geist der Furchtsamkeit gegeben hat, sondern der Kraft, der Liebe und der Besonnenheit. Damit ist nicht der Heilige Geist gemeint, sondern die Geisteshaltung des Gläubigen, die durch die Gegenwart des Heiligen Geistes bewirkt wird. Ähnlich ist der Geist der Sohnschaft (Röm 8,15), der den Gläubigen kennzeichnende Zustand, während der „Geist seines Sohnes" (Gal 4,6) der Heilige Geist ist.

Das erste Kennzeichen ist *Kraft*. Wenn Gott eine Gnadengabe verleiht, dann gibt Er gleichzeitig auch die Kraft, sie auszuüben. Die Gabe bleibt, auch wenn der Diener gleichgültig oder untreu geworden ist. Aber kann er sie in einem solchen Zustand mit Kraft und Autorität ausüben? Das ist nur möglich, wenn er in enger Gemeinschaft mit Gott wandelt und sich der Tatsache bewusst ist, dass in seiner eigenen Person keine Kraft liegt. „Wenn ich schwach bin, dann bin ich stark."

Aber durch Kraft allein wird keine Seele zu Christus gezogen; die *Liebe* zieht sie! Allein die Liebe bringt auch den Diener dazu, sich in Selbstverleugnung zum Segen für andere zu verwenden. Im ersten Brief an die Korinther verwendet der Heilige Geist ein ganzes Kapitel darauf, um auf die Unerlässlichkeit und Wichtigkeit der Liebe im Dienst hinzuweisen. In Kapitel 12 spricht Er von geistlichen Offenbarungen, Wunderkräften, Gnadengaben der Heilungen, Arten von Sprachen usw., das heißt von Beweisen der Macht und *Kraft* Gottes in den Gläubigen. Aber in Kapitel 13 spricht Er von der *Liebe*, ohne die der Diener ein tönendes Erz und eine schallende Zimbel ist – Gottes Wort sagt sogar, dass er *nichts* ist!

Schließlich sollte Timotheus sich daran erinnern, dass der Heilige Geist in uns auch *Besonnenheit* bewirkt. Damit ist die Selbstbeherrschung, der gesunde Sinn, gemeint. Auch die Besonnenheit finden wir im ersten Korintherbrief, und zwar in Kapitel 14. Sie bewirkt, dass wir „erwachsen am Verstand" werden (V. 20), sie verhindert, dass die Kinder Gottes von der Welt als „von Sinnen" bezeichnet werden (V. 23), sie lässt die Geister der Propheten den Propheten untertan sein (V. 32), und schließlich wird dadurch der Dienst von Frauen in den Zusammenkünften verhindert (V. 35). Im Titusbrief ist die Besonnenheit eines der drei Dinge, wozu die Gnade Gottes uns unterweist (Tit 2,12). Wenn der Diener sich von Gottes Geist leiten lässt, wird diese gottgewirkte Besonnenheit sich in seinem Handeln offenbaren.

Vers 8: *(So) schäme dich nun nicht des Zeugnisses unseres Herrn, noch meiner, seines Gefangenen, sondern leide Trübsal mit dem Evangelium, nach (der) Kraft Gottes.*

In diesem Brief werden verschiedene wichtige Themen dargestellt:

1. das Böse im Haus Gottes in der letzten Zeit,
2. die Hilfsmittel für die Treuen,
3. die persönlichen Erfahrungen des Apostels,
4. die Ermahnungen, wie Timotheus sich zu verhalten habe.

Dieser Vers steht mit dem letzten Punkt in Verbindung. Wer nicht verstehen kann, warum Timotheus in Gefahr stand, sich zu schämen, besitzt wenig oder keine Selbsterkenntnis. In einer Zeit reichen Segens neigt das Kind Gottes weniger dazu, sich zu schämen. Anders ist es jedoch, wenn wenig Frucht sichtbar ist und die Liebe der Vielen erkaltet. Dann steigt die Gefahr, sich des Zeugnisses unseres Herrn zu schämen. Nur der Glaube, der sich auf Ihn stützt, kann dann das Herz brennend erhalten. Dann wird auch Seine Schmach für uns etwas Herrliches, denn sie verbindet uns mit dem auf Erden verworfenen, aber zur Rechten Gottes erhöhten und verherrlichten Herrn Jesus.

Dies Zeugnis ist die dem Menschen anvertraute Botschaft des Heils in Christus. „Gott ist einer, und einer Mittler zwischen Gott und Menschen, der Mensch Christus Jesus, der sich selbst gab zum Lösegeld für alle, wovon das *Zeugnis* zu Seiner Zeit verkündigt werden sollte, wozu ich bestellt worden bin als Herold und Apostel (ich sage die Wahrheit, ich lüge nicht), ein Lehrer der Nationen, in Glauben und Wahrheit" (l. Tim 2,5-7). Paulus war dieses Zeugnis also in erster Linie anvertraut worden. Er identifiziert sich daher auch völlig mit diesem Zeugnis: „noch meiner, seines Gefangenen". Manche bekennen, die Wahrheit festzuhalten und zu lieben, obwohl sie sich von solchen, die dieses Zeugnis freimütig verkündigen, fernhalten. Wie wir hier sehen, entspricht das aber nicht den Gedanken Gottes. Wenn Timotheus sich des gefangenen Paulus geschämt hätte, so wäre das in Gottes Augen ebenso abscheulich gewesen, als hätte er sich des Zeugnisses geschämt. Um es noch eindeutiger auszudrücken: Wer sich des Paulus schämte, der ja um des Evangeliums willen ins Gefängnis gekommen war, schämte sich des Zeugnisses unseres Herrn! Im Römerbrief sagt Paulus: „Ich schäme mich des Evangeliums nicht, denn es ist Gottes Kraft, zum Heil jedem Glaubenden" (Röm 1,16). Auch in diesem Brief stellt er sich Timotheus als Beispiel hin: „Aber ich schäme mich nicht, denn ich weiß, wem ich geglaubt habe" (V. 12). In Vers 16 erwähnt er Onesiphorus, der ihn im Gefängnis besucht und sich seiner Kette nicht geschämt hatte, und noch einmal ermahnt er Timotheus in Kapitel 2,15, seine Arbeit so zu tun, dass er sich nicht zu schämen brauchte.

Nach der Warnung vor Furchtsamkeit (V. 7) und Scham folgt nun noch eine Aufforderung, Trübsal mit dem Evangelium zu leiden, d.h. sich auch den damit verbundenen Konsequenzen nicht zu entziehen. Diese Ermahnung wird in ähnlicher Form insgesamt dreimal in diesem Brief ausgesprochen (vgl. Kap 2,3; 4,5). An dieser Stelle wird dabei auf die schon erwähnte Kraft Gottes als eine mächtige Stütze hingewiesen. Diese Kraft sollte ihn in allen Leiden stärken und aufrechterhalten. Die gleichbleibende, immer verfügbare göttliche Kraft kann im Kampf des Evangeliums nicht durch menschliche Energie und Durchhalteparolen ersetzt werden.

Leider neigen auch Kinder Gottes dazu, nach dem äußeren Erfolg zu urteilen. Aber die Kraft Gottes erweist sich nicht immer in äußerlich sichtbaren Erfolgen. Wo war der Erfolg eines Paulus, der in Rom im Gefängnis lag, während diejenigen, die er einst zum Herrn geführt hatte, sich von ihm abgewandt hatten? Waren seine Belehrungen erfolgreich, wenn das Haus Gottes äußerlich schon damals in

Trümmern lag? Hier zeigte sich die Kraft Gottes nicht in menschlichen Erfolgen. Sie erweist sich jedoch in der Treue im Blick auf das, was Er uns anvertraut hat, und in Geduld und Ausharren. Einmal wird der Tag kommen, an dem wir sehen werden, dass jedes Werk Gottes erfolgreich war!

> Verse 9-10: *Der uns errettet hat und berufen mit heiligem Ruf, nicht nach unseren Werken, sondern nach (seinem) eigenen Vorsatz und (der) Gnade, die uns in Christus Jesus vor ewigen Zeiten gegeben, jetzt aber offenbart worden ist durch die Erscheinung unseres Heilandes Jesus Christus, der den Tod zunichte gemacht, aber Leben und Unverweslichkeit ans Licht gebracht hat durch das Evangelium.*

Timotheus selbst hatte keine Kraft, daher der Hinweis des Apostels auf die Kraft Gottes in Vers 8. Die überschwängliche Größe der Kraft Gottes kommt im Evangelium zum Ausdruck, von dem Paulus an die Römer schrieb: „Es ist Gottes Kraft zum Heil jedem Glaubenden." Dieses Evangelium wird nun in den nächsten beiden Versen beschrieben, die als eine Art Einschaltung den Mittel- und Höhepunkt dieses Kapitels bilden (ähnliche „Höhepunkte" finden wir in Kap 2,19-22; 3,16-17; 4,7-8).

Das große Thema des Evangeliums ist die Errettung verlorener Menschen. Deshalb stehen am Anfang die Worte: „Der uns errettet hat." Der Mensch steht nicht nur fern von Gott, sondern er befindet sich auch in der Gewalt der Finsternis (Kol 1,13), und inmitten einer Gott feindlich gegenüberstehenden Welt, die Paulus ein verdrehtes und verkehrtes Geschlecht nennt (Phil 2,15).

Aber Gott ist ein Heiland-Gott, der will, dass alle Menschen errettet werden. Triebfeder und Maßstab Seines Handelns war Seine *Gnade* (Eph 2,5.8) und Seine *Barmherzigkeit*

(Tit 3,5). Der Glaube an den Herrn Jesus ist der einzige Weg, auf dem ein Sünder errettet werden kann (Eph 2,8; Apg 16,31). Diese Errettung (oder: Heil, Seligkeit; im Griechischen steht für die drei Worte immer dasselbe Wort *soteria*), das Resultat des Werkes Christi auf Golgatha, zeigt uns, dass wir nicht nur Vergebung der Sünden und Befreiung von ewiger Strafe empfangen haben, sondern dass sich auch unsere Lage und Stellung schon hier auf der Erde völlig verändert hat. Sehr schön kommt dies in den Worten des Zacharias zum Ausdruck (obwohl er natürlich das Ausmaß der Errettung durch das Werk Christi noch nicht kennen konnte): „... dass wir, gerettet aus der Hand unserer Feinde, ohne Furcht ihm dienen sollen in Frömmigkeit und Gerechtigkeit vor ihm alle unsere Tage" (Lk 1,74).

Diese Errettung wird uns im NT in dreierlei Hinsicht vorgestellt:
1. die Errettung der Seele, die der Gläubige jetzt schon besitzt (vgl. Eph 2,5; 1. Pet 1,9);
2. die tägliche Errettung vor den Gefahren auf dem Weg durch die Welt (Röm 5,10; Heb 7,25);
3. die Errettung am Ende des Glaubensweges, wenn der Herr als Heiland (griech. *soter*) kommt und der Gläubige nach Leib, Seele und Geist an dieser Errettung teilhaben wird (Röm 13,11; Phil 3,21; 1. Pet 1,5).

Wenn also die Errettung als ein gegenwärtiger Besitz betrachtet wird, dann ist damit immer die Errettung der Seele gemeint. So auch hier.

Gott hat uns auch „berufen mit heiligem Ruf". Das Wort für „Ruf" (griech. *klesis*) wird sonst meistens mit „Berufung" übersetzt. Es ist die „Berufung Gottes nach oben" (Phil 3,14), die „himmlische Berufung" (Heb 3,1). Hier liegt der Nachdruck auf dem Wort „heilig". So schreibt Petrus in seinem ersten Brief: „Wie der, der euch berufen hat, heilig ist, seid auch ihr heilig in allem Wandel" (Kap 1,15). „Heilig" und „heiligen" bedeutet überall in Gottes Wort, dass Er eine Sache oder Person für sich beiseite setzt, damit sie nur für Ihn da ist. Schon das erste Vorkommen des Wortes „heiligen" in 1. Mose 2,3 macht diese Absonderung für Gott ganz deutlich: „Und Gott segnete den siebenten Tag und heiligte ihn; denn an demselben ruhte er von all seinem Werk, das Gott geschaffen hatte, indem er es machte." Nun sah die Praxis vieler, die sich Christen nannten, nicht gut aus. Deshalb verbindet der Apostel die Errettung mit Gottes heiligem Ruf, denn Seine Gedanken und Anforderungen können sich nicht einem niedrigen geistlichen Niveau anpassen. Er wird sie im Gegenteil gerade dann besonders herausstellen.

Errettung und Berufung gründen sich nicht auf etwas, das im Menschen zu finden ist, sie erfolgen daher „nicht nach unseren Werken". In Römer 3,20 heißt es, dass auf der Grundlage von Gesetzeswerken niemand vor Gott gerechtfertigt wird (vgl. Gal 2,16). In Epheser 2,9 lesen wir, dass wir nicht aus Werken errettet sind, damit niemand sich rühme, und schließlich in Titus 3,5 ein Zeugnis, das unserem Vers ähnelt: „... nicht aus Werken, die in Gerechtigkeit vollbracht, wir getan hatten, sondern nach seiner Barmherzigkeit." Gottes Wort bezeugt somit überdeutlich, dass die Errettung niemals eine Belohnung für menschliche Werke sein kann, seien es nun Werke, die aus Gehorsam gegenüber dem Gesetz vom Sinai („Die zehn Gebote") getan wurden, oder sonstige gute Werke. Der nicht wiedergeborene Mensch kann vor Gott überhaupt kein gutes Werk hervorbringen, denn „alles Gebilde der Gedanken seines Herzens (ist) nur böse den ganzen Tag" (l. Mo 6,5; vgl. Röm 1-3). Er fragt nicht nach dem Willen und der Autorität Gottes, daher ist sein Tun Gesetzlosigkeit und somit Sünde (l. Joh 3,4). Die erste gute Tat, die der Sünder tun kann, ist, anzuerkennen, dass sein ganzes bisheriges Tun und Lassen sündig war, und wie der Zöllner zu sagen: „O Gott, sei mir, dem Sünder, gnädig!" Jetzt kann und wird Gott, der ja will, dass alle Menschen errettet werden, antworten: Für solche Menschen hat mein Sohn das Erlösungswerk am Kreuz auf Golgatha vollbracht! – Die gute Botschaft für solch einen verlorenen Menschen lautet: „Glaube an den Herrn Jesus, und du wirst errettet werden." Außer Buße und Glauben kann der Mensch nichts zu seiner Errettung beitragen.

Wer nun im Glauben zu dem Werk Christi Zuflucht genommen hat, sieht nicht nur, dass er vollkommen errettet ist, sondern auch, dass hinter dieser Errettung der Vorsatz Gottes steht. Diesen Vorsatz fasste Gott jedoch nicht erst, als die Sünde auftrat, sondern weit eher. Israel, das irdische Volk Gottes, wurde von Ihm in der Zeit berufen, aber in Bezug auf die Christen hat Gott Seinen Vorsatz bereits in der Ewigkeit vor aller Zeit gefasst. Der Vorsatz Gottes geht Seinem Ratschluss, d.h. dem eigentlichen Plan, voraus und ist verbunden mit Seiner unendlichen, unergründlichen Liebe. Lässt der Vorsatz uns die Absicht Gottes erkennen, so zeigt die Gnade uns die Triebfeder Seines Tuns. Diese Gnade nun ist uns in Christus Jesus vor ewigen Zeiten gegeben worden.

Der Ausdruck „ewige Zeiten" kommt auch in Römer 16,25 und Titus 1,2 vor. Er scheint auf den ersten Blick einen Widerspruch zu enthalten, da das Substantiv „Zeit" (griech. *chronos*) eine Endlichkeit, das Adjektiv „ewig" (griech. *aionios*) hingegen normalerweise eine Unendlichkeit ausdrückt, wie z.B. „ewiges Leben", „ewiges Verderben". Das Wort für „ewig" ist eine Ableitung von *aion*, das im NT mit „Ewigkeit" (z. B. Joh 4,14), „Zeitalter" (z.B. Mt 12,32), aber auch mit „Zeitlauf, Welt" (z.B. Gal 1,4; 2. Kor 4,4) übersetzt wird. Ewigkeit ist eine unbestimmte, weil unendliche Dauer;

Zeitalter eine unbestimmte, aber endliche Dauer; bei dem Wort Zeitlauf denken wir jedoch an die sittlichen oder geistlichen Kennzeichen einer Epoche, die Anfang und Ende hat. Ein Vergleich mit den beiden anderen Stellen zeigt, dass hier die verschiedenen Zeitalter oder Haushaltungen gemeint sind, in denen Gott die Menschen prüfte, aber nur, damit sich erwiese, dass sie wegen ihrer Sünden die Herrlichkeit Gottes nicht erreichen konnten. Die Gnade, die dann durch die Erscheinung unseres Heilandes Jesus Christus offenbart wurde, war jedoch nicht durch den Eintritt der Sünde in die Schöpfung veranlasst, sondern bereits vor ewigen Zeiten den Glaubenden in Christus Jesus gegeben worden (nicht tatsächlich, denn die Schöpfung existierte ja noch nicht, sondern als göttlicher Beschluss). So fand auch die Auserwählung vor Grundlegung der Welt statt (Eph 1,4), so wurde das Lamm ohne Fehl und ohne Flecken zuvorerkannt vor Grundlegung der Welt (1. Pet 1,20), und so wurde auch das ewige Leben vor ewigen Zeiten verheißen (Tit 1,2). Wir haben hier eine der wenigen Stellen im NT, wo wir durch den Vorhang der Zeit hindurch einen Blick in die ferne Ewigkeit tun dürfen, in der der ewige Gott sich bereits mit uns beschäftigte!

Normalerweise ist mit „Erscheinung" das zweite Kommen unseres Herrn auf die Erde gemeint, wenn Er mit den Gläubigen, die zuvor in Wolken Ihm entgegengekommen und in das Vaterhaus entrückt worden sind, mit Macht und großer Herrlichkeit wiederkommen wird, um die Herrschaft im tausendjährigen Friedensreich anzutreten (vgl. 2. Thes 2,8; 1. Tim 6,14; 2. Tim 4,1.8; Tit 2,13). Hier ist die „Erscheinung unseres Heilandes Jesus Christus" jedoch Sein erstes Kommen vor nahezu 2000 Jahren. Obwohl zur Zeit der Abfassung des Briefes bereits mehr als ein halbes Jahrhundert seit dieser Erscheinung vergangen ist, schreibt Paulus „jetzt aber", weil er dabei an die unendlichen Fernen der Ewigkeit denkt, in denen Gott Seinen Vorsatz gefasst hat.

Tod und Verweslichkeit waren die Beweise der Sünde und des Gerichtes Gottes. Er hatte zu Adam gesagt: „Von jedem Baum des Gartens darfst du nach Belieben essen; aber von dem Baum der Erkenntnis des Guten und Bösen, davon sollst du nicht essen; denn welches Tages du davon isst, wirst du gewisslich sterben" (l. Mo 2,17). Der Mensch übertrat jedoch das einzige Gebot, das Gott ihm auferlegt hatte, und von diesem Augenblick an war der Tod, der Lohn der Sünde, das Los aller Menschen (Röm 5,12; 6,23). Schreckliche Tatsache, dass Gottes Geschöpfe, die in Seinem Bild und nach Seinem Gleichnis geschaffen sind, durch die Sünde dem Tod und dem Gericht unterliegen! Das Gesetz konnte die Menschen davon nicht befreien. Zwar war es zum Leben gegeben, aber es erwies nur ihre Unfähigkeit, diesen göttlichen Forderungen zu entsprechen, und führte deshalb zur Verdammnis und zum Tod (3. Mo 18,5; Röm 7,10-13; 2. Kor 3,7).

Aber dann erschien unser Heiland (oder: Erretter, griech. *soter*) Jesus Christus. „In ihm war Leben, und das Leben war das Licht der Menschen" (Joh 1,4). Als Gottes Sohn von Ewigkeit war er selbstverständlich erhaben über den Tod, aber da Er der einzige vollkommen sündlose Mensch war (2. Kor 5,21; 1. Pet 2,22; 1. Joh 3,5), galt für Ihn das Gesetz nicht: „Der Lohn der Sünde ist der Tod" (Röm 6,23). Und nun ging gerade Er *freiwillig* in den Tod! Er nahm den Lohn der Sünde auf sich, um den zu vernichten, der durch den Tod seine Herrschaft über die Menschen ausübte und sie ihr ganzes Leben lang zittern ließ in der Erwartung des schrecklichen Augenblicks der Offenbarung des gerechten Gerichtes Gottes und der Unfähigkeit des Menschen, den Folgen der Sünde zu entfliehen. So starb der Herr Jesus am Kreuz, „damit er durch den Tod den zunichte machte (es ist dasselbe Wort wie in 2. Tim 1,10), der die Macht des Todes hat, das ist den Teufel, und alle die befreite, die durch Todesfurcht das ganze Leben hindurch der Knechtschaft unterworfen waren" (Heb 2,14-15). Als Christus aus den Toten auferstand, war erwiesen, dass Er den Sieg über den Tod davongetragen hatte. „Hinaufgestiegen in die Höhe, hat er die Gefangenschaft gefangen geführt" (Eph 4,8). Aber Er bleibt nicht allein! Er hatte ja selbst gesagt: „Wenn das Weizenkorn nicht in die Erde fällt und stirbt, bleibt es allein; wenn es aber stirbt, bringt es viel Frucht" (Joh 12,24). Adam wurde durch den Sündenfall der Anführer einer sündigen und todgeweihten Menschheit, aber Christus wurde durch Seine Erlösungstat das Haupt einer neuen Gemeinschaft von Menschen, die durch den Glauben an Ihn ewiges Leben empfangen. „Wie die Sünde geherrscht hat im Tode, so auch die Gnade herrsche durch Gerechtigkeit zum ewigen Leben durch Jesus Christus, unseren Herrn" (vgl. Röm 5,12-21; 1. Kor 15,21-22; 45-50).

Der Tod wurde noch nicht abgeschafft, sondern zunichte, d.h. für den Gläubigen unwirksam gemacht. Erst wenn der neue Himmel und die neue Erde kommen, wird auch der Tod nicht mehr sein (Off 21,4). Auch die Verweslichkeit des Leibes, die Folge des Todes, ist hierin eingeschlossen. „Denn dieses Verwesliche muss Unverweslichkeit anziehen, und dieses Sterbliche Unsterblichkeit anziehen. Wenn aber dieses Verwesliche Unverweslichkeit anziehen und dieses Sterbliche Unsterblichkeit anziehen wird, dann wird das Wort erfüllt werden, das geschrieben steht: Wo ist, o Tod, dein Sieg? Wo ist, o Tod, dein Stachel? Der Stachel des Todes aber ist die Sünde, die Kraft der Sünde aber das Gesetz. Gott aber sei Dank, der uns den Sieg gibt durch unseren Herrn Jesus Christus!" (l. Kor 15,53-57).

Dies alles wurde durch das Evangelium ans Licht gebracht. Es ist wirklich eine „gute Botschaft", die weit mehr umfasst als Sündenvergebung.

„Dieser Ratschluss Gottes wurde in Christus gefasst und gebildet, ehe die Welt existierte. Er hat seinen Platz in den Wegen Gottes außerhalb der Welt, in Verbindung mit der Person Seines Sohnes, und sein Ziel ist die Offenbarung eines mit Ihm in Herrlichkeit verbundenen Volkes. Es ist somit eine Gnade, die uns in Ihm gegeben wurde, ehe die Welt war. Dieser Vorsatz war zunächst in den Ratschlüssen Gottes verborgen und wurde offenbart durch die Erscheinung Dessen, in dem er seine Erfüllung fand. Dabei handelt es sich nicht bloß um Segnungen und Handlungen Gottes zugunsten der Menschen, nein, es war *Leben*, ewiges Leben für die Seele und Unverweslichkeit für den Leib. So war Paulus Apostel nach Verheißung des Lebens (V. 1). Dieser Vorsatz wurde in Bezug auf uns jedoch nicht erfüllt, als Christus auf Erden lebte, obwohl in Ihm Leben war. Die göttliche Kraft dieses Lebens musste sich erweisen, und zwar in der Zerstörung der Macht des Todes, der durch die Sünde eingetreten war, und wodurch Satan über die Sünder herrschte. Daher hat Christus durch Seine Auferstehung den Tod zunichte gemacht und durch das Evangelium Leben und Unverweslichkeit ans Licht gebracht, d.h. das ewige Leben, das Seele und Leib aus dem Bereich des Todes und seiner Macht entrückt. Die frohe Botschaft über dieses Werk, die Paulus verkündigte, richtet sich an alle Menschen. Sie gründet sich auf die ewigen Ratschlüsse Gottes, ist verankert in der Person Christi, der das dazu erforderliche Werk vollbrachte, und besitzt einen Charakter, der nichts mit dem Judentum und der Regierung Gottes über die Erde zu tun hat. Diese Botschaft ist die Offenbarung der ewigen Ratschlüsse und der Macht Gottes und hat mit Menschen zu tun, die unter der Macht des Todes liegen, aber auch mit der Erringung eines Sieges, der die Menschen außerhalb dieses Machtbereiches in einen völlig neuen Zustand versetzt, der auf Gottes Macht und Ratschlüssen beruht. Deshalb richtet sie sich an alle Menschen, ohne Unterschied, ob Juden oder Heiden" (J. N. Darby, Synopsis).

> Vers 11: *Zu dem ich bestellt worden bin als Herold und Apostel und Lehrer der Nationen.*

Paulus war der Herold oder Verkündiger dieser guten Botschaft. Das Wort, das er auch in 1. Timotheus 2,7 verwendet (griech. *keryx*; sonst nur noch in 2. Pet 2,5), bezeichnete damals den kaiserlichen Herold, den öffentlichen Diener der obersten Gewalt im Krieg. Der Herold war der Ausrufer von Staatsbotschaften, Kriegserklärungen usw. Im NT ist es derjenige, der von Gott im Dienst der Heilsverkündigung verwendet wird. Die Vollmacht des *Herolds* liegt in seiner *Botschaft*, die des *Apostels* in der *Autorität* des Herrn, der ihn sendet. Als *Lehrer* hatte Paulus eine *Gnadengabe* empfangen (vgl. Apg 13,1). Die Verkündigungs- und Lehrtätigkeit des Paulus war von Anfang an nicht wie die der Zwölf auf Israel beschränkt. Schon zu Ananias sagte der Herr, dass Paulus Ihm ein auserwähltes Gefäß war, das Seinen Namen auch zu den Nationen tragen sollte (Apg 9,15; 26,7). So war Paulus zugleich Apostel und Lehrer der Nationen (vgl. Röm 11,13; Gal 2,7-8). Daran änderte auch seine jetzige Gefangenschaft nichts. Er erfüllte seine Aufgaben bis zum Schluss, bis er sagen konnte: „Ich habe den guten Kampf gekämpft, ich habe den Lauf vollendet, ich habe den Glauben bewahrt" (Kap 4,7).

In einigen Handschriften fehlt das Wort „Nationen". Möglicherweise ist es aus der ähnlich lautenden Stelle in

1. Timotheus 2,7 übernommen worden, denn es gibt keinen plausiblen Grund für die Fortlassung dieses Wortes, wenn es ursprünglich dagestanden haben sollte.

> Vers 12: *Aus diesem Grund leide ich dies auch; aber ich schäme mich nicht, denn ich weiß, wem ich geglaubt habe, und bin überzeugt, dass er mächtig ist, das (ihm) von mir anvertraute (Gut) auf jenen Tag zu bewahren.*

Im Gefängnis litt Paulus für den Namen seines Herrn (s. V. 8). Im Voraus hatte der Herr schon von ihm gesagt, dass Er ihm zeigen würde, „wie viel er für meinen Namen leiden muss"(Apg 9,16).

Schon während und wegen seines Dienstes hatte Paulus viel gelitten (vgl. 2. Kor 11,23-33). Aber jetzt musste er, wie er in Kapitel 2,9 sagt, wegen des Evangeliums wie ein Verbrecher leiden. Weil er als ein treuer Diener Christi Ihm allein dienen und gegen allen Widerstand an Seinem Wort festhalten wollte, stellte sich der Widersacher ihm mit aller Kraft in den Weg. Hinzu kam, dass sich in dieser Lage viele – ja, „alle, die in Asien sind" – von ihm abwandten, und ihn in seinen Leiden noch mehr betrübten. Äußerlich betrachtet war seine Lage wirklich traurig.

Aber schämte Paulus sich nun? Kamen Zweifel in ihm auf? Von einer solchen Haltung war er weit entfernt. Andererseits war er jedoch auch kein Mann voller Selbstbewusstsein, mit eiserner Konstitution und stählernen Nerven! Er sagt von sich selbst an anderer Stelle: „Und ich war bei euch in Schwachheit und in Furcht und in vielem Zittern" (1. Kor 2,3). „Ihr wisst aber, dass ich euch in Schwachheit des Fleisches ehedem das Evangelium verkündigt habe; und die Versuchung für euch, die in meinem Fleisch war, habt ihr nicht verachtet noch verabscheut" (Gal 4,13-14). Seine

Schwachheit hatte ihn nie gehindert, jahrelang Nacht und Tag arbeitend, seine Aufgaben als Diener des Evangeliums und der Versammlung zu erfüllen. Damals wie jetzt fand er seine Kraft jedoch nicht darin, sich in fleischlicher Weise über diese Schwierigkeiten hinwegzusetzen, sondern er fand sie in Christus allein. Auch jetzt im Gefängnis schämte er sich nicht, sondern konnte mit erhobenem Haupt sagen: „Ich weiß, wem ich geglaubt habe." Es ist auffällig, wie wichtig es ihm ist, dass in dieser schwierigen Lage niemand von Furcht oder Scham beschlichen werde. Deshalb ruft er Timotheus zu: „So schäme dich nun nicht ..." (V. 8), und erwähnt lobend den Onesiphorus, der sich seiner Kette nicht geschämt und ihn im Gefängnis aufgesucht hatte (V. 16).

Es ist auch bemerkenswert, dass Paulus hier nicht sagt: Ich weiß, *was* ich geglaubt habe, – auch nicht: *an wen* ich geglaubt habe, sondern: *„wem* ich geglaubt habe". Er spricht hier also nicht von einer Lehre oder dem ganzen Glaubensgut, der Wahrheit. Ebenso wenig sieht er die Person Christi als Gegenstand des Glaubens, sondern wir sehen hier sein tiefes, beständiges Vertrauen zu seinem Herrn, den er bei Damaskus in jener denkwürdigen Stunde kennen gelernt und auf den er sich während seines ganzen Lebens danach gestützt und verlassen hatte, ohne auch nur ein einziges Mal beschämt worden zu sein. Die Kenntnis dieses Herrn selbst, nicht nur das Wissen um Seine Macht und Gnade, erhebt uns über die Schwierigkeiten unseres Weges.

Wenn Paulus sich allein auf seinen Auftrag und den anvertrauten Dienst hätte stützen wollen, dann wäre gerade jetzt, da er den einsetzenden Verfall sah, Enttäuschung und Niedergeschlagenheit nahe liegend gewesen. Es wäre sogar Veranlassung vorhanden gewesen, sich zu schämen. Aber da er sein Vertrauen auf den Herrn gesetzt und wusste, wem er geglaubt hatte, brauchte er sich nicht zu schämen.

„Wissen" ist etwas anderes als „Kennen". Gewöhnlich ist Wissen die innere Überzeugung, Kennen die durch Erfahrung erworbene Kenntnis. Paulus sagt: „Ich weiß, wem ich geglaubt habe." Damit will er nicht nur sagen, dass er einmal bei seiner Bekehrung zum Glauben an den Herrn Jesus gekommen ist, sondern die Zeitform des Wortes „glauben" (Perfekt) besagt, dass etwas, das in der Vergangenheit einmal zustande kam, in der Gegenwart noch fortdauert und Gültigkeit besitzt. „In seiner vollen Bedeutung besagt dieser Satz: Ich habe geglaubt, und das Ergebnis davon ist, dass mein Glaube völlig gefestigt ist. Es ist, wie wenn man einen Nagel durch ein Brett schlägt und ihn auf der anderen Seite umbiegt. Dann bleibt er fest sitzen" (K. Wuest, Word Studies, Bd. 2).

Paulus war außerdem überzeugt, dass der Herr (dessen Name nicht erwähnt wird; es heißt nur „Wem" und „Er") mächtig war, das von ihm anvertraute Gut auf jenen Tag zu bewahren (vgl. 1. Pet 1,4). Was ist mit diesem anvertrauten Gut gemeint? Das Wort (griech. *paratheke*) kommt nur dreimal im NT vor, und zwar ausschließlich in den Briefen an Timotheus. Das erste Mal steht es in 1. Timotheus 6,20: „O Timotheus, bewahre das anvertraute Gut, indem du dich von den ungöttlichen, leeren Geschwätzen und Widersprüchen der fälschlich so genannten Kenntnis wegwendest", das zweite Mal hier, und das dritte Mal in Vers 14: „Bewahre das schöne anvertraute Gut durch den Heiligen Geist, der in uns wohnt." Aus dem Zusammenhang geht hervor, dass das Wort hier eine andere Bedeutung haben muss als in den beiden übrigen Stellen. Dort ist es etwas, das Menschen, hier etwas, das dem Herrn anvertraut ist. Das griechische Wort bedeutet „Niedergelegtes", und wörtlich steht hier: „mein Niedergelegtes". „Unter diesem anvertrauten Gut ist alles zu verstehen, was ich als Gläubiger der Obhut Gottes anvertraue, nicht nur die Sicherheit, sondern auch die Segnung von Seele und Leib, von Wandel und Werk, einschließlich jeder Frage, die in Vergangenheit, Gegenwart und Zukunft aufkommen kann" (W. Kelly, Exposition of Timothy, S. 197). „Er hatte sein Glück Christus anvertraut. In Ihm war das Leben, an dem der Apostel teilhatte; in Ihm war auch die Kraft, die dieses Leben aufrechterhielt und im Himmel das Erbe der Herrlichkeit bewahrte, das dort sein Teil war, wo dieses Leben zur Entfaltung kam" (J. N. Darby, Synopsis).

„Jener Tag" (vgl. V. 18 und Kap 4,8; Mt 24,36; 26,29; Mk 14,25; 2. Thes 1,10) ist nicht das Kommen des Herrn in Gnade zur Aufnahme der Braut in den Himmel, sondern immer der allen Gläubigen wohl bekannte Tag, an dem der Herr mit Macht und Autorität zum Gericht und zur Herrschaft bekleidet ist. Jener Tag beginnt, wenn die Seinigen vor Seinem Richterstuhl offenbar werden, wo jeder treue Knecht seine Belohnung empfängt (das ist hier gemeint), er umfasst Seine Erscheinung in Herrlichkeit auf der Erde und Seine darauf folgende tausendjährige Herrschaft über die Welt.

Dreimal finden wir in dem vorliegenden Abschnitt, in dem so viel von Schwachheit und Verfall die Rede ist, den tröstenden und stärkenden Hinweis auf die göttliche Kraft. In Vers 7 sahen wir die Kraft des Geistes, die die Furcht vertreibt, in Vers 8 die Kraft Gottes, die uns befähigt, an den Leiden des Evangeliums teilzuhaben, und hier sehen wir die Kraft des Sohnes Gottes, der das anvertraute Gut auf jenen Tag bewahrt.

Vers 13: *Halte fest das Bild gesunder Worte, die du von mir gehört hast, in Glauben und Liebe, die in Christus Jesus sind.*

Eine weitere Ermunterung ist der Hinweis auf die Worte, die Timotheus von dem Apostel gehört und nun zu bewahren hatte. Wörtlich heißt es hier: „Habe ein Bild (oder: Umriss,

Muster) gesunder Worte." Die „gesunden Worte" waren dasselbe wie das „Zeugnis unseres Herrn" (V. 8), das Paulus verkündigt hatte. Wohl kaum ein anderer hatte eine so genaue Kenntnis dessen, was Paulus in den vergangenen Jahren gepredigt hatte, wie Timotheus (vgl. Kap 3,10). Wir besitzen heute die „gesunden Worte" in der Heiligen Schrift, besonders im Neuen Testament. In Kapitel 3,14-17 geht Paulus auf dieses wichtige Thema nochmals ausführlicher ein.

Durch den Dienst des Apostels Paulus wurde das Wort Gottes, was den Umfang der göttlichen Offenbarungen betrifft, vollendet (Kol 1,25). Die späteren Schreiber haben dem nichts Neues mehr hinzugefügt. An Timotheus – und an uns – liegt es nun, diese Worte anzunehmen und zu bewahren. Der Ausdruck „Bild gesunder Worte" will uns nun die Notwendigkeit zeigen, die göttlichen Lehren in der Form zu bewahren, in der sie zu uns gekommen sind, nämlich inspiriert durch den Heiligen Geist (l. Kor 2,13; 2. Tim 3,16). Schon nach relativ kurzer Zeit gingen die Christen dazu über, die Grundwahrheiten des christlichen Glaubens in Glaubensbekenntnissen zusammenzufassen. So wahr und richtig viele ihrer Aussagen sein mögen, enthalten sie doch eine große Gefahr. So lange sie der Ausdruck wahren persönlichen Glaubens sind, mag es noch angehen, aber wie schnell wurden und werden sie zu einer bloßen Formel, ohne Wert und Wirkung für den, der sie im Mund führt und sich damit als „rechtgläubiger" Christ ausweist! Ein Glaubensbekenntnis kann keine Autorität über die Seele und das Gewissen beanspruchen. Das lebendige Wort Gottes ist und bleibt jedoch die Autorität für jedes wahre Kind Gottes, und deshalb wird es, wenn es gehorsam ist, die gesunden Worte in der Form festhalten, in der sie von Gott gegeben sind.

Aber der Ausdruck besagt noch mehr. Die Bibel, das Buch der Offenbarung Gottes, besteht aus vielen Büchern, in denen die verschiedensten Dinge behandelt werden. Je mehr der Gläubige sich damit beschäftigt, desto mehr sieht er, dass alles ein harmonisch zusammengefügtes, vollkommenes Ganzes bildet. Kein Teil steht im Widerspruch zum anderen; alles ergänzt sich in wunderbarer Weise. Nur wer das Ganze im Auge behält, kann das Bild gesunder Worte haben. Wer sich daher nur mit bestimmten, ihm wichtig erscheinenden „Hauptwahrheiten" beschäftigt, macht sich vielleicht ein eigenes Bild, aber es ist nicht das Bild gesunder Worte. Wer dieses Bild gesunder Worte nicht hat und festhält, kann auch das Wort der Wahrheit nicht recht teilen (Kap 2,15).

Dies ist jedoch nicht nur eine Frage eines klaren Verstandes und eines guten Gedächtnisses. Auch die bloße Kenntnis der christlichen Lehren reicht dazu nicht aus. Deshalb fügt Paulus hinzu: „… in Glauben und Liebe, die in Christus Jesus sind." Wenn die göttliche Wahrheit nicht zunächst mit gehorsamem und willigem Herzen aufgenommen wird und wenn dabei nicht die Liebe Gottes tätig wird, dann kann es kaum Frucht für Gott geben. Der Glaube, der in Christus seine Grundlage findet, und die Liebe, die aus der Gemeinschaft mit Ihm hervorgeht, geben den Worten Kraft und Wert. „Sie sind gewissermaßen die Angelpunkte für Stärke und Treue in allen Zeiten, ganz besonders aber für den Menschen Gottes (1. Tim 6,11; 2. Tim 3,17), wenn die Versammlung als Ganzes untreu geworden ist" (J. N. Darby, Synopsis).

Vers 14: *Bewahre das schöne anvertraute (Gut) durch (den) Heiligen Geist, der in uns wohnt.*

In Vers 12 hatte der Apostel gesagt, er sei überzeugt, dass derjenige, dem er geglaubt hatte, mächtig sei, das Ihm anvertraute Gut auf jenen Tag zu bewahren. Diese Erwartung wird Er nicht enttäuschen. Hier ist nun jedoch von einem dem Timotheus zur Bewahrung anvertrauten Gut die Rede. Dieses wird, wie wir bei der Betrachtung von Vers 12 sahen, bereits in 1. Timotheus 6,20 erwähnt. Die Errettung und das ewige Leben ist das dem Herrn anvertraute Gut, das Er sicher bewahren wird. Dagegen ist das schöne anvertraute Gut, das Timotheus bewahren sollte, etwas, das offenbar verloren gehen kann! Es ist wohl dasselbe wie das „Zeugnis unseres Herrn", für das Timotheus eintreten, und das Evangelium (V. 8), mit dem er Trübsal leiden sollte. Es ist das Bild gesunder Worte (V. 13), das hier zusammenfassend noch einmal das „schöne anvertraute Gut" genannt wird. In Kapitel 2 wird derselbe Wortstamm verwendet, wenn er aufgefordert wird, dasjenige, was er in Gegenwart vieler Zeugen von dem Apostel gehört hatte, treuen Männern *anzuvertrauen*, die selbst tüchtig sein sollten, auch andere zu lehren. Sicherlich war auch die Gnadengabe des Timotheus ein anvertrautes Gut, und es bestand die Möglichkeit, dass er sie vernachlässigte, aber er konnte sie doch kaum verlieren. Die Bewahrung und Erhaltung der kostbaren Heilswahrheiten, des einmal den Heiligen überlieferten Glaubens (Jud 3), ist in diesem letzten Brief des Apostels Paulus jedoch ein Thema von vorrangiger Bedeutung (vgl. Kap 2, 15; 3,10.14-17; 2.3).

Paulus nennt es im Unterschied zu 1. Timotheus 6,20 das „schöne" anvertraute Gut und unterstreicht dadurch den Wert dieses kostbaren Schatzes. Die Kraft, mit der Timotheus der gestellten wichtigen Aufgabe nachkommen konnte, war der Heilige Geist. Es ist der Geist, der in *uns*, d.h. allen Gläubigen wohnt. Seit dem Pfingsttag (Apg 2), als der Heilige Geist nach der Verheißung des Herrn Jesus (Joh 14-16) auf die Erde herabkam, wohnt Er in jedem, der durch den Glauben an das Evangelium der Gnade errettet ist (Eph 1,13-14). Er ist das Siegel Gottes auf denen, die Sein Eigentum sind (2. Kor 1,22; Eph 1,13), Er ist das Unterpfand des

Erbes der Heiligen (2. Kor 1, 22; Eph 1,14) und schließlich die Salbung, die zu geistlicher Erkenntnis befähigt (2. Kor 1,21; Joh 2,20.27). Der Herr Jesus hatte von diesem Geist gesagt, dass Er von Ihm zeugen und Ihn verherrlichen würde (Joh 15, 26; 16,14), denn Er würde die Jünger an alles erinnern, was Er ihnen gesagt hatte (Joh 14,26), Er würde reden, was Er hörte und ihnen das Kommende verkündigen (Joh 16,13). So konnte Timotheus in Seiner Kraft das anvertraute Gut bewahren, denn Er wohnte auch in ihm. Wir finden im NT, dass der Heilige Geist in dem Leib jedes Einzelnen als einem Tempel wohnt (Röm 8,11; 1. Kor 6,19), aber auch, dass Er inmitten der Gläubigen, in dem Tempel Gottes Wohnung genommen hat (l. Kor 3,16; Eph 2,22).

> Vers 15: *Du weißt dies, dass alle, die in Asien sind, sich von mir abgewandt haben, unter welchen Phygelus ist und Hermogenes.*

Mit diesem Vers beginnt der letzte Abschnitt des ersten Kapitels, in dem uns drei Personen vorgestellt werden.

Asien bezeichnet im NT meistens die im Jahr 133 v. Chr. gebildete römische Provinz *Asia Proconsularis*, die im Westen Kleinasiens, also der heutigen Türkei, lag. Sie umfasste die Landstriche Mysien, Lydien, Phrygien und Karien, und ihre Hauptstadt war Ephesus. Dieses Gebiet hatte Paulus auf seiner zweiten und dritten Reise besucht (Apg 16 und 18-20). In Ephesus hatte er drei Jahre gewirkt. Zwei seiner Briefe sind an Versammlungen in diesem Gebiet gerichtet, und zwar der Epheser- und der Kolosserbrief. In Apostelgeschichte 19,10 heißt es, dass „alle, die in Asien wohnten, sowohl Juden als Griechen, das Wort des Herrn hörten". Der Apostel war also mit dieser Gegend gut bekannt und mit den dort wohnenden Christen auf das Engste verbunden. Und nun diese Worte:

„Du weißt dies, dass alle, die in Asien sind, sich von mir abgewandt haben!" Welch ein Schmerz musste es für den gefangenen Apostel sein, zu sehen, dass auch die Versammlungen, die sich noch vor nicht allzu langer Zeit in einem solch guten Zustand befunden hatten, dass er ihnen ausführlich über das große Geheimnis der Verbindung des Leibes, der Versammlung, mit dem verherrlichten Herrn als Haupt hatte schreiben können (vgl. Eph 1,22-23; 3,4-8; Kol 1,18.25-28), sich nun von ihm abwandten! Auch Timotheus wusste um diese betrübende Tatsache, denn er hatte sich ja noch zur Zeit der Abfassung des ersten an ihn gerichteten Briefes in Ephesus befunden (l. Tim 1,3).

Die Abwendung von Paulus bedeutet wohl nicht, dass diese Menschen den Glauben an Christus, ihr christliches Bekenntnis aufgegeben hätten. Wahrscheinlicher ist, dass sie Paulus als extremen Fanatiker und engherzigen Mann betrachteten, und sie wandten sich von ihm ab, um einen Weg zu beschreiten, der dem Fleisch angenehmer war und nicht so viele Entsagungen und womöglich Gefahren mit sich brachte. Sicher waren das Erkalten der ersten Liebe, falsche Lehrer, Gleichgültigkeit und weltliche Gesinnung die Ursachen dieses Rückgangs. Aufschlussreich sind in diesem Zusammenhang die sieben Sendschreiben in Offenbarung 2 und 3, die alle an Versammlungen in dem gleichen Landstrich gerichtet sind, wenn auch ungefähr 35 Jahre später. Sie zeigen, dass die Versammlungen nicht aufgehört hatten, zu bestehen, aber gleichzeitig lassen sie uns erkennen, wohin die Abwendung von dem Apostel Paulus innerhalb weniger Jahrzehnte führte. Sicherlich mochte auch die Tatsache eine Rolle spielen, dass Paulus wieder gefangen genommen worden war und man sich dieses Mannes schämte, der den Behörden und der Regierung ein Dorn im Auge war. In der Hauptsache ging es jedoch darum, dass sein Dienst und seine Lehre nicht mehr angenommen und schon bald aufgegeben wurden. Dabei gingen die herrlichen und kostbaren Wahrheiten von der himmlischen Stellung der Versammlung und ihrer Verbindung zu Christus, ihrem Haupt, als Erste verloren. Schon die so genannten „apostolischen Väter" wie Polykarp von Smyrna, Ignatius und Klemens, die geistigen und geistlichen Führer der nachapostolischen Generation, wussten nichts mehr von dem einen Leib, der damit verbundenen Berufung, der Entrückung der Braut, ja, kaum dass sie noch die Rechtfertigung aus Glauben kannten! An die Stelle der Leitung durch den Heiligen Geist traten aus dem Judentum entlehnte Ordnungen oder verstandesmäßige menschliche Vorschriften, alles Dinge, die der Apostel schon im Brief an die Kolosser (Kap 2,18.22) einen eigenwilligen Gottesdienst nennt.

In Seiner Gnade hat Gott diese wichtigen Wahrheiten im vergangenen Jahrhundert wieder ans Licht gebracht. Inzwischen sind Jahrzehnte vergangen, und es besteht erneut die Gefahr, dass wir uns von dem Apostel Paulus abwenden! Der Herr möge uns davor bewahren. Seien wir uns aber auch klar darüber, dass wir in dieser Hinsicht von Kirchen und auch von Seiten der Gemeinschaftskreise keinerlei Hilfe erwarten können.

Unter denen, die sich abgewandt hatten, befanden sich zwei dem Timotheus bekannte Männer: Hermogenes und Phygelus. Dass ihre Namen erwähnt werden, zeigt, dass sie dabei eine wichtige Rolle spielten. Mancher hätte sie vielleicht für standfester gehalten, aber sie waren mit dabei, als das öffentliche Zeugnis Christi in Asien sich von dem Apostel trennte, um einen anderen Weg zu gehen. Aber mochten diese Männer auch einen guten Namen und großes Vertrauen unter den Christen in Asien besitzen, sie befanden sich doch auf dem Weg des Niedergangs, was Paulus mit traurigem Herzen erwähnt.

> *Verse 16-18: Der Herr gebe dem Haus (des) Onesiphorus Barmherzigkeit, denn er hat mich oft erquickt und sich meiner Kette nicht geschämt, sondern als er in Rom war, suchte er mich fleißig auf und fand mich. Der Herr gebe ihm, dass er von Seiten (des) Herrn Barmherzigkeit finde an jenem Tag! Und wie viel er in Ephesus diente, weißt du am besten.*

Eine rühmliche Ausnahme in dem allgemeinen Niedergang ist die dritte in diesem Abschnitt erwähnte Person. Onesiphorus hatte in Ephesus viel gedient (griech. *diakoneo*: dienen im allgemeinen Sinn, vgl. Joh 12,2; 1. Pet 4,11); auch das wusste Timotheus. Onesiphorus hatte den Apostel oft erquickt, was ein schönes Kennzeichen eines wahren Dieners Christi ist (vgl. 1. Kor 16,18; Phlm 7). Besonders freute Paulus sich jedoch darüber, dass er sich seiner auch als Gefangener nicht geschämt hatte. Timotheus war schon ermahnt worden, sich weder des Evangeliums des Herrn noch des gefangenen Apostels zu schämen (V. 8), und für die Christen in Asien war die Gefangenschaft des Paulus sicherlich eine anstößige Tatsache, derer sie sich schämten. Aber hier war einer, der sich der Kette dieses Gefangenen nicht schämte, sondern ihn bei einem Aufenthalt in Rom fleißig suchte und auch fand! Wie leicht hätte Onesiphorus sich damit entschuldigen können, dass es nahezu unmöglich sei, in der Riesenstadt Rom einen ausländischen Gefangenen ausfindig zu machen. Er suchte jedoch so lange, bis er ihn fand. Das war wahre Bruderliebe.

Deshalb wünscht und erbittet Paulus auch einen zweifachen Segen für sein Haus und ihn selbst. Er wünscht seiner ganzen Familie und allen, die zu seinem Haushalt gehören (die er ja am Schluss des Briefes auch noch besonders grüßen lässt, Kap 4,19), die gegenwärtige Barmherzigkeit des Herrn. So hatte er auch Timotheus selbst am Anfang außer Gnade und Frieden auch Barmherzigkeit von Gott, dem Vater, und Christus Jesus, unserem Herrn, gewünscht (V. 2; vgl. 1. Tim 1,2; Jud 2).

Aber für Onesiphorus selbst erbittet er, dass „er von Seiten des Herrn Barmherzigkeit finde an jenem Tag". Es ist der Tag, an dem alles ans Licht kommt (vgl. V. 12 und Kap 4,8). Es mag uns vielleicht erstaunen, in Verbindung mit dem Offenbarwerden vor dem Richterstuhl und mit der Erscheinung des Herrn von Barmherzigkeit zu lesen. Wir sehen hier, dass die göttliche Barmherzigkeit nicht nur dem Sünder (Eph 2,4; 1. Tim 1,16) und dem Gläubigen auf Erden (V. 16; Heb 4,16; 2. Joh 3) zuteil wird, sondern sich bis hin zum Richterstuhl erstreckt. Dann werden wir erkennen, dass auch im Blick auf unsere Verantwortung alles Gnade und Barmherzigkeit von Seiten des Herrn ist. Diese Barmherzigkeit hat also nichts mit der ewigen Seligkeit des Onesiphorus zu tun, sondern mit seinem Dienst für den Herrn hier auf Erden. Auch dann, wenn einem jeden sein Lob werden wird von Gott (l. Kor 4,5), wird die Barmherzigkeit triumphieren.

Die Aufgaben eines Dieners

2. Timotheus 2

Vers 1: *Du nun, mein Kind, sei stark in der Gnade, die in Christus Jesus ist.*

Viermal in diesem persönlichen Brief spricht der Apostel Paulus Timotheus mit dem direkten „Du" an. Hier heißt es noch: „Du nun", später jedoch: „Du aber" (Kap 3,10.14; 4,5). Er nennt ihn sein Kind, wie schon in der Anrede beider Briefe („meinem echten Kind" und „meinem geliebten Kind"). Das griechische Wort für „Kind" *(teknon)*, das hier verwendet wird, weist in erster Linie – auch auf geistlichem Gebiet – auf die Abstammung hin, wie z B. in Philemon 10, wo Paulus von Onesimus, seinem Kind, spricht, das er in der Gefangenschaft „gezeugt", d.h. zum Herrn geführt hatte. Hier kommt in den Worten „mein Kind" die geistliche Verwandtschaft und die Liebe zwischen dem älteren Paulus und dem noch relativ jungen Timotheus zum Ausdruck.

Paulus ermuntert den wohl etwas furchtsamen Timotheus (vgl. Kap 1,7), in der Gnade, die in Christus Jesus ist, zu erstarken (wörtlich: gekräftigt zu werden). Dasselbe Wort finden wir in Philipper 4,13, wo Paulus sagt: „Alles vermag ich in dem, der mich kräftigt." So sollte auch Timotheus durch die Gnade innerlich gestärkt werden, die uns in Christus vor ewigen Zeiten gegeben und durch die Erscheinung unseres Heilandes offenbart worden ist (Kap 1,9; vgl. 2. Kor 8,9). Aus Seiner Fülle haben wir alle empfangen, und zwar Gnade um Gnade, d.h. eine Gnade nach der anderen! Paulus hatte dies selbst erfahren, als der Herr auf sein dreimaliges Bitten, ihm doch den Dorn im Fleisch fortzunehmen, geantwortet hatte: „Meine Gnade genügt dir, denn meine Kraft wird in Schwachheit vollbracht" (2. Kor 12,9). Jeder, der aus Glauben gerechtfertigt ist, hat durch den Glauben Zugang zu dieser Gnade oder Gunst Gottes (Röm 5,2). Es ist unsere Aufgabe, darauf zu achten, dass nicht jemand an der Gnade Gottes Mangel leide (Heb 12,15), und daher muss der Mensch Gottes beständig in der Gnade gestärkt werden, um die Wankenden zu befestigen und die Abgewichenen zurückzubringen.

> Vers 2: *Und was du von mir in Gegenwart vieler Zeugen gehört hast, das vertraue treuen Leuten an, welche tüchtig sein werden, auch andere zu lehren.*

Als der Herr Jesus Saulus auf dem Weg nach Damaskus erschien, berief Er ihn zu Seinem Zeugen (Apg 22,15; 26,16). Er offenbarte ihm das Geheimnis, das bislang verborgen und von keinem Propheten des AT beschrieben worden war. Nach dem ewigen Ratschluss Gottes sollte der gestorbene, auferstandene und verherrlichte Sohn des Menschen mit den Kindern Gottes, die Seine Versammlung aus Juden und Heiden bildeten, auf ewig verbunden sein (vgl. Röm 16,25-26; Eph 3,2-11; 5,32; Kol 1,25-27; 2,2.3). Wie Paulus in seiner Abschiedsrede zu den Ältesten von Ephesus sagte, hatte er diesen ganzen Ratschluss Gottes getreulich verkündigt und nichts davon zurückgehalten (Apg 20,27). Wohl niemand hatte so viel davon gehört wie sein Begleiter Timotheus. Nun sollte dieser das, was er in Gegenwart vieler Zeugen gehört hatte, treuen Menschen anvertrauen. Die Zeugen konnten bestätigen, was Paulus gesagt hatte, aber sie dienten auch als Schutz gegen die Einführung fremder Lehren oder womöglich eigener Meinungen des Timotheus, wenn er nun die Lehren Gottes treuen – nicht gelehrten oder gebildeten! – Leuten anvertraute, die selbst wiederum tüchtig, d.h. geeignet und fähig sein mussten, andere zu belehren.

Hier finden wir die Voraussetzungen, die ein Prediger des Wortes, der das Wort recht teilen will, haben muss. Die Tatsache, dass der Herr Seiner Versammlung Gaben gegeben hat (Eph 4), wird hier nicht erwähnt. Es handelt sich um die persönliche Stellung zum Herrn und zu den Seinigen und die Eignung zum Dienst am Wort, die in drei Voraussetzungen zum Ausdruck kommt:

1. die Kenntnis der Wahrheit, des Wortes Gottes,
2. die Treue in der Nachfolge des Herrn,
3. die Befähigung, andere in klarer und verständlicher Weise zu belehren.

Keine dieser Bedingungen sollte bei einem wirklichen Diener des Herrn fehlen, der sich zu Seiner Verherrlichung und zum Wohl der Kinder Gottes gebrauchen lassen möchte.

Mit keiner Silbe spricht Paulus hier von einer apostolischen Nachfolge oder einer Autorität, an die man sich bei Fragen über die Wahrheit oder über falsche Lehren wenden könnte. Der Apostel vertraute auf Gott und das Wort Seiner Gnade (vgl. Apg 20,32) und gibt Timotheus den Auftrag, das „anvertraute Gut" an solche weiterzugeben, die tüchtig waren, in der rechten Weise für den einmal den Heiligen überlieferten Glauben zu kämpfen. Auch unsere Aufgabe ist es heute, uns zunächst auf unseren allerheiligsten Glauben aufzuerbauen, dann aber auch die Gläubigen sorgfältig zu unterrichten, damit sie in der Lage sind, Wahrheit und Irrtum zu unterscheiden und auf dem Weg des Glaubens bewahrt zu bleiben.

Verse 3-4: *Nimm teil an den Trübsalen als ein guter Streiter Christi Jesu. Niemand, der Kriegsdienste tut, verwickelt sich in die Beschäftigungen des Lebens, damit er dem gefalle, der (ihn) angeworben hat.*

Bei den nun folgenden Ermahnungen in den Versen 3 bis 6 gebrauchte Paulus drei bekannte Berufsbezeichnungen als Beispiele: den Soldaten, den Wettkämpfer und den Bauern. Alle drei Berufe sind dadurch gekennzeichnet, dass viele Mühen und Strapazen und alle Kraft aufgewendet werden müssen, um das gesteckte Ziel zu erreichen.

Das erste Vorbild ist der Soldat. Welche Entbehrungen und Anstrengungen mussten die Söldner in den Heeren der antiken Eroberer auf sich nehmen! Feldherren wie Alexander der Große und Cäsar besaßen jedoch die Gabe, ihre Truppen für die vorgenommenen Eroberungen so zu begeistern, dass diese alles auf sich nahmen, um an dem Siegesruhm teilzuhaben und dem zu gefallen, der sie angeworben hatte. In Kapitel 1,8 hatte Paulus Timotheus aufgefordert, mit dem Evangelium Trübsal zu leiden; hier ruft er ihm mit demselben Wort (griech. *sygkakopatheo*) zu: „Nimm teil an den Trübsalen als ein guter Streiter Christi Jesu", so wie er es selbst auch tat. Unser Herr ist es wert, dass wir jetzt Trübsale auf uns nehmen, damit wir später einmal mit Ihm verherrlicht werden (vgl. V. 12). Wie ein Soldat im Dienst Schwierigkeiten zu erwarten hat, so auch der Kriegsmann Jesu Christi. Deshalb fügt der Apostel hinzu, dass niemand, der Kriegsdienste tut, sich in die Beschäftigungen des Lebens verwickelt. Im Gegenteil, er sorgt dafür, dass er frei ist von jeder anderen Aufgabe, damit er seinem Kommandeur gefalle. Sollte ein Soldat Christi auf einem niedrigeren Niveau stehen? Sollte er zwei Herren dienen? Es ist beachtenswert, dass es in Vers 4 nicht mehr „Streiter" heißt, sondern „niemand, der Kriegsdienste tut"; das weist uns auf den aktiven Dienst hin. Das Wort „verwickeln" zeigt, dass jemand die Absonderung für den Herrn aufgeben würde, wenn er nicht ganz für Ihn lebte und kämpfte. In dem Bild des Soldaten wird uns also die völlige Hingabe und der Gehorsam des treuen Kämpfers Christi vor Augen geführt.

Das bedeutet jedoch nicht, dass ein Diener Christi keiner „weltlichen" Beschäftigung mehr nachgehen dürfte. Dafür ist der Apostel Paulus selbst das beste Beispiel. Er konnte sagen, dass er mit eigener Hände Arbeit für sich und seine Begleiter gesorgt hatte (Apg 20,33-35; vgl. Apg 18,3; 1. Thes 2,9; 2. Thes 3,8). Zwar ist es ein Gebot Gottes, dass der Arbeiter seines Lohnes wert ist, und dass diejenigen, die das Evangelium verkündigen, vom Evangelium leben sollen (1. Kor 9). Aber viele geschätzte Männer Gottes haben am Evangelium und unter den Gläubigen gearbeitet, ohne ihre „weltliche" Beschäftigung aufzugeben. Es wird leider manchmal vergessen, dass jeder Gläubige ein Diener Christi ist. „Und alles, was immer ihr tut, im Wort oder im Werk, alles tut im Namen des Herrn Jesus, danksagend Gott, dem Vater, durch ihn … Was irgend ihr tut, arbeitet von Herzen, als dem Herrn und nicht den Menschen, da ihr wisst, dass ihr vom Herrn die Vergeltung des Erbes empfangen werdet; ihr dient dem Herrn Christus" (Kol 3,17.23-24). Den Korinthern, die sicherlich zum allergrößten Teil eine normale Tätigkeit ausübten, schrieb Paulus, dass sie allezeit überströmend in dem Werk des Herrn sein sollten (1. Kor 15,58). Würde dieser Grundsatz mehr beachtet, dann bestünde nicht so sehr die Gefahr einer trennenden Unterscheidung zwischen Brüdern „im Werk des Herrn" und denen, die „nur" einen weltlichen Beruf ausüben, die allzu leicht in eine Trennung von „Geistlichen" und „Laien" ausarten kann, wie wir dies in weiten Teilen der Christenheit sehen.

Vers 5: *Wenn aber auch jemand kämpft, so wird er nicht gekrönt, er habe denn gesetzmäßig gekämpft.*

Das nächste Beispiel ist das des Wettkämpfers. Fast jeder kannte damals die beliebten sportlichen Wettkämpfe, die ein Kennzeichen der alten griechischen Kultur waren. Diese Wettkämpfe, deren wichtigste die Olympischen Spiele in Olympia waren, wurden wie in der heutigen Zeit nach bestimmten festen Spielregeln durchgeführt. Der Siegespreis bestand meistens zwar nur aus einem Lorbeerkranz, der „Krone", aber in seiner Heimatstadt erhielt der Sieger hohe Ehren. Paulus spielt in seinen Briefen öfter auf solche Kämpfe, ihre Regeln und den zum Sieg erforderlichen Einsatz der Wettkämpfer an.

So müssen auch die Kämpfer in der Kampfbahn des Glaubens „gesetzmäßig" kämpfen, d.h. die „Spielregeln" genau einhalten. Das bedeutet absolute Unterwürfigkeit unter das Wort Gottes. Wie wichtig ist das! Manche gute Absicht wird zum falschen Zeitpunkt oder in eigener Kraft und im Eigenwillen ausgeführt, ohne dass die Schrift beachtet wird. Aber der Diener des Herrn muss in allem den Willen des Herrn und die Lehren des Wortes Gottes beobachten, wenn er „gekrönt" werden will. Paulus war solch ein Kämpfer, der seinen eigenen Leib zerschlug und in die Knechtschaft führte, damit er nicht, nachdem er anderen gepredigt hatte, selbst verwerflich wurde (1. Kor 9,24-27). Am Ende seiner Laufbahn konnte er sagen, dass er den guten Kampf gekämpft hatte und nun auf den Siegeskranz, die Krone der Gerechtigkeit, wartete (2. Tim. 4,8).

Vers 6: *Der Ackerbauer muss, um die Früchte zu genießen, zuerst arbeiten.*

Als drittes Beispiel in dieser Reihe wird Timotheus der Bauer vorgestellt. In den ersten Jahrtausenden der Menschheitsgeschichte war der Beruf des Ackerbauern – wie der des Viehzüchters – einer der wichtigsten und bekanntesten. Erst durch das Aufkommen der Industrie ist hierin ein gewisser Wandel eingetreten. Wir finden in der Schrift daher häufig das Bild von Saat und Ernte, um die Mitteilungen geistlicher Dinge zu verdeutlichen. Der Herr Jesus spricht davon in Johannes 4,35-38, und der Apostel Paulus verwendet es in seinem 1. Brief an die Korinther im Blick auf die Versammlung und das Evangelium (Kap 3,6-8; 9,7).

In diesem Vers haben wir jedoch einen etwas anderen Gedanken. Hier wird gesagt, dass der Bauer erst Mühe und Arbeit, aber auch Geduld im Blick auf seine Abhängigkeit von den Wetterverhältnissen, die er ja nicht beeinflussen kann, aufbringen muss, um danach die Früchte zu genießen. Ähnlich heißt es im Jakobusbrief: „Siehe, der Ackerbauer wartet auf die köstliche Frucht der Erde und hat Geduld ihretwegen, bis sie den Früh- und den Spätregen empfängt. Habt auch ihr Geduld, befestigt eure Herzen, denn die Ankunft des Herrn ist nahe gekommen" (Kap 5,7-8). Timotheus musste daran erinnert werden, dass jetzt die Zeit der Arbeit ist, und zwar bis zur Ankunft des Herrn. Es war daher auch seine Aufgabe, treu und ausdauernd zu arbeiten. Die Zeit, in der die Früchte genossen werden, ist noch zukünftig, aber diese Hoffnung ermuntert das Herz zum Ausharren. „Er geht hin unter Weinen und trägt den Samen zur Aussaat; er kommt heim mit Jubel und trägt seine Garben" (Ps 126,6).[1]

---

[1] Wie die Fußnote in der Elberfelder Übersetzung zeigt, ist jedoch auch eine andere Auslegung möglich. So schreibt W. Kelly, dass der Ackerbauer, der die Arbeit getan hat, vor allen anderen als Erster die Früchte seiner Arbeit genießen soll, und führt dazu 1. Tim 5,17 an. – Der Satzbau im Griechischen ist hier etwas schwierig, aber der Sinn ist doch wohl, dass die Arbeit dem Genuss der Früchte vorangeht.

Vers 7: Bedenke, was ich sage, denn der Herr wird dir Verständnis geben in allen (Dingen).

Immer wieder weist der gefangene Apostel seinen jungen Mitarbeiter darauf hin, wie wichtig seine persönliche Haltung zu den göttlichen Dingen ist. Schon in Kapitel 1,13 sagt er ihm: „Halte fest das Bild gesunder Worte, die du von mir gehört hast." Dann in Vers 14: „Bewahre das schöne anvertraute Gut", und schließlich in Kapitel 3,14: „Du aber bleibe in dem, was du gelernt hast." So auch in unserem Vers. Er ist eine Erklärung der alttestamentlichen Vorschrift aus 3. Mose 11,3: „Alles, was ... wiederkäut unter den Tieren, das sollt ihr essen." Wie wichtig ist in unserer hektischen Zeit dieses Wiederkäuen der göttlichen Gedanken! Wie das Rind sich auf der Weide niederlegt, um das gefressene Gras in aller Ruhe wiederzukäuen, so braucht auch das Kind Gottes die Zeiten der Stille, um das gehörte oder gelesene Wort Gottes zu „bedenken", um es wirklich aufzunehmen. Wenn dies mit dem Wunsch geschieht, den Willen des Herrn zu erkennen, dann wird Er auch uns das Verständnis geben in allen Dingen. Jakobus sagt in seinem Brief, dass die wahre Weisheit und das wahre Verständnis nicht von dieser Welt sind, sondern von oben kommen (Jak 3,13-18; vgl. 1. Kor 2).

Vers 8: Halte im Gedächtnis Jesus Christus, auferweckt aus (den) Toten, aus (dem) Samen Davids, nach meinem Evangelium,

Der nun folgende Hinweis des Herrn Jesus Christus ist die logische Folgerung aus Vers 7. Christus ist der Prüfstein und das Wesen aller Wahrheit und zugleich der Gegenstand und die Erfüllung aller Verheißungen Gottes, aber er ist noch viel mehr. Er ist der Zentralpunkt der Gedanken Gottes und muss es auch für uns sein und bleiben.

J. N. Darby sagt hierzu: „Die Wahrheit des Evangeliums (es handelt sich hier nicht um die einzelnen Lehrsätze) teilt sich in zwei Seiten, die der Apostel auch im Römerbrief anführt; einerseits die Kraft Gottes in der Auferstehung und andererseits die Erfüllung der Verheißungen in Jesus Christus. Das sind in der Tat gleichsam die beiden Angelpunkte der Wahrheit: die Treue Gottes im Blick auf Seine Verheißungen (offenbart hauptsächlich in Verbindung mit den Juden) und die in der Auferstehung offenbarte schöpferische und lebendig machende Kraft Gottes, die etwas ganz Neues erzeugt und auch in der Auferstehung das Siegel Gottes auf die Person und das Werk Christi gesetzt hat" (Synopsis).

Dieses volle Evangelium über den Sohn Gottes, der Mensch geworden und als Sohn verherrlicht zur Rechten Gottes sitzt, mit dem die Versammlung, oder die Kirche Gottes, unzertrennlich als Sein Leib verbunden ist, war besonders dem Apostel Paulus anvertraut. Aus diesem Grund nennt er es mehrfach „mein Evangelium" (Röm 2,16; 16,25).

> Vers 9: *Worin ich Trübsal leide bis zu Fesseln wie ein Übeltäter; aber das Wort Gottes ist nicht gebunden.*

Zwar wird bald der Augenblick kommen, wo die Gläubigen mit dem verherrlichten Christus erscheinen und die Herrschaft über die Werke Seiner Hände antreten werden, aber noch ist es nicht so weit. Im Gegenteil, die Welt unter der Führung Satans, ihres Fürsten, steht gegen Gott, Seinen Sohn und diejenigen, die an Ihn glauben. Das bedeutet, dass alle, die gottselig leben wollen in Christus Jesus, verfolgt werden (Kap 3,12). Paulus befand sich in Rom im Gefängnis, wo er nicht nur von der Außenwelt abgeschnitten, sondern zusätzlich noch mit Ketten gebunden war. Er erlitt diese Trübsale nicht aufgrund eigenen Verschuldens (vgl. 1. Pet 4,15-16), sondern um Gottes und Seines Evangeliums willen. Er hatte im Glauben die Kraft der Auferstehung Christi erkannt und durfte nun auch die Gemeinschaft Seiner Leiden erkennen (Phil 3,10; vgl. Eph 1,19-20). Wie kommt es, dass wir so wenig von der Verfolgung um des Evangeliums willen verspüren?

„Aber das Wort Gottes ist nicht gebunden." In Philipper 1,12 schreibt Paulus ebenfalls aus Rom: „Ich will aber, dass ihr wisst, Brüder, dass meine Umstände mehr zur Förderung des Evangeliums geraten sind, so dass meine Fesseln in Christus offenbar geworden sind in dem ganzen Prätorium und allen anderen, und dass die meisten der Brüder, indem sie im Herrn Vertrauen gewonnen haben durch meine Fesseln, viel mehr sich erkühnen, das Wort Gottes zu reden ohne Furcht." So ist es immer gewesen. Schon der Schreiber des 119. Psalms sagt: „In Ewigkeit, HERR, steht dein Wort fest in den Himmeln" (V. 89). Der Kaiser Diokletian führte im Jahr 303 die ärgste Christenverfolgung durch, die je stattgefunden hat. Im ganzen römischen Reich wurden alle Christen, derer er habhaft werden konnte, gefangen oder getötet, alle christlichen Kirchen und Versammlungsgebäude dem Erdboden gleichgemacht und alle Bibeln, die seine Polizei finden konnte, verbrannt. Am Ende dieser furchtbaren Aktion ließ er in Rom eine Gedenksäule errichten, auf der die folgenden Worte eingemeißelt waren: *„Extincto nomine christianorum"* (der Name der Christen ist ausgelöscht). Zweiundzwanzig Jahre später ernannte sein Nachfolger, der Kaiser Konstantin, das Christentum zur römischen Staatsreligion! „Das Wort Gottes ist nicht gebunden." Das gilt auch für unsere heutige

Zeit, in der in weiten Teilen der Christenheit das heilige, vom Geist Gottes inspirierte Wort Gottes ganz oder teilweise als reines Menschenwort abgetan wird. Gott selbst sagt von Seinem Wort: „Also wird mein Wort sein, das aus meinem Mund hervorgeht; es wird nicht leer zu mir zurückkehren, sondern es wird ausrichten, was mir gefällt und durchführen, wozu ich es gesandt habe" (Jes 55,11).

> Vers 10: *Deswegen erdulde ich alles um der Auserwählten willen, damit auch sie (die) Errettung erlangen, die in Christus Jesus ist, mit ewiger Herrlichkeit.*

Paulus litt im Gefängnis nicht aus Gründen, die er sich selbst zuzuschreiben hatte. Es war sein Dienst für Gott und die Kinder Gottes, der ihn in diese Lage gebracht hatte. Aber er war darüber nicht verbittert. Petrus schreibt: „Und wenn der Gerechte mit Not errettet wird, wo will der Gottlose und Sünder erscheinen?" (1. Pet 4,18). Damit will er uns sagen, dass es Gott große Mühe kostet, die Gläubigen sicher ans Ziel zu bringen. In Römer 8,31-39 sehen wir etwas von der Arbeit und der Mühe, die der Herr Jesus auch jetzt noch auf sich nimmt, um sich für uns bei Gott zu verwenden. Auch der Dienst des Apostels war von Kampf und Mühe für die Gläubigen gekennzeichnet (vgl. Kol 1,24.28.29; 1. Thes 2,9).

Das Wort „Seligkeit" (griech. *soteria*) kann auch mit „Heil, Errettung" übersetzt werden. Als Schuldige brauchten wir Vergebung, als Verdammte brauchten wir Rechtfertigung, als Menschen, die in Knechtschaft waren, brauchten wir Erlösung, als Feinde Versöhnung und als Verlorene die Errettung. Gottes Errettung ist eine Befreiung von jeder Gefahr, die uns in der Vergangenheit, in der Gegenwart oder in der Zukunft bedrohen kann.

1. Das NT zeigt uns die ewigen Folgen der Sünde. Jeder Mensch hat Gottes Gericht und Zorn vom Himmel zu erwarten. Aber wer an den Herrn Jesus glaubt, der gekommen ist, das Verlorene zu erretten (Mt 18,11), ist errettet (Eph 2,5; 2. Tim 1,9; Tit 3,5; 1. Pet 1,9). Von diesem Gesichtspunkt aus betrachtet, ist die Errettung, die wir in dem Augenblick empfingen, als wir das volle Evangelium glaubten, vollständig. Wie Petrus sagt, ist dies die Errettung der Seelen, das Ziel unseres Glaubens, das wir jetzt schon davontragen.

2. Diese Seelen-Errettung steht im Gegensatz zu den zeitlichen und leiblichen Befreiungen in einer Welt, die voll Verführung ist, in der wir das Fleisch noch in uns haben, und wo Satan als listiger Feind von außen auf uns zukommt. Da brauchen wir die tägliche Rettung aus vielen Gefahren der Gegenwart. Von dieser gegenwärtigen Errettung spricht die Schrift sehr deutlich. Der Herr Jesus lebt im Himmel als unser Hoherpriester, um uns diese Errettung immer wieder zu schenken. „Daher vermag er auch die völlig zu erretten, die durch ihn Gott nahen, indem er immerdar lebt, um sich für sie zu verwenden" (Heb 7,25).

Auch diese gegenwärtige Errettung, die wir als Gläubige brauchen und bekommen, gründet sich auf den Tod Christi, aber wir erhalten sie aufgrund Seines gegenwärtigen, priesterlichen Dienstes bei Gott. Römer 5,10 spricht von den Auswirkungen Seines jetzigen Lebens auf unsere Errettung. Damit wir diese praktische tägliche Errettung genießen können, haben wir die Belehrungen des Wortes Gottes. Es kann uns weise machen zur Seligkeit durch den Glauben, der in Christus Jesus ist (2. Tim 3,15). Vers 16 zeigt, an welche Art Errettung Paulus dachte, als er dieses schrieb.

3. Eine Reihe von Schriftstellen sprechen jedoch deutlich von der Errettung als etwas Zukünftigem. Sie ist unsere Hoffnung, die als „Helm" getragen werden soll (l. Thes 5,8). Wir erwarten den Herrn Jesus Christus als Heiland (griech. *soter*), der unseren Leib der Niedrigkeit umgestalten wird zur Gleichförmigkeit mit Seinem Leib der Herrlichkeit (Phil 3,20.21). Dann wird der Herr, „nachdem er einmal geopfert worden ist, um vieler Sünden zu tragen, zum zweiten Mal denen, die ihn erwarten, ohne Sünde erscheinen zur Errettung" (Heb 9,28). Diese zukünftige Errettung steht im Zusammenhang mit dem Akt der Gnade, wenn der Herr Jesus wiederkommen wird, um die Seinigen zu entrücken. Die entschlafenen Heiligen werden auferweckt werden, und die dann lebenden Gläubigen werden verwandelt, und alle gemeinsam werden entrückt werden, bevor Gottes Gerichte über diese Erde ergehen. Dann wird die Errettung von Geist, Seele und Leib vollendet sein. Von dieser Errettung am Ende des Weges, bei der die volle, ewige Herrlichkeit den Gläubigen zuteil wird, spricht Paulus hier.

Vers 11: *Das Wort ist gewiss; denn wenn wir mitgestorben sind, so werden wir auch mitleben.*

Der Apostel erinnert Timotheus nun an göttliche Grundsätze und an unausweichliche Konsequenzen unseres Wandels. Es ist nicht sofort ersichtlich, worauf sich der erste Teil des Verses: „Das Wort ist gewiss" bezieht. Es könnte eine Unterstreichung des Vorhergehenden sein, aber ebensogut kann es sich auf das Folgende beziehen und die Wichtigkeit dieser Grundsätze hervorheben. Unser Gestorbensein mit Christus ist die Grundlage unserer christlichen Stellung. Dies haben wir in dem Begrabenwerden durch die Taufe zum Ausdruck gebracht, aber das bringt auch eine Verantwortung mit sich. „Wir, die wir der Sünde gestorben sind, wie sollten wir noch darin leben? Oder wisst ihr nicht, dass wir, so viele auf Christus Jesus getauft worden sind, auf seinen Tod getauft worden sind (Röm 6,2-3)?" „Wenn ihr mit Christus den Elementen der Welt gestorben seid, was unterwerft ihr euch Satzungen, als lebtet ihr noch in der Welt" (Kol 2,20). Wenn wir mit Christus in Seinem Tod eingemacht worden sind, müssen wir diesen Platz auch im Blick auf die Welt einnehmen. So war es bei Timotheus, und so ist es auch bei uns. Wenn wir uns wirklich der Welt und der Sünde für tot halten, können keine Verfolgungen und Gefahren uns von dem Weg des Gehorsams abbringen. Wenn wir das verstehen, werden wir umso mehr ermutigt, das Sterben Jesu an unserem Leib umherzutragen, eingedenk der Tatsache, dass das Leben mit Ihm die Folge unseres Gestorbenseins mit Ihm ist. So sagt der Apostel in Römer 6,5: „Denn wenn wir mit ihm eingemacht worden sind in der Gleichheit seines Todes, so werden wir es auch in der seiner Auferstehung sein."

> Vers 12: *Wenn wir ausharren, so werden wir auch mitherrschen; wenn wir verleugnen, so wird auch er uns verleugnen.*

Ebenso ist es auch mit der nächsten Feststellung: „Wenn wir ausharren, so werden wir auch mitherrschen." Unser Herrschen mit Christus ist in keiner Weise abhängig von unserem Leiden in der gegenwärtigen Zeit, wohl aber ist das Ausharren hier der notwendige Weg für diejenigen, die mit Christus in Seiner Herrschaft und Seinem Reich verbunden sein werden. Unser Herr selbst durchlief diese Stufen auf Seinem Weg, wie es bereits den Propheten des Alten Bundes offenbart war, in denen der Heilige Geist von den Leiden, die auf Christus kommen sollten, und von den Herrlichkeiten danach zuvor zeugte (l. Pet 1,11; vgl. Lk 17,24-25; 24,26). Der gleiche Weg ist vorgezeichnet für diejenigen, die in Seiner Nachfolge stehen: „Wenn aber Kinder, so auch Erben – Erben Gottes und Miterben Christi, wenn wir nämlich mitleiden, damit wir auch mitverherrlicht werden" (Röm 8,17). Leiden und Ausharren sind jetzt die Kennzeichen derer, die einmal mit Christus verherrlicht sein und herrschen werden. Die tausendjährige Herrschaft mit Ihm, von der hier die Rede ist, beginnt nach Seiner Offenbarung mit den Gläubigen auf der Erde (2. Thes 1,7-10; vgl. Off 20,4.6). Aber auch dann, wenn der Sohn des Menschen das Reich dem Gott und Vater übergeben hat (l. Kor 15,24), d.h. nach den tausend Jahren, wird es nach Offenbarung 22,5 ein Herrschen der Knechte Gottes bis in alle Ewigkeit geben. Zwar wird dann alles Gott unterworfen und Er alles in allem sein, aber der Dienst und die Herrschaft der Heiligen wird in alle Ewigkeit fortdauern.

Nach diesen Ermunterungen gibt es jedoch auch Warnungen. Wenn wir verleugnen, d.h. durch Wort und Wandel zu erkennen geben, dass wir grundsätzlich nichts mehr mit Ihm zu tun haben wollen, dann wird auch Er uns verleugnen. Es handelt sich hierbei nicht um eine einmalige Tat, wie wir sie aus dem Leben des sonst so treuen Petrus kennen. Er wurde ja durch die Gnade des Herrn wieder völlig zurechtgebracht. Aber wo es sich um eine grundsätzliche Einstellung handelt, ist die unausweichliche Folge: „So wird auch er uns verleugnen." Kein Jünger des Herrn darf sich der gefährlichen Illusion hingeben, dass es für ihn keine Gefahr gibt. Gott würde aufhören, Gott zu sein, wenn Er eine solche Verunehrung Seines Sohnes hinnehmen würde.

> Vers 13: *Wenn wir untreu sind – er bleibt treu, denn er kann sich selbst nicht verleugnen.*

Die letzte dieser vier Aussagen ist zugleich eine Warnung und eine Ermunterung. Hier wird nicht gesagt, dass der Herr uns auf allen unseren Wegen, die ja manchmal nicht nach Seinen Gedanken sind, begleiten wird. Er kann sich nicht mit unserer Untreue einsmachen, sondern bleibt sich selbst, Seinem Wesen und Seiner Natur treu. Das sehen wir schon in der Geschichte des Volkes Israel. Seine Treue besteht auch darin, dass Er uns entsprechend Seinen Gedanken wieder auf den richtigen Pfad zurückbringen wird.

Aber andererseits wird unsere Untreue Ihn nicht daran hindern, alle Pläne Seines Herzens, alle Gedanken Seiner Liebe zu Ende zu führen. Er kann sich selbst nicht verleugnen. Er ist in keiner Weise von unserer Treue und unserem Dienst abhängig, auch wenn Er uns in Seiner Gnade zu Seinem Dienst befähigt. Wir können im Kampf ermüden und den Kopf hängen lassen, ja sogar denken, dass unser Zeugnis keine Wirkung mehr hat. Zweifel und Unglaube können uns dann beschleichen. Aber Er wird weiter wirken trotz unserer Treulosigkeit und wird die Versammlung einmal verherrlicht darstellen.

So ist das Bewusstsein, dass der Herr treu ist und sich selbst nicht verleugnen kann, auch ein Trost und eine Ermunterung für die Seinen.

> Vers 14: *Dies bringe in Erinnerung, indem du ernstlich vor dem Herrn bezeugst, nicht Wortstreit zu führen, (was) zu nichts nütze, (sondern) zum Verderben der Zuhörer (ist).*

In Vers 2 unseres Kapitels hatte Paulus Timotheus an das erinnert, was er *gehört* hatte, in Vers 7 wurde er aufgefordert, die Worte des Apostels zu *bedenken;* hier nun wird er gebeten, diese Dinge anderen *in Erinnerung zu bringen.* So hatte einst ein Esra sein Herz darauf gerichtet, das Gesetz des HERRN zu *erforschen* und zu *tun* und in Israel Satzung und Recht zu *lehren* (Esra 7,10). Eine ähnliche Reihenfolge finden wir auch in dem vorliegenden Brief in Kapitel 3,10.14 und Kapitel 4,5. Wir können wohl sagen, dass dies der gottgemäße Weg eines treuen Arbeiters für Gott ist. Der erste Schritt ist immer das Lernen durch das Hören, Erforschen und Erkennen. Der zweite Schritt ist dann das Bedenken, das Bleiben in dem, was man gelernt hat, und das Tun, d.h. die Verwirklichung der erkannten Wahrheit im persönlichen Glaubensleben. Erst wenn diese beiden Voraussetzungen erfüllt sind, kann ein lebendiger und fruchtbarer Dienst durch das Bezeugen, das Dienen und das Lehren erfolgen.

Timotheus sollte „vor dem Herrn" bezeugen, d.h. vor Seinem Angesicht. Er selbst sollte sich der Tatsache bewusst sein, dass er als Diener vor seinem Herrn und Meister stand, wie einst Elia, der Tisbiter, sagen konnte: „So wahr der HERR lebt, der Gott Israels, vor dessen Angesicht ich stehe ..." (l. Kön 17,1). Die Autorität eines solchen Dieners liegt nicht in seiner eigenen Person, sondern darin, dass er aus der Gegenwart Gottes heraus spricht (vgl. 1. Pet 4,11). Aber auch seine Zuhörer sollten sich der Tatsache bewusst sein, dass sie durch das gesprochene Wort in die Gegenwart und das Licht des Herrn gebracht wurden.

So wird Wortstreit vermieden, der zu nichts nütze, sondern zum Verderben der Zuhörer ist. Es gibt auch heute Meinungsverschiedenheiten unter Christen über manche Punkte der Wahrheit Gottes. Gerade diejenigen, die diese Wahrheit hoch schätzen und kennen, neigen manchmal dazu, Unterscheidungen zu machen oder Dinge hervorzuheben, die vielleicht gar nicht so wesentlich sind. Dadurch können leicht Streitigkeiten entstehen, wodurch die Zuhörer wiederum verwirrt werden. Diejenigen, die diesen Wortstreit führen, wissen dann wohl manchmal, wie weit sie gehen können, aber die nicht so fortgeschrittenen Zuhörer diskutieren weiter, ohne zu merken, wie verderblich dies ist! Deshalb gilt die an Timotheus gerichtete Warnung auch uns heute.

> Vers 15: *Befleißige dich, dich selbst Gott als bewährt darzustellen, als einen Arbeiter, der sich nicht zu schämen hat, der das Wort der Wahrheit recht teilt.*

In Verbindung mit der obigen Warnung erhält Timotheus jedoch auch eine positive, persönliche Ermunterung, sich mehr durch sein eigenes Beispiel als durch Worte seinen Zuhörern zu empfehlen. Dabei sollte er nicht in erster Linie suchen, seine Brüder und Schwestern zu beeindrucken, sondern vor Gott bewährt dazustehen. Dazu bedarf es des Fleißes und der Anstrengung in geistlicher Energie. Wer sich so befleißigt, vor Gott bewährt dazustehen, der wird auch ein positives Vorbild für seine Mitchristen sein und diese zur Nachahmung anspornen. Bewährung setzt immer Prüfung und Erprobung voraus. Im NT ist von der Bewährung des Werkes (1. Kor 3,13), des Dienstes (2. Kor 9,13), des Glaubens (Jak 1,3; 1. Pet 1,7) und von Personen (Röm 14,18; 16,10; 1. Kor 11,19; 2. Kor 2,9; Phil 2,22; 1. Thes 2,4; Jak 1,12) die Rede. Wer sich wirklich befleißigt, sich so vor Gott bewährt darzustellen, braucht sich weder jetzt noch später zu schämen (vgl. 1. Joh 2,28). Wer das Wort Gottes nicht in erster Linie auf sich selbst anwendet, so dass sein eigenes Gewissen gereinigt wird, kann es auch nicht anderen predigen, ohne sich selbst schämen zu müssen. In einem solchen Fall würde ja jedes Wort den Diener selbst anklagen.

Mit dem „Arbeiter" wird uns der vierte „Beruf" in diesem Kapitel vorgestellt. Wir haben bereits den Kriegsmann, den Soldaten Jesu Christi (Vers 3), den kämpfenden Athleten (Vers 5) und den Ackerbauer (Vers 6) gesehen. Ein Arbeiter ist jemand, der für Lohn arbeitet, der für seine Mühe, seinen Fleiß und das Ergebnis seiner Arbeit belohnt wird. Welch eine Ermunterung ist es, dass es auch für unser Tun Lohn gibt!

Wie wichtig ist das rechte Teilen des Wortes Gottes! Das Wort „Teilen" bedeutet eigentlich „geradeschneiden" und kommt nur an dieser Stelle im NT vor. Das Wort Gottes selbst ist von der ersten bis zur letzten Seite wahr und vollkommen. Aber welchen Fehler können wir Menschen machen, wenn wir es falsch anwenden, z.B. indem wir Judentum und Christentum, Gesetz und Gnade, gläubige und ungläubige Zuhörer oder Leser nicht unterscheiden. Wir müssen nicht nur die verschiedenen Wahrheiten, sondern auch deren richtige Anwendung lernen. Wie leicht werden Dinge aus dem Zusammenhang gerissen! Was Petrus über die Weissagungen sagt, gilt jedoch auch für das ganze Wort Gottes: „Indem ihr dies zuerst wisst, dass keine Weissagung der Schrift von eigener Auslegung ist" (2. Pet 1,20). Das bedeutet ganz einfach, dass kein Vers, kein Ausspruch und kein Gedanke des Wortes Gottes richtig verstanden und erklärt werden kann, wenn er nicht in dem Zusammenhang, in dem er steht, betrachtet wird. Aber wie oft wird gegen diese Grundregel einer gesunden Schriftauslegung verstoßen!

> Verse 16-17: *Die ungöttlichen, leeren Geschwätze aber vermeide; denn sie werden zu weiterer Gottlosigkeit fortschreiten, und ihr Wort wird um sich fressen wie ein Krebsgeschwür; unter welchen Hymenäus ist und Philetus.*

Nach dieser ermunternden Aufforderung an den jungen Arbeiter Timotheus folgt eine ernste Warnung. Es gibt kaum eine größere List Satans als die, dass er Arbeiter im Werk des Herrn in Streitigkeiten hineinzieht. Besonders schlimm ist es, wenn solche „ungöttlichen, leeren Geschwätze" das Wort Gottes und seine Lehren zum Gegenstand haben, wie es hier zweifellos der Fall war. Schon im 1. Brief an Timotheus hatte Paulus eine ähnliche Warnung ausgesprochen, in der der gleiche Ausdruck etwas anders übersetzt wird: „O Timotheus, bewahre das anvertraute Gut, indem du dich von den ungöttlichen, leeren Geschwätzen und Widersprüchen der fälschlich so genannten Kenntnis wegwendest, zu der sich bekennend einige von dem Glauben abgeirrt sind" (l. Tim 6,20.21). In einer Zeit des Verfalls ist es eine der wichtigsten Aufgaben des Dieners, für die Wahrheit einzustehen und zu kämpfen. Aber etwas ganz anderes ist es, sich in Diskussionen über geistliche Themen einzulassen, die nicht die Verherrlichung des Herrn und das Wohl der Kinder Gottes zum Ziel haben. Das ergibt „ungöttliche, leere Geschwätze".

Das Wort „ungöttlich" kommt nur in den Briefen an Timotheus (l. Tim 1,9; 4,7; 6,20; 2. Tim 2,16) und im Hebräerbrief (Kap 12,16) vor und bezeichnete ursprünglich einen Ort, der von jedermann betreten werden konnte, im Gegensatz zu einer heiligen, geweihten Stätte, zu der ein Mensch keinen Zutritt hatte. Daraus entstand die Bedeutung „unheilig, ungöttlich". Auch der Ausdruck „leeres Geschwätz" (im Griechischen *ein* Wort: *kenophonia*) kommt nur an der bereits angeführten Stelle (l. Tim 6,20) und hier vor. Seine Grundbedeutung ist „leerer Klang oder Ton", d.h. Worte ohne Bedeutung für den Gläubigen. Es kann nicht oft genug betont werden, dass die beste Methode zur Bekämpfung von Irrtümern die Darstellung der reinen Wahrheit ist. Wenn eine Meinungsverschiedenheit oder ein Streit auf diese Weise beigelegt wird, werden der Sprechende und die Zuhörenden erbaut, während ungöttliche, leere Geschwätze nur dazu führen, dass sie zu weiterer Gottlosigkeit fortschreiten, weil Herz und Gewissen verhärtet werden.

Erleuchtet durch den Heiligen Geist sah Paulus schon damals mit aller Deutlichkeit die Entwicklung der Christenheit voraus: „Ihr Wort wird um sich fressen wie ein Krebs." Ob es sich um Fragen wie die Entstehung der Welt oder die zentrale Heilstatsache, dass Gott Seinen eingeborenen Sohn als Mensch und Erlöser auf diese Erde gesandt hat, handelt, es gibt kaum eine Wahrheit des Wortes Gottes, die nicht zunächst durch ungöttliche, leere Geschwätze in Frage gestellt wurde und heute in weiten Teilen der Christenheit ganz geleugnet wird. Könnte es einen besseren Beweis für Gottlosigkeit geben, als den von einem „Christen" geprägten Ausspruch: „Gott ist tot"?

Um den Ernst seiner Worte noch zu unterstreichen, führt Paulus die beiden Männer Hymenäus und Philetus als lebendige Beispiele dieser Entwicklung an, die schon damals einsetzte.

> Vers 18: *Die von der Wahrheit abgeirrt sind, indem sie sagen, dass die Auferstehung schon geschehen sei und den Glauben einiger zerstören.*

Ein Mann namens Hymenäus wird von Paulus schon im ersten Brief erwähnt (Kap 1,20). Es ist gut möglich, dass derjenige, von dem Paulus früher bereits sagen musste, dass er, was den Glauben betrifft, Schiffbruch gelitten habe, derselbe ist, der nunmehr auch den Glauben anderer zerstörte. Wahrscheinlich handelte es sich bei diesen Männern um Lehrer, die dem Irrtum verfallen waren, dass die Auferstehung bereits geschehen sei. Vielleicht gründeten sie ihre falsche Ansicht auf die Lehre von Epheser 2, wo wir lesen, dass Gott uns mit dem Christus lebendig gemacht und mit Ihm auferweckt hat (vgl. auch Kol 3). Wenn wir die Briefe an die Epheser und die Kolosser richtig verstehen wollen, müssen wir sehen, dass uns darin der Ratschluss Gottes von Ewigkeit her mitgeteilt wird. Nach diesem göttlichen Plan sind wir durch den Glauben in unserer geistlichen Stellung bereits jetzt mit Seinem geliebten, eingeborenen Sohn vereinigt, d.h. mit Ihm gestorben und auferweckt, und nach dem Epheserbrief sogar bereits in Ihm mitversetzt in die himmlischen Örter.

Von diesem Gesichtspunkt aus ist unsere Auferweckung mit Christus tatsächlich eine vollendete Tatsache. Aber solange der Gläubige auf der Erde ist, hat sein Leib noch keinen Anteil an dieser Auferweckung oder Auferstehung. Solange wir im Leib, d.h. als Menschen auf der Erde sind, ist auch das Fleisch mit seinen sündigen Neigungen noch vorhanden. Erst wenn der Herr zur Entrückung Seiner Versammlung aus dem Himmel kommt, werden die lebenden Gläubigen verwandelt und die entschlafenen Gläubigen auferweckt, um einen Leib zu erhalten, der gleichförmig ist dem Leib der Herrlichkeit Christi (1. Kor 15; 1. Thes 4; Phil 3,21).

Wenn nun gelehrt wurde, dass die Auferstehung schon geschehen sei, dann bedeutete das, dass es keinen Tod mehr gab, dass das Fleisch abgetan war, aber auch, dass die Wiederkunft des Herrn nicht mehr zu erwarten war. Man kann sich ausmalen, welche Auswirkungen solche Lehren auf das praktische Leben ihrer Anhänger hatten. In der Tat wurde dadurch der Glaube etlicher zerstört. Es ist wichtig, dass hier „Glaube" mit Artikel steht. Im NT ist in diesem Fall fast immer das Glaubensgut, die Wahrheit, die geglaubt wird, gemeint. Wenn es sich jedoch um die geistliche Energie in dem Gläubigen handelt, fehlt der Artikel im Allgemeinen (vgl. Vers 22 und Heb 11,1 etc.). Durch die Umtriebe der Lehrer, die von der Wahrheit abgeirrt waren, wurde das Glaubensgut manch eines Jüngers zerstört.

> Vers 19: *Doch der feste Grund Gottes steht und hat dieses Siegel: (Der) Herr kennt, die sein sind; und: Jeder, der den Namen (des) Herrn nennt, stehe ab von (der) Ungerechtigkeit.*

Wir können uns vorstellen, dass solche Mitteilungen dazu angetan waren, den jungen Timotheus zu verwirren. Sicherlich waren Hymenäus (vgl. 1. Tim 1,20) und Philetus dem Timotheus gut bekannt, sonst hätte der Apostel Paulus ihre Namen wohl nicht erwähnt. Wenn diese sich als Irrlehrer entpuppten, die andere in ihrem Fall mitrissen, auf wen sollte er sich dann noch verlassen? Auf diese Frage gibt Paulus seinem Mitarbeiter eine klare Antwort. Es gibt eine feste, unerschütterliche Grundlage, die der Apostel „den festen Grund Gottes" nennt. Dies ist ein allgemeiner Ausdruck, bei dem wir nicht an bestimmte Lehren zu denken brauchen. Es soll ganz allgemein auf das hingewiesen werden, was mitten im Verfall festbleibt. Das ist der feste Grund Gottes. Diese Grundlage hat ein Siegel, das zwei Seiten besitzt, einmal die Gott zugewandte Seite: „Der Herr kennt, die sein sind", zum anderen die dem Menschen zugekehrte Seite: „Jeder, der den Namen des Herrn nennt, stehe ab von der Ungerechtigkeit." Wie man bei einer Münze nicht beide Seiten gleichzeitig betrachten kann, so auch hier. Letztlich kennt nur Gott die Ihm zugekehrte Seite dieses Siegels: „Der Herr kennt, die sein sind." Eigentlich sollte es nicht so sein, sondern auch die Gläubigen sollten diese wunderbare Kenntnis besitzen, und zwar sowohl von sich selbst als auch von anderen. Dieses Wort zeigt uns, dass schon in jenen Tagen der Verfall und die Verwirrung in der Christenheit eingesetzt hatten.

Jedoch ist dies für uns auch eine Ermunterung. Der Herr Jesus sagt in Johannes 10,27: „Meine Schafe hören meine Stimme, und ich kenne sie, und sie folgen mir; und ich gebe ihnen ewiges Leben, und sie gehen nicht verloren in Ewigkeit, und niemand wird sie aus meiner Hand rauben. Mein Vater, der sie mir gegeben hat, ist größer als alles, und niemand kann sie aus der Hand meines Vaters rauben."

Die andere Seite des Siegels ist uns zugekehrt. Sie zeigt uns unsere Verantwortung. In einer Zeit der Verwirrung in der Christenheit können wir nicht immer mit Sicherheit erkennen, ob jemand wirklich ein Kind Gottes ist, aber wir können wohl erkennen, ob jemand, der den Namen des Herrn nennt, von der Ungerechtigkeit absteht. Es ist beachtenswert, dass es hier nicht heißt „Jesus" oder „Christus", sondern „Herr". Wer Jesus als Herr nennt und bekennt, muss dies auch in seinem Leben zum Ausdruck bringen.

Unter „Ungerechtigkeit" müssen wir alles verstehen, was im Widerspruch zu Gott, Seinem Wesen und Willen steht. Für ein Kind Gottes bedeutet Gerechtigkeit in praktischer Hinsicht (und darum handelt es sich hier) einen Wandel in Übereinstimmung mit dem Willen Gottes, ein Leben mit Gott. Dementsprechend bedeutet Ungerechtigkeit das genaue Gegenteil, sowohl auf sittlichem Gebiet als auch in der Lehre. Der Herr Jesus selbst sagt in Matthäus 7,16: „An ihren Früchten werdet ihr sie erkennen. Sammelt man etwa von Dornen Trauben oder von Disteln Feigen? So bringt jeder gute Baum gute Früchte, aber der faule Baum bringt schlechte Früchte. Ein guter Baum kann keine schlechten Früchte bringen, noch kann ein fauler Baum gute Früchte bringen ... Deshalb, an ihren Früchten werdet ihr sie erkennen." Hier wird also deutlich die Verantwortung eines jeden angesprochen, der bekennt, dem Herrn nachzufolgen.

Die Gnade Gottes und die Verantwortung des Menschen werden in diesem Vers einander gegenübergestellt. Auch an anderen Stellen des Wortes Gottes finden wir sie, z.B. in Kolosser 1,22 und 23: „… um euch heilig und untadelig und unsträflich vor sich hinzustellen, sofern ihr in dem Glauben gegründet und fest bleibt und nicht abbewegt werdet von der Hoffnung des Evangeliums." Nach Gottes Weisheit laufen sie wie die beiden Gleise eines Schienenstranges untrennbar und doch unterschieden nebeneinander her.

Vers 20: *In einem großen Haus aber sind nicht allein goldene und silberne Gefäße, sondern auch hölzerne und irdene; und die einen zur Ehre, die anderen aber zur Unehre.*

Es besteht wohl kein Zweifel darüber, dass unter dem „großen Haus" damals wie heute das zu verstehen ist, was sich christlich nennt. Während Paulus im ersten Brief die Versammlung des lebendigen Gottes noch das „Haus Gottes" nennt (l. Tim 3,15), spricht er hier nur noch von einem großen Haus.

Der Herr Jesus selbst hatte bereits in Matthäus 16,18 gesagt: „Auf diesen Felsen werde ich meine Versammlung *bauen*." Petrus, an den diese Worte des Herrn gerichtet waren, führt diesen Gedanken fort, wenn er schreibt: „Zu welchem kommend, als zu einem lebendigen Stein, von Menschen zwar verworfen, bei Gott aber auserwählt, kostbar, werdet auch ihr selbst als lebendige Steine aufgebaut, ein geistliches Haus …" (l. Pet 2,4.5). Ähnlich schreibt Paulus: „Indem Jesus Christus selbst Eckstein ist, in welchem der ganze Bau, wohl zusammengefügt, wächst zu einem heiligen Tempel im Herrn" (Eph 2,20.21). Wo Christus selbst Grundlage und Baumeister ist, werden nur lebendige Steine zu dem Haus Gottes hinzugefügt. Unter diesem Gesichtspunkt besteht das Haus Gottes nur aus solchen, die wirklich wiedergeboren sind und in lebendiger Verbindung mit dem Herrn Jesus stehen.

Aber in 1. Korinther 3 wird uns das Haus Gottes auf dieser Erde von einer anderen Seite gezeigt. Auch hier ist der Grund Jesus Christus. Aber wir lesen auch, dass Paulus als weiser Baumeister durch seine Tätigkeit im Dienst des Herrn den Grund gelegt hat, auf dem andere weiterbauen. Weiter heißt es dann: „Ein jeder aber sehe zu, wie er darauf baut." Aus dem Nachfolgenden ersehen wir, dass hier der Bau der Verantwortung von Menschen übergeben ist, die daran weiterbauen. Das Baumaterial, d.h. die Art des Dienstes, die Lehre, aber auch die Menschen, die als „Steine" diesem Bau hinzugefügt werden, können Gold, Silber, köstliche Steine, oder auch Holz, Heu, Stroh sein. Wir sehen, dass, obwohl mit wertlosem, schlechten Material gebaut werden kann, das Bauwerk trotzdem der Tempel Gottes genannt wird (V. 16.17). Auch in Epheser 2,22, wo uns die Verantwortung des Menschen vor Augen gestellt wird, ist von der „Behausung Gottes im Geist" die Rede. Trotz der Tatsache, dass sich im Lauf der Zeit sogar Ungläubige äußerlich in diesem Haus befunden haben, bleibt es das Haus Gottes, in dem Gottes Geist wohnt.

Hier im zweiten Timotheusbrief ist die Entwicklung noch einen Schritt weitergegangen: Es wird von einem großen Haus gesprochen. In diesem Hause befinden sich alle, „die den Namen des Herrn nennen", d.h. alle, die ihrem Bekenntnis nach Christen sind. Das sind die Gefäße, welche hier nach zwei Merkmalen unterschieden werden, einmal nach dem Material, zum anderen nach der Brauchbarkeit. Ähnlich wie in 1. Korinther 3 werden die edlen, beständigen Materialien den unedlen, vergänglichen gegenübergestellt: „Nicht allein goldene und silberne Gefäße, *sondern auch* hölzerne und irdene." Gold ist im Allgemeinen in der Schrift ein

Bild der göttlichen Herrlichkeit (vgl. 2. Mo 25,18 und Heb 9,5). Silber spricht von dem Preis, der für die Erlösung bezahlt wurde (2. Mo 30,11-16 und 38,25). Die goldenen und silbernen Gefäße weisen daher auf die wahren Gläubigen hin, die durch die Erlösung in die Gegenwart Gottes gebracht sind. Demgegenüber stellen die hölzernen und irdenen Gefäße Ungläubige dar, deren Kennzeichen irdischer Ursprung und irdisches Wesen sind.

Eigentlich gehören in das Haus Gottes nur goldene und silberne Gefäße. Die Tatsache, dass hier hölzerne und irdene Gefäße erwähnt werden, ist ein Beweis des Verfalls, von dem der zweite Timotheusbrief handelt. Neben dieser Einteilung nach dem Material steht jedoch eine Einteilung bezüglich der Brauchbarkeit der Gefäße: „Die einen zur Ehre, die anderen aber zur Unehre." Wenn diese Einteilung der vorigen genau entspräche, würde es sich praktisch um eine bloße Wiederholung handeln. Das ist jedoch nicht der Fall. Nach Vers 19 kennt der Herr zwar die goldenen und silbernen Gefäße, die Sein sind, aber ein solches Gefäß dient nicht zur Ehre des Hausherrn, wenn es beschmutzt und dadurch verunreinigt ist. Ein hölzernes oder irdenes Gefäß, d.h. ein Namenschrist ohne Leben aus Gott, ist daher von seinem Ursprung her bereits ein Gefäß zur Unehre. Aber ebenso ist es ein verunreinigtes goldenes oder silbernes Gefäß, wenn es nicht – wie Vers 19 sagt – von der Ungerechtigkeit absteht.

Das ist das Bild, welches die Christenheit heute zeigt. Einerseits gibt es in diesem großen Haus goldene und silberne Gefäße (Gläubige), andererseits hölzerne und irdene Gefäße (Ungläubige). Aber auch ein Gläubiger, der in bewusster Verbindung mit der Ungerechtigkeit steht, ist kein Gefäß zur Ehre, sondern zur Unehre. In einer solchen Verwirrung weiß nur der Herr in jedem einzelnen Fall, wer Sein ist; es ist unsere persönliche Verantwortung, von der Ungerechtigkeit abzustehen und dadurch ein Gefäß zur Ehre des Hausherrn zu werden. Wie dies geschieht, wird uns im nächsten Vers gezeigt.

> Vers 21: *Wenn nun jemand sich von diesen reinigt, (so) wird er ein Gefäß zur Ehre sein, geheiligt, nützlich dem Hausherrn, zu jedem guten Werk bereitet.*

In diesem Vers wird jeder Christ persönlich angesprochen. Die Frage lautet hier nicht: Ist mein Bruder, meine Schwester ein Gefäß zur Ehre? Hier geht es darum, ob *ich* bereit bin, mich von diesen Gefäßen zur Unehre zu reinigen. „Es handelt sich nicht um Zucht im Blick auf einzelne Verfehlungen oder um die Wiederherstellung von Seelen in einer Versammlung, die teilweise ungeistlich geworden ist, sondern um eine Verhaltensrichtlinie für den einzelnen Christen im Blick auf das, was den Herrn in irgendeiner Weise verunehrt" (J. N. Darby, Synopsis).

Das Wort „reinigen" (griech. *ekkathairo*) wird in 1. Korinther 5,7 mit „ausfegen" übersetzt. Auch hierin kommt der fortschreitende Verfall zum Ausdruck. Im „Normalzustand" der Versammlung sollte der Böse hinausgetan werden, hier soll sich der Einzelne von der Ungerechtigkeit wegreinigen.

Das bedeutet natürlich nicht, dass jeder Christ, der bei einem Mitchristen etwas Böses entdeckt zu haben glaubt, sich sofort durch „Reinigung" von ihm trennen kann oder muss. Dies würde zu einer endlosen Kette von Trennungen führen. Wir besitzen die göttlichen Anweisungen für die Ausübung der Zucht innerhalb der Versammlung, die immer bestehen bleiben. Wenn aber die Ungerechtigkeit bewusst geduldet, d.h. nicht verurteilt und weggetan wird, ist die

Trennung erforderlich. Ein oft übersehener Grundsatz des Wortes Gottes besagt nämlich, dass auch die *Verbindung mit Bösem verunreinigt.*

Schon in 2. Korinther 6,14-18 wird uns gesagt, wie ernst Gott die Verbindung von Gerechtigkeit mit Gesetzlosigkeit, von Licht mit Finsternis, von Gläubigen mit Ungläubigen nimmt. Hier wird uns nun nochmals in sehr deutlicher Form vor Augen gestellt, dass Gott nicht nur unseren persönlichen Wandel, sondern auch unsere Verbindungen beurteilt, wobei das Unterscheidungsmerkmal nicht nur gläubig – ungläubig, sondern rein – unrein ist. Deshalb heißt es hier auch nicht einfach wie in Vers 19: „Jeder, der den Namen des Herrn nennt, stehe ab von der Ungerechtigkeit", sondern: „Wenn nun jemand sich von diesen (Gefäßen zur Unehre) wegreinigt." So wird ein Gläubiger ein Gefäß zur Ehre, und daher ist es das erste Kennzeichen eines solchen Gefäßes, dass es geheiligt ist. Heiligung bedeutet in der Schrift immer die Absonderung von allem, womit etwas bisher in Verbindung stand, und zwar für einen bestimmten, von Gott angegebenen Zweck. Die Heiligung der Christen hat zwei Seiten: Durch den Heiligen Geist ist jeder, der an den Herrn Jesus glaubt, ein für allemal geheiligt für Gott (l. Kor 1,30; 6,11; Heb 10,10; 1. Pet 1,2); nach Gottes Willen ist er herausgenommen aus dem gegenwärtigen bösen Zeitlauf (Gal 1,4). Hier setzt nun die zweite Seite der Heiligung ein, die persönliche Verantwortung. „Wie der, welcher euch berufen hat, heilig ist, seid auch ihr heilig in allem Wandel" (l. Pet 1,15; vgl. 2. Pet 3,11; 2. Kor 7,1). Jeder Gläubige hat die ernste und hohe Aufgabe, die ihm von Gott durch den Glauben zuteil gewordene Heiligkeit auch praktisch zu zeigen. Deshalb werden wir aufgefordert, die Heiligkeit zu vollenden in der Furcht Gottes, der Heiligkeit nachzujagen, unsere Glieder zur Heiligkeit darzustellen und in der Heiligkeit zu bleiben (siehe Röm 6,19; Heb 12,14; 1. Tim 2,15). Dem Fleisch ist die Heiligkeit verhasst; denn sie ist ja die gute, reine Atmosphäre der Gegenwart Gottes, während die Gesinnung des Fleisches (auch des Fleisches bei einem Christen) Feindschaft gegen Gott ist. Wenn also bei irgendeinem Vorhaben oder auf einem Weg Zweifel aufkommen, wird die Frage: „Entspreche ich hiermit der Heiligkeit, zu der ich von Gott berufen bin?", einem aufrichtigen Gewissen Klarheit verschaffen. Zudem sind wir hierin nicht allein gelassen, sondern der Herr Jesus ist in Seinem Dienst an den Seinigen bemüht, sie durch das Wort Gottes zu heiligen (Eph 5,26; vgl. Joh 17,17.19). Die Auswirkungen wahrer praktischer Heiligung sehen wir bei den ersten Christen: „Von den Übrigen aber wagte keiner, sich ihnen anzuschließen, sondern das Volk erhob sie" (Apg 5,13). Gleichzeitig aber hatten sie „Gunst bei dem ganzen Volk" (Apg 2,47). Seien wir aber nicht erstaunt, wenn „es sie befremdet, dass ihr nicht mitlauft zu demselben Treiben der Ausschweifung, und sie lästern euch – die dem Rechenschaft geben werden, der bereit ist, Lebendige und Tote zu richten" (1. Pet 4, 4-5).

Praktizierte Heiligkeit ist also die sichtbare Übereinstimmung unseres Tuns und Lassens mit der heiligen Stellung, in die Gott uns durch Gnade gebracht hat. Ein wahrer und treuer Christ ist in seiner inneren Einstellung und in seiner äußeren Haltung getrennt von der Welt, der Sünde und dem Fleisch, d.h. von allem, was mit der alten Schöpfung verbunden ist, die mit dem Tod Christi am Kreuz ihr Ende gefunden hat. Es bedeutet weiterhin jedoch die Verbindung mit dem auferstandenen, verherrlichten Herrn in der Welt der Auferstehung, der neuen Schöpfung; gleichzeitig jedoch auch vor der Welt die Verbindung mit einem verworfenen

Herrn. Nur so, in völliger Hingabe, kann ich dem Hausherrn nützlich und zu jedem guten Werk bereitet sein. Wir sind nicht nur als neue Menschen das Werk Gottes, sondern wir sind auch in Christo Jesu zu guten Werken geschaffen, welche Gott zuvor bereitet hat, damit wir in ihnen wandeln sollen. Auch die Umgebung, die Atmosphäre, in der wir leben, der Weg, auf dem wir wandeln, ist uns von Gott in der neuen Schöpfung geschenkt worden, so dass wir als neue Menschen in Neuheit des Lebens, in einer neuen Schöpfung leben und handeln können.

> Vers 22: *Die jugendlichen Begierden aber fliehe; strebe aber nach Gerechtigkeit, Glauben, Liebe, Frieden mit denen, die den Herrn anrufen aus reinem Herzen.*

Zu der äußeren kommt nun die innere Reinigung, aber auch das positive Ziel der Absonderung. Absonderung nach Gottes Gedanken ist niemals nur ein Wegwenden von etwas, sondern immer verbunden mit der aufrichtigen Hingabe an den Herrn. Unter den „jugendlichen Begierden" haben wir weniger sexuelle Begehrlichkeit zu verstehen als solche fleischlichen Dinge wie Hochmut, Leichtsinn, Ungeduld, Selbstvertrauen, die die in vielen Dingen unerfahrene Jugend oftmals kennzeichnen. Stattdessen sollte Timotheus den folgenden vier Dingen nachstreben: Gerechtigkeit, Glauben, Liebe und Frieden. Das Wort „streben" (griech. *dioko*) wird in Philipper 3,14 und anderen Stellen mit „jagen" übersetzt. Es zeigt uns, welche Entschlossenheit, Hingabe und Energie nötig ist, um in einem solchen Verfall den Willen Gottes erfüllen zu können. Die Gerechtigkeit ist hier nicht die Gerechtigkeit aus Glauben, die wir in Römer 3 finden, sondern die praktische Gerechtigkeit, die den Brustharnisch der Waffenrüstung Gottes in Epheser 6 darstellt.

Sie umfasst alles, was dem Willen und dem Wesen Gottes – insbesondere im Blick auf Sein Haus auf der Erde – entspricht, und steht im Gegensatz zu der Ungerechtigkeit in Vers 19. Der Glaube steht im Gegensatz zum Vertrauen auf eigene Kraft und sichtbare Dinge. Hebräer 11 zeigt uns viele Beispiele von Gläubigen des AT, die dem Glauben nachjagten. Die Liebe (das Wesen Gottes) ist in unsere Herzen ausgegossen durch den Heiligen Geist. Ihre Kennzeichen finden wir in 1. Korinther 13. Schließlich wird der Friede genannt, dem der Friede mit Gott (Röm 5,1) und der Friede Gottes im Herzen (Phil 4,7) vorausgehen müssen.

Oft wird gesagt, dass die Trennung vom Bösen in der heutigen Zeit schließlich zur Isolierung führt. Aber der vorliegende Vers sagt uns etwas anderes. Wir sehen hier, dass jeder, der seine persönliche Verantwortung erkennt, sich von der Ungerechtigkeit zu trennen und Gerechtigkeit, Glauben, Liebe und Frieden nachzujagen, auf einem gemeinsamen Weg ist mit Gleichgesinnten, „die den Herrn anrufen *aus reinem Herzen*". Nun fragt vielleicht mancher: Wie kann ich denn wissen, ob jemand den Herrn aus reinem Herzen anruft? Ich kann doch nicht in sein Herz hineinsehen! Dieser Vers zeigt eine deutliche Parallele zu Vers 19, wo es heißt: „Jeder, der den Namen des Herrn nennt ..." Es geht hier zunächst um das Bekenntnis. Aber Gottes Wort sagt uns ganz deutlich, dass es möglich ist zu erkennen, ob jemand den Herrn „aus reinem Herzen" anruft. Dazu ist ein klarer Blick, ein einfältiges Auge notwendig. Die Frage lautet: „*Will* ich diesen Pfad überhaupt gehen?"

Ich kann das große Haus, die Versammlung in ihrer Verantwortung auf der Erde, d.h. die Christenheit, nicht verlassen. Das ginge nur, wenn ich z.B. Jude oder Mohammedaner werden würde. Hier wird jeder Christ persönlich aufgerufen, sich von allem abzusondern, was dem heiligen

Willen Gottes widerspricht. Das sind einerseits die Gefäße zur Unehre, Verse 20-21, zum anderen die unheiligen Dinge im eigenen Leben, Vers 22. Diese göttliche Anweisung wird uns aus jeder menschlichen Kirchen- oder Gemeindeorganisation hinausführen, auch wenn sie keine falsche Lehre, sondern „nur" eigenwillige, menschliche Einrichtungen auf dem Gebiet des Gottesdienstes enthält oder sich weigert, die hier betrachteten Grundsätze Gottes zu befolgen.

Vers 23: *Die törichten und ungereimten Streitfragen weise ab, da du weißt, dass sie Streitigkeiten erzeugen.*

Noch einmal warnt der Apostel den jungen Timotheus vor den törichten und ungereimten Streitfragen (vgl. Verse 14 und 16). Es handelt sich hier nicht um allgemeine Streitfragen, sondern um Dinge, die dem Timotheus wohlbekannt waren, wie der Artikel vor dem Wort „Streitfragen" zeigt. Das Wort „ungereimt" (griech. *apaideutos*) bedeutet eigentlich „unerzogen, zuchtlos", das Kennzeichen einer Gesinnung, die nicht Gott unterwürfig ist, sondern dem fleischlichen Eigenwillen folgt (vgl. Jak 4,1). Auf solche Streitfragen sollte Timotheus sich gar nicht erst einlassen, sondern sie ganz einfach abweisen, da er wusste, dass sie niemandem etwas nützten, sondern nur Streitigkeiten hervorbrachten.

Vers 24: *Ein Knecht (des) Herrn aber soll nicht streiten, sondern gegen alle milde sein, lehrfähig, duldsam,*

Der Knecht des Herrn, der die Wahrheit gegen allen Widerstand festhalten soll, darf niemals diesen festen Grund der Wahrheit verlassen, die ihm als Zeugen anvertraut ist, indem er sich mit denen, die törichte und ungereimte Streitfragen erheben, in Streitigkeiten einlässt. Wenn das Wort des

Christus reichlich in ihm wohnt und er unter der Autorität der Wahrheit Gottes steht, kann er inmitten aller Unklarheiten, die durch menschliche Streitereien entstehen, davor bewahrt bleiben, sich darauf einzulassen. Er soll lehrfähig sein, d.h. die Gedanken Gottes nicht nur kennen und verstehen, sondern sie auch in geeigneter Form seinen Zuhörern darstellen können. Aber diese Fähigkeit zu lehren, muss gepaart sein mit Milde und Duldsamkeit, zu denen im nächsten Vers noch die Sanftmut hinzugefügt wird. Wie manches Mal werden Belehrungen gerade in schwierigen Situationen erteilt, ohne dass diese Eigenschaften, die wir bei dem Herrn Jesus in so vollkommener Weise vereint finden, vorhanden sind! Klarheit hat nichts mit menschlicher Härte und Schärfe im Ton zu tun.

> Verse 25-26: *Der in Sanftmut die Widersacher zurechtweist, ob ihnen Gott nicht etwa Buße gebe zur Erkenntnis (der) Wahrheit, und sie wieder nüchtern werden aus dem Fallstrick des Teufels, die von ihm gefangen sind, für seinen Willen.*

Ohne diese drei Eigenschaften, die denjenigen charakterisieren sollen, der die Widersacher unterweist, wird es in den meisten Fällen unmöglich sein, sie zu gewinnen. Wir sehen hier, dass es nicht Gottes Wille ist, solche Personen „loszuwerden", so schwer es uns auch fallen mag, dies in manchen Extremfällen zu verstehen. Erst wenn alle Mittel der Liebe versagt haben und es offenbar geworden ist, dass wirklich ein böser Zustand vorhanden ist, sagt Gott: „Tut den Bösen von euch selbst hinaus" (1. Kor 5,13).

Das Ziel der Zurechtweisung oder Unterweisung soll gottgewirkte und gottgemäße Buße der Widersacher sein. Buße ist keine Sache des Verstandes, sondern des Gewissens.

Es muss sich Gott unterwerfen und durch Sein Wort beurteilt und gerichtet werden. Dabei müssen nicht nur die bösen Taten oder Worte verurteilt werden, sondern auch die Gesinnung, aus der sie hervorkamen, Buße ist die Umkehr zu Gott, die der Anerkennung der Wahrheit vorausgeht. Nur unter dieser Voraussetzung kann (die) Wahrheit richtig erkannt werden. „Wahrheit" ohne Artikel ist hier nicht eine bestimmte oder die ganze offenbarte Wahrheit des Wortes Gottes; der Ausdruck zeigt vielmehr an, dass man alle Dinge im Licht dieses Wortes und in Seiner Gegenwart so sieht, wie Gott sie sieht. Dann werden die Einflüsse satanischen Ursprungs klar, die zum Verlust der geistlichen Nüchternheit geführt haben und zum Fallstrick geworden sind (vgl. 1. Tim 3,7). Der Ausdruck „Erkenntnis (der) Wahrheit" kommt nochmals in Kapitel 3,7 und auch in 1. Timotheus 2,4 vor. Wir sehen daran, wie wichtig in einer Zeit des Verfalls die Kenntnis der Gedanken Gottes ist!

Der Aufbau von Vers 26 ist schwirig, was zu verschiedenen Auffassungen geführt hat. Das Problem ist, ob sich die Worte „für seinen Willen" auf Gott oder auf Satan beziehen. Wenn das erste der Fall ist, müssen wir den Satz folgendermaßen lesen: „… und sie aus dem Fallstrick des Teufels wieder nüchtern werden für seinen (d. i. Gottes) Willen". Das bedeutet also, dass sie nach ihrer Wiederherstellung in Zukunft von dem Willen Gottes geleitet werden. Wenn die Worte sich auf den Teufel beziehen, müssen wir den letzten Teil so lesen: „… aus dem Fallstrick des Teufels, die von ihm für seinen Willen gefangen sind." Der Grundgedanke dieses Verses wird jedoch in beiden Fällen klar: Es ist möglich, dass sogar solche, die der Wahrheit widerstehen, durch Gottes Gnade aus diesem Fallstrick des Teufels befreit werden können.

Welch ein ernster Gedanke, dass alle, die der Wahrheit

Gottes widerstehen – wie angesehen sie auch sein mögen –, nichts anderes als Werkzeuge Satans sind (Mt 16,23). Sie sind von ihm verführt und zu Fall gebracht worden. Wie sollte es das Bemühen eines jeden treuen Knechtes des Herrn sein, sie in Milde, Duldsamkeit und Sanftmut zurechtzubringen, damit sie wieder durch den Heiligen Geist Gottes belehrt und geleitet werden können!

Hilfsmittel eines Dieners im Verfall

2. Timotheus 3

Vers 1: *Dies aber wisse, dass in (den) letzten Tagen schwere Zeiten eintreten werden;*

Von der Gegenwart richtet der Apostel seinen Blick nunmehr in die Zukunft. Er will, dass sein junger Mitarbeiter weiß, wie sich die Zustände in der Christenheit weiterentwickeln, obwohl Satan schon zu der damaligen Zeit mächtig wirkte. Dies haben wir ja schon in den beiden vorigen Kapiteln gesehen. Die letzten Tage sind die Zeiten kurz vor der Wiederkunft des Herrn, wenn Er Seine Braut zu sich in den Himmel nehmen wird. Auch Petrus spricht in seinem zweiten Brief von diesen letzten Tagen vor der Ankunft des Herrn, wenn Spötter das Kommen des Herrn in Zweifel ziehen (2. Pet 3,3).

Nachdem Gott in der „Fülle der Zeit" (Gal 4,4) Seinen Sohn gesandt hat, durch den Er „am Ende dieser Tage" (Heb 1,1) zu uns geredet hat, trägt die ganze Zeit zwischen Seiner Verwerfung, Kreuzigung und Himmelfahrt und Seiner Wiederkunft den Charakter der „letzten Stunde" (l. Joh 2,18). Am Anfang dieser Periode konnte Paulus von „späteren (oder: künftigen) Zeiten" sprechen, in denen etliche von dem Glauben abfallen würden (l. Tim 4,1). Nun wird er jedoch noch präziser und schreibt von „letzten Tagen"; es ist die letzte, abschließende Periode des gegenwärtigen Zeitraums der Gnade.

Die Tatsache, dass der Artikel vor „letzten Tagen" fehlt, deutet daraufhin, dass hier nicht so sehr auf den genauen

Zeitraum hingewiesen wird, sondern mehr auf den Charakter, die Kennzeichen dieser Tage: Es werden schwere, gefahrvolle Zeiten sein. Wenn wir die politischen, wirtschaftlichen, moralischen und religiösen Entwicklungen der letzten Jahrzehnte rückschauend überblicken, wird uns bewusst, dass wir mitten in den letzten Tagen leben. Als der Herr Jesus Seinen Jüngern die Schrecken der Endzeit geschildert hatte, sagte Er zum Schluss: „Wenn ihr dies geschehen seht, so erkennt, dass das Reich Gottes nahe ist" (Lk 21,31). In der höchsten Not darf der kleine Überrest des jüdischen Volkes wissen, dass die Erscheinung des Messias in Herrlichkeit zur Errichtung des Reiches Gottes auf der Erde nahe bevorsteht. In ähnlicher Weise darf die Braut Christi schon vorher, in den schweren Zeiten der Endphase der Gnadenzeit, hoffnungsvoll die Wiederkunft des Bräutigams zur Entrückung erwarten. Aber zur gleichen Zeit ist sie vom Heiligen Geist aufgeklärt über die Zustände, die in den letzten Tagen vor diesem wunderbaren Augenblick nicht nur auf der Erde im Allgemeinen, sondern innerhalb der Christenheit, die sich nach dem Namen des Herrn nennt, herrschen.

> Verse 2-4: *Denn die Menschen werden selbstsüchtig sein, geldliebend, prahlerisch, hochmütig, Lästerer, (den) Eltern ungehorsam, undankbar, unheilig, ohne natürliche Liebe, unversöhnlich, Verleumder, unenthaltsam, grausam, das Gute nicht liebend, Verräter, verwegen, aufgeblasen, mehr das Vergnügen liebend als Gott,*

Immer dunkler wird das Bild, das der Apostel unter der Leitung des Heiligen Geistes von der Christenheit zeichnet. War noch in Kapitel 2 von einem großen Haus die Rede, in dem sich goldene und silberne, aber auch hölzerne und irdene Gefäße befanden, so müssen wir hier sehen, dass diejenigen, die den Namen des Herrn Jesus Christus tragen, mit fast den gleichen Worten beschrieben werden wie Heiden, die das Evangelium der Gnade Gottes überhaupt nicht kennen. Wenn wir die Aufzählung der Sünden und Gräuel in Römer 1,29-31, die die heidnischen Völker als in moralischer Finsternis und Verkommenheit lebende Menschen charakterisieren, mit dem Sündenkatalog derer vergleichen, die eine Form der Gottseligkeit haben, dann sehen wir doch eine erschreckend große Ähnlichkeit. Nur fehlen hier einige der gröbsten Sünden, weil der äußere Einfluss des Christentums sich immer als mäßigend erwiesen hat.

Normalerweise wird das Wort „Mensch" ohne jeden Zusatz im NT nicht zur Bezeichnung von Kindern Gottes gebraucht. Hier werden solche, die gegenüber dem Christentum gleichgültig und abweisend sind, obwohl sie es der Form nach beibehalten, „Menschen" genannt.

Der Herr Jesus hatte diese Entwicklung bereits prophetisch in dem Gleichnis vom Unkraut im Acker (Mt 13,24-30.36-43) geschildert. Während die Menschen schliefen, säte der Feind dessen, der den guten Samen auf sein Feld ausgestreut hatte, den Lolch, ein dem Weizen ähnliches Unkraut, mitten unter den Weizen. Diese böse Saat konnte kein Mensch aus dem Acker entfernen. Nur ein göttliches Gericht ist dazu imstande. Der Acker ist die Welt (V. 38) in der gegenwärtigen Zeitspanne, in der der Sohn des Menschen erhöht ist und Satan, Sein Feind, die bösen Samenkörner der Gesetzlichkeit, der Irrlehren und anderer Bosheiten sät. Diese Dinge werden sich weiter entwickeln bis zur Vollendung des Zeitalters, wenn der Sohn des Menschen bei Seiner Erscheinung auf der Erde das Gericht über die Lebendigen durch Seine Engel ausüben wird. Aber Gottes Kinder erwarten nicht dieses Gericht, das uns in Matthäus 25,31-46 beschrieben wird, sondern „die Barmherzigkeit unseres Herrn Jesus Christus ... zum ewigen Leben" (Jud 21).

„Denn die Menschen werden *eigenliebig* sein." Welch ein Gegensatz zu dem ersten Kennzeichen eines Jüngers Jesu, eines Kindes des Gottes, der selbst die Liebe ist! „Daran werden alle erkennen, dass ihr meine Jünger seid, wenn ihr Liebe untereinander habt" (Joh 13,35), sagte der Herr Seinen Jüngern in der letzten Nacht vor Seinem Tod. Johannes schreibt: „Wir wissen, dass wir aus dem Tod in das Leben hinübergegangen sind, weil wir die Brüder lieben; wer den Bruder nicht liebt, bleibt in dem Tod" (1. Joh 3,14).

Das nächste Kennzeichen dieser Menschen ist die *Geldliebe*, die Paulus bereits in seinem ersten Brief an Timotheus als eine Wurzel alles Bösen bezeichnet hatte, „der nachstrebend einige von dem Glauben abgeirrt sind und sich selbst mit vielen Schmerzen durchbohrt haben" (1. Tim 6,10). In den westlichen, fast ausschließlich auf den Kapitalismus ausgerichteten Gesellschaftsformen ist die Geldliebe auch für den Christen eine der größten Gefahren. Wie wird danach gestrebt, Reichtum zu erwerben, zu besitzen und zu zeigen, anstatt als Mensch Gottes diese Dinge zu fliehen und nach Gerechtigkeit, Gottseligkeit, Glauben, Liebe, Ausharren, Sanftmut des Geistes zu streben!

Es ist heute schon fast eine Tugend, *prahlerisch* zu sein. Wirklicher oder vermeintlicher Erfolg wird lauthals verkündet; auf dem Gebiet der Wissenschaften, des Sportes und vor allem im gesellschaftlichen Leben gehört das Prahlen über das, was man erreicht hat oder noch erreichen will, einfach dazu. Welch ein Gegensatz zu dem Herrn Jesus, von dem wir in Matthäus 12,19 lesen: „Er wird nicht schreien, noch wird jemand seine Stimme auf den Straßen hören; ein geknicktes Rohr wird er nicht zerbrechen, und einen glimmenden Docht wird er nicht auslöschen."

Von dem *Hochmut* des Lebens sagt Johannes, dass er nicht von dem Vater, sondern von der Welt ist (l. Joh 2,16), und Petrus schreibt: „Alle aber seid gegeneinander mit Demut fest umhüllt; denn Gott widersteht den Hochmütigen, den Demütigen aber gibt er Gnade" (l. Pet 5,5). Der Hochmut war die Sünde, die Satan zu Fall brachte (vgl. Jes 14,12 ; Hes 28,16f). Das Wort aus Sprüche 16,18: „Hoffart geht dem Sturz und Hochmut dem Fall voraus", ist sogar in der Welt zum Sprichwort geworden. Nur die Gnade kann uns wahre Demut schenken. Demut besteht nicht darin, so schlecht wie möglich von sich selbst zu denken, sondern sich mit dem Herrn Jesus zu beschäftigen, der gesagt hat: „Nehmt auf euch mein Joch und lernt von mir, denn ich bin sanftmütig und von Herzen demütig, und ihr werdet Ruhe finden für eure Seelen" (Mt 11,29).

Lästerer, die andere und besonders Gott durch Wort und Tat schmähen und beschimpfen, sind ein weiteres Kennzeichen der letzten Tage (vgl. 2. Pet 2,10; Jud 8-10).

Es hat wohl noch nie eine Zeit gegeben, in der der *Gehorsam* im Allgemeinen und *gegenüber den Eltern* im Besonderen so systematisch – teilweise sogar gestützt durch die staatliche Gesetzgebung – untergraben wurde wie heute. Der einzelne Mensch, ob jung oder alt, wird mehr und mehr als das Maß aller Dinge hingestellt, und Worte wie „Autorität" oder gar „autoritär" werden geradezu als böse Relikte einer überwundenen Epoche gebrandmarkt. Ob sich wohl alle Kinder Gottes darüber klar sind, dass hierin widergöttliche und antichristliche Grundsätze zum Ausdruck kommen? Der ewige Gott, der selbst in allem die höchste und letzte Autorität ist, hat in Seiner Schöpfung eine Ordnung niedergelegt, deren Grundsätze Autorität und Gehorsam sind. Kein Mensch kann diese Grundsätze ungestraft verletzen, am allerwenigsten der Christ, der diese Gedanken Gottes richtig verstehen kann, weil er nach Römer 5,19 durch den *Gehorsam* des Einen in die Stellung eines Gerechten versetzt worden ist (vgl. Phil 2,5-8). Daher gelten im Neuen wie im Alten Bund die Worte: „Ihr Kinder, gehorcht euren Eltern im Herrn, denn das ist recht. Ehre deinen Vater und deine Mutter, welches das erste Gebot mit Verheißung ist, damit es dir wohl ergehe und du lange lebest auf der Erde" (Eph 6,1-3).

Welch ein Widerspruch liegt auch darin, wenn ein Christ *undankbar* ist! Er bekennt, in Christus das Leben und die Vergebung der Sünden zu besitzen, er ist auf den Tod Christi getauft, da er mit Ihm gestorben ist. Er besitzt den Geist der Sohnschaft, ist gesegnet mit jeder geistlichen Segnung in den himmlischen Örtern, und vor ihm liegt ein unverwesliches, unbeflecktes und unverwelkliches Erbteil! Wir werden aufgerufen, dem Vater Dank zu sagen, der uns fähig gemacht hat zu dem Anteil am Erbe der Heiligen in dem Licht; aber wer stattdessen undankbar ist, beweist, dass er in Wirklichkeit keinen Anteil an diesen Dingen hat.

Unheilig oder heillos geht mit der vorhergehenden Eigenschaft Hand in Hand. Jedes Kind Gottes, das auch nur ein wenig die Herrlichkeit der Erlösung kennt, wird zur Dankbarkeit geführt. Wer jedoch nur eine Form der Gottseligkeit, nicht aber die wahre Gnade Gottes kennt, ist ein Verächter dieser Gnade. Als Unheiliger oder Heilloser steht er im krassen Widerspruch zur Heiligkeit Gottes und Seinem Heil in Christus.

Ohne *natürliche Liebe* (griech. *astorgos*) bezeichnet das Fehlen der natürlichen Zuneigungen in der Seele, die Gott wie ein Naturgesetz in den Menschen hineingelegt hat. Es ist z.B. die Liebe der Eltern zu den Kindern und der Kinder zu den Eltern, d.h. die Liebespflicht im natürlichen, nicht im sittlichen Sinn, die die Grundlage jeder natürlichen und sozialen Bindung ist. Gerade diese Bindungen werden schon heute mehr und mehr aufgeweicht. Man denke nur an die Einstellung zur Ehe in der heutigen Zeit!

Unversöhnlich oder wortbrüchig, treulos, bedeutet eigentlich jemand, der sich an keinen Vertrag hält. Wir erkennen heute, wie die Menschen mehr und mehr dazu neigen, jede Art von Verpflichtung abzulehnen, um völlig frei und ungebunden, ohne Rücksicht auf die Interessen anderer zu leben. Gottes Wort stellt diese Erscheinung als ein Zeichen der Endzeit an den richtigen Platz.

Für *Verleumder* steht im Griechischen dasselbe Wort wie für „Teufel" *(diabolos),* den der Herr Jesus einen Lügner und Vater der Lüge nennt (Joh 8,44). Ist es nicht ernst, dass der Heilige Geist mit einem solchen Ausdruck nicht Heiden, sondern solche belegen muss, die in den letzten Tagen den Namen „Christ" tragen?

Das Wort *unenthaltsam* (griech. *akrates*) kommt nur an dieser Stelle im Neuen Testament vor. Es bedeutet eigentlich schwach, dann, im moralischen Sinn, jemand der sich nicht beherrschen kann, unmäßig, unenthaltsam. Eine unenthaltsame Person ergibt sich hemmungsloser Genusssucht.

Auch das Wort *grausam* kommt nur ein einziges Mal vor. Es ist eine Ableitung von einem Wort, das „zahm, sanft" bedeutet. Jahrtausende der Zivilisation und der Einfluss der äußerlichen Formen des Christentums haben den gefallenen Menschen nicht ändern können. Ohne die neue Geburt und die neue Natur ist er noch ebenso grausam wie Kain. Es gibt keine Evolution vom primitiven zum edlen Menschen. Die Menschen, die kurz vor der Wiederkunft des Sohnes Gottes leben werden und sogar Seinen Namen tragen, sind genauso niederträchtig wie die ersten Nachkommen des gefallenen Stammvaters.

Wie schrecklich auch, wenn von solchen, die sich Christen nennen, gesagt werden muss, dass sie das *Gute nicht lie-*

ben! Schon Jesaja sagte: „Wehe denen, die das Böse gut heißen, und das Gute böse; welche Finsternis zu Licht machen und Licht zu Finsternis; welche Bitteres zu Süßem machen und Süßes zu Bitterem" (Jes 5,20). Wie viel ärger ist es, wenn dies im Zeitalter der Gnade gesagt werden muss!

Das traurigste Bild eines *Verräters* sehen wir in Judas, der den Herrn an Seine Feinde verriet. Wo immer der Name des Judas im NT erwähnt wird, wird gleichzeitig diese furchtbare Tat des Judas genannt.

Das Wort *verwegen* wird in Apostelgeschichte 19,36 mit „übereilt" übersetzt. Es bezeichnet solche, die unbesonnen ihren eigenen Willen verfolgen, koste es was es wolle. Dagegen fordert das Evangelium uns immer wieder auf, besonnen zu sein; allein im Brief an Titus finden wir dies Wort fünfmal erwähnt (Kap 1,8; 2,1.5.6.12.).

Wie viele *aufgeblasene,* eingebildete Menschen sehen wir auch jetzt um uns her, die doch nur mit Qualm oder Dampf angefüllt sind, wie es wörtlich übersetzt heißt. Wie weit entfernt ist eine solche Einstellung von der Armut im Geist, die der Herr Jesus in der Bergpredigt (Mt 5,3) als ein besonderes Kennzeichen eines wahren Jüngers nannte.

Das letzte Glied dieser traurigen Kette ist die Feststellung: *„Mehr das Vergnügen liebend als Gott."* Trifft dies nicht heute schon auf Millionen zu, die höchst beleidigt wären, wenn man sie nicht als Christen anerkennen würde? Noch nie hat es eine Zeit gegeben, in der die Menschen so viel Freizeit, Gelegenheiten und Mittel zur Verfügung hatten, um dem Vergnügen in allen möglichen Spielarten nachzugehen. Das ist eine Form der Weltliebe, von der Gottes Wort sagt, dass sie Gott feindlich gegenübersteht (vgl. Jak 4,4; 1. Joh 2,15).

> Vers 5: *Die eine Form (der) Gottseligkeit haben, deren Kraft aber verleugnen; und von diesen wende dich weg.*

Das Wort „Gottseligkeit" *(eusebeia)* kommt nur in den Briefen an Timotheus (l. Tim 2,2; 3,16; 4,7.8; 6,3.5.6.11; 2. Tim 3,5), an Titus (1,1) und im 2. Petrusbrief (1,3.6.7; 3,11) vor. Gerade in diesen Briefen finden wir die Verantwortung des Christen und die praktische Ausübung des Glaubens. Das Wort ist eine Ableitung von dem Tätigkeitswort griech. *sebomai* (= eine Gottheit verehren) und bedeutet somit eigentlich „Gottesfurcht", das heißt ein Leben und ein Wandel in Abhängigkeit von Gott und zu Seiner Verherrlichung. Gottseligkeit kann daher nur bei jemand gefunden werden, der durch den Glauben an das Erlösungswerk Christi von neuem geboren ist, den Heiligen Geist als Siegel der Errettung empfangen hat und dadurch das Verlangen und auch die Kraft besitzt, Gott zu dienen. Wie traurig ist es, wenn von den Menschen in den letzten Tagen gesagt werden muss, dass sie zwar eine Form der Gottseligkeit haben, deren Kraft aber verleugnen! Die äußeren Formen, die zur Darstellung der Gottseligkeit gehören, wie Taufe, Mahl des Herrn, Verkündigung des Wortes sind noch vorhanden, aber ohne jede Kraft. Es fehlt die Voraussetzung zu wahrer Gottseligkeit, nämlich „die Erkenntnis dessen, der uns berufen hat durch Herrlichkeit und Tugend, durch die Er uns die kostbaren und größten Verheißungen geschenkt hat, damit ihr durch diese Teilhaber der göttlichen Natur werdet, die ihr dem Verderben entflohen seid" (2. Pet 1,3.4).

Da, wo dem Bekenntnis nach göttliches Leben zu erwarten wäre, findet sich nur eine tote Form. Da, wo der Geist Gottes wirken sollte, zeigt sich nur der Mensch, wie er von Natur ist, dessen ausführliche Beschreibung wir in den ersten vier Versen dieses Kapitels vor Augen hatten.

Der treue Knecht des Herrn, dem in Kapitel 2 gesagt wurde, wie man ein Gefäß zur Ehre und zum Nutzen des Hausherrn sein kann, wird hier aufgefordert, sich von diesen Menschen wegzuwenden.

> Verse 6-7: *Denn aus diesen sind, die sich in die Häuser schleichen und Weiblein gefangen nehmen, die, mit Sünden beladen, von mancherlei Begierden getrieben werden, die immerdar lernen und niemals zur Erkenntnis (der) Wahrheit kommen können.*

Schon heute sehen wir, wie auf einem solchen für Gott toten Boden die verderblichsten Sekten und Irrlehren gedeihen. Hier werden uns sowohl die Verführer als auch die Verführten kurz beschrieben. Menschen, die selbst nie in das Licht Gottes gekommen sind und deshalb auch keinerlei Verständnis über das Wort Gottes haben können (vgl. 1. Kor 2,14), schleichen sich in die Häuser, um „Weiblein" gefangen zu nehmen. Der Ausdruck „Weiblein" zeigt, dass es sich um ganz schwache Seelen handelt, ohne Einsicht und Kraft, die sich ebenfalls in dem Bereich der toten Formen befinden. In der Bildersprache der Heiligen Schrift ist das Weibliche ein Bild der Stellung, die der Mensch einnimmt (das Männliche gewöhnlich ein Bild des praktischen Zustandes), aber auch oft der Schwachheit (vgl. 1. Pet 3,7). Auch diese „Weiblein" sind nie in das Licht Gottes gekommen, das alles offenbar macht, und sind daher „mit Sünden beladen, von mancherlei Begierden getrieben". Auf diesem falschen Weg mögen sie immerzu lernen und immer Suchende bleiben, aber können so nie zur Erkenntnis der Wahrheit kommen, weil dies nicht der Weg zu Gott, sondern ein Weg ist, der von Ihm wegführt. In 1. Timotheus 2,4 sehen wir, auf welchem Weg der Mensch zur Erkenntnis der Wahrheit kommt: Gott will, dass alle Menschen errettet werden und zur Erkenntnis der Wahrheit kommen. Auch in 2. Timotheus 2,25 haben wir gesehen, dass die Buße die Voraussetzung zur Erkenntnis der Wahrheit bei denen ist, die ihr vorher widerstanden haben. „Wahrheit" ist hier nicht eine besondere Heilstatsache, sondern die Wirklichkeit aller Dinge, wie Gott sie sieht und uns in dem Herrn Jesus offenbart hat (vgl. Joh 14,6; 17,17; Eph 4,21).

> Vers 8: *In der Weise aber wie Jannes und Jambres Mose widerstanden, also widerstehen auch diese der Wahrheit, Menschen, verdorben in der Gesinnung, unbewährt hinsichtlich des Glaubens.*

Jannes bedeutet „Betrüger, Übervorteiler", und Jambres „stolz, eigensinnig, widersetzlich". Nach jüdischer Überlieferung waren dies die Namen zweier ägyptischer Zauberer, die Mose und Aaron vor dem Pharao „widerstanden". Ihre Namen werden jedoch im AT nicht erwähnt. Aus 2. Mose 7 und 8 scheint nicht hervorzugehen, dass ihre Aktivität darin bestand, Mose und Aaron zu widerstehen. Wir sehen vielmehr, dass sie die von Gott bewirkten Wunder bis zu einem bestimmten Grad nachahmten. Aber gerade hierin liegt die Parallele zu den in unserem Kapitel beschriebenen letzten Tagen, die auch von einer äußerlichen Form gekennzeichnet sind, der aber die wahre göttliche Kraft des Glaubens fehlt. Wie Aaron verwandelten auch die ägyptischen Zauberer ihre Stäbe in Schlangen, obwohl Aarons Stab ihre Stäbe verschlang (2. Mo 7,11.12). Durch ihre Zauberkünste verwandelten auch sie Wasser in Blut (V. 22) und ließen ebenfalls durch ihre Zauberkünste Frösche über das Land Ägypten heraufkommen (2. Mo 8,7). Aber als Aaron aus dem Staub der Erde Stechmücken hervorkommen ließ und dadurch die Leben schaffende Kraft Gottes unter Beweis stellte, mussten die Schriftgelehrten zum Pharao sagen: „Das ist Gottes Finger" (V. 19). Bis zu einem bestimmten Punkt konnten sie das Wirken Gottes nachahmen und dadurch den besonderen göttlichen Auftrag Moses in Frage stellen. Darin zeigte sich ihr Widerstand gegenüber der Wahrheit.

So wie damals wird es auch in den letzten Tagen sein. Kaum eine List Satans ist verderblicher als diejenige, die die erhabenen, für den natürlichen Verstand unbegreiflichen göttlichen Wahrheiten auf ein menschliches oder noch niedrigeres Niveau herabzieht und dadurch wirkungslos zu machen versucht. Man versucht dann alles verstandesmäßig und logisch zu erklären oder im menschlichen Bereich nachvollziehbar zu machen, wobei die religiöse Form immer gewahrt bleiben soll. Ebenso wie Jannes und Jambres beweisen diese Menschen jedoch gerade dadurch die Verdorbenheit ihrer Gesinnung und ihre Feindschaft gegen Gott. Sie besitzen nicht nur selbst keinen lebendigen Glauben an Gott, sondern versuchen durch ihre äußerlich fromm erscheinenden, in Wirklichkeit jedoch teuflischen und verderblichen Machenschaften andere von dem Glauben abzuhalten, und müssen daher als „unbewährt hinsichtlich des Glaubens" bezeichnet werden.

> Vers 9: *Aber sie werden nicht weiter fortschreiten, denn ihr Unverstand wird allen offenbar werden, wie auch der von jenen es wurde.*

Aber wie groß auch die Macht des Feindes sein mag, es gibt eine Grenze. Für den Augenblick mag es scheinen, als ob Satan durch seine Diener den Sieg davonträgt. Aber „wenn der Bedränger kommen wird wie ein Strom, so wird der Hauch des HERRN ihn in die Flucht schlagen" (Jes 59,19), und so heißt es auch hier: „Sie werden aber nicht weiter fortschreiten." Wie Jannes und Jambres werden auch diese Menschen an der Fortsetzung ihrer bösen Tätigkeit gehindert werden, und ihr Unverstand wird allen offenbar werden. Wie groß auch der augenscheinliche Erfolg der Knechte Satans sein mag, so darf dadurch unser Vertrauen auf Gott nie erschüttert werden. Der Gläubige darf sich darauf verlassen, dass Gott selbst Seine Wahrheit auf Seine Weise offenbaren und ans Licht stellen wird. Das ist der Trost jedes treuen Kindes Gottes in Zeiten des Verfalls und des Widerstandes gegen Gott. Gleichzeitig wissen wir aber auch, dass alle diese Bosheit letzten Endes nur ein Mittel in der Hand Gottes ist, um Sein Volk zu prüfen und zu reinigen.

> Verse 10-11: *Du aber hast genau erkannt meine Lehre, mein Betragen, meinen Vorsatz, meinen Glauben, meine Langmut, meine Liebe, mein Ausharren, meine Verfolgungen, meine Leiden; welcherlei (Leiden) mir widerfahren sind in Antiochien, in Ikonium, in Lystra; welcherlei Verfolgungen ich ertrug, und aus allen hat der Herr mich gerettet.*

Die Worte „du aber" bezeichnen einen Wendepunkt in diesem Kapitel. Wir werden diesen Worten nochmals in Vers 14 und Kapitel 4,5 begegnen. Jeder dieser drei Aufrufe des Apostels an den jungen Timotheus enthält wichtige Hinweise, die auch für uns lehrreich sind. Das erste „du aber" ist der Beginn eines Abschnitts, in dem Timotheus auf die folgenden drei Dinge hingewiesen wird:

1. die Lehre des Paulus,
2. den Wandel des Paulus,
3. den Herrn Jesus selbst.

Der Apostel konnte zu Timotheus sagen: „Du aber hast genau erkannt meine Lehre." Das hier mit „genau erkennen" übersetzte Wort (griech. *parakolotheo*) bedeutet eigentlich „begleiten, immer zur Seite sein, mit den Gedanken folgen". Es wird in Lukas 1,3 und 1. Timotheus 4,6 mit „genau folgen" übersetzt. Eine vage, teilweise Kenntnis dieser Lehre des Paulus genügte also nicht, um vor den schlimmen Entwicklungen innerhalb der Christenheit, wie sie in den Versen 1-9 beschrieben sind, bewahrt zu bleiben.

Das was Paulus hier „meine Lehre" nennt, waren keine Gedanken, die er selbst entwickelt hatte. Ebenso wie „mein Evangelium" (siehe Kap 2,8; Röm 16,25) zeigt dieser Ausdruck, dass Paulus als einem auserwählten Werkzeug Gottes besondere Offenbarungen von Gott gegeben wurden, deren Verkündigung ihm allein oblag. Diese Lehre des Paulus enthält die vollständige Botschaft Gottes über Seinen Sohn Jesus Christus. Dabei müssen wir uns jedoch vor Augen halten, dass das Evangelium, wie es Paulus offenbart und von ihm gepredigt wurde, viel mehr enthielt, als gemeinhin unter „Evangelium" verstanden wird. Er verkündigte nicht nur die Vergebung der Sünden durch den Herrn Jesus Christus, sondern auch die Beiseitesetzung des sündigen Menschen. Die Lehre des Paulus beinhaltete nicht eine Verbesserung des alten Menschen und eine Änderung seines Lebenswandels. Er verkündigte das Gericht über den alten Menschen und die Einführung eines völlig neuen Lebens: Christus. Darüber hinaus gehört zu der Lehre des Paulus die Tatsache, dass der Herr Jesus „sich selbst für unsere Sünden hingegeben hat, damit er uns herausnehme aus der gegenwärtigen bösen Welt, nach dem Willen unseres Gottes und Vaters, dem die Herrlichkeit sei von Ewigkeit zu Ewigkeit, Amen" (Gal 1,4.5).

Dadurch wird zugleich klar, dass die Lehre des Paulus die Verderbtheit der letzten Tage ans Licht bringt. In weiten Bereichen der Christenheit wird der alte Mensch unter dem Mantel eines christlichen Bekenntnisses geduldet. Zwar wird eine Änderung des Lebenswandels und der sozialen Einstellung propagiert, aber ohne Christus, ohne die Gnade Gottes, wobei der Mensch in der Welt belassen wird. Alle Bemühungen gehen nur dahin, dass der alte Mensch anerkannt und die Welt, in der er lebt, angenehmer gemacht wird. Nur der Glaube führt jedoch zu dem Herrn Jesus, zu einem neuen Menschen in einer neuen Welt.

Darüber hinaus umfasst die Lehre des Paulus die ganze offenbarte Wahrheit über die Kirche oder Versammlung Gottes, in der nach Gottes Ratschluss die Gläubigen mit Christus vereinigt sind und Seinen Leib bilden. Es ist eine der Listen des Teufels, in den letzten Tagen dem Gläubigen einzureden, es sei ausreichend, wenn er sich seiner Errettung völlig bewusst sei, wobei seine Vorrechte und seine Verantwortung als Glied der Versammlung Gottes außer Acht bleiben. Das Resultat ist dann eine Überbetonung des persönlichen Glaubenslebens und eine sträfliche Vernachlässigung dessen, was für das Herz Gottes überaus wichtig und wertvoll ist.

Timotheus war der Lehre, die der Apostel Paulus verkündigte, genau gefolgt. Aber nicht nur das, er hatte auch seit dem Tag, als Paulus ihn bei seinem Aufenthalt in Derbe und Lystra aufgefordert hatte, mit ihm auszugehen (Apg 16,1-3), Gelegenheit gehabt, sein Betragen zu beobachten. Wie ernst der Apostel die Übereinstimmung seines Wandels mit seiner Lehre nahm, sehen wir an den Worten: „Ich zerschlage meinen Leib und führe ihn in Knechtschaft, damit ich nicht etwa, nachdem ich anderen gepredigt habe, selbst verwerflich werde" (1. Kor 9,27). Er konnte den Korinthern zurufen: „Seid meine Nachahmer, wie auch ich Christi" (1. Kor 11,1; vgl. 4,16), und erinnerte nun auch Timotheus an sein *Betragen* als treuer Knecht Christi.

In diesem durch unermüdlichen Dienst für den Herrn gekennzeichneten Leben war der *Vorsatz* des Apostels deutlich zu erkennen. Von dem Augenblick, als ihm der Herr vor Damaskus in den Weg trat und ihn zur Bekehrung brachte, war er nicht ungehorsam, sondern verkündigte überall, wohin er gesandt wurde, die Buße zu Gott und den Glauben an den Herrn Jesus Christus. In der Apostelgeschichte und in allen seinen Briefen sehen wir, wie unermüdlich er sich der Verkündigung des Evangeliums und des ganzen Ratschlusses Gottes hingab, um dadurch den Sohn Gottes, den er einst in Seinen Heiligen verfolgt hatte, zu verherrlichen. Wie kein anderer konnte er sagen: „Eines aber tue ich: Vergessend, was dahinten, und mich ausstreckend nach dem, was vorn ist, jage ich, das Ziel anschauend, hin zu dem Kampfpreis der Berufung Gottes nach oben in Christus Jesus" (Phil 3,14).

Praktischer, lebendiger *Glaube* war die Triebfeder des Apostels zu diesem allen. Daran erinnert er Timotheus hier und ermuntert ihn gleichzeitig zum Ausharren auf demselben Weg. Der Glaube ist hier das einfache und dauernde Vertrauen auf unseren Gott und Vater in allen Lagen des Lebens. Wir leben nicht im Schauen, d.h. im Vertrauen auf die sichtbaren Dinge in der Welt, sondern im Glauben an den, der uns als Seinen Kindern verheißen hat, uns sicher ans Ziel zu bringen. Ein solches Leben im Glauben ist für den nicht wiedergeborenen Menschen und auch für das Fleisch im Gläubigen etwas Unbegreifliches, ja Unangenehmes, weil es keinerlei Abstützung im materiellen Bereich braucht. Aber gerade dieser Glaube an den Unsichtbaren ist die Stärke des Gläubigen. Die großen Taten der Kinder Gottes waren und sind immer Glaubenstaten (Heb 11).

Auch die *Langmut,* diesen Bestandteil der Frucht des Geistes (Gal 5,22), konnte Timotheus bei Paulus wie bei keinem anderen sehen. Gott hatte sie bewirkt, denn von Natur aus hatte ein Saulus von Tarsus sie gewiss nicht besessen. Aber ihm war Erbarmen widerfahren, und ein Ergebnis davon war nun die Langmut.

Die *Liebe* ist die Natur Gottes selbst. „Gott ist Liebe" (1. Joh 4,8.16). Er hat Seine Liebe darin erwiesen, dass Christus, da wir noch Sünder waren, für uns gestorben ist (Röm 5,8). Durch Seine Gnade werden die Glaubenden Teilhaber Seiner göttlichen Natur, und Seine Liebe ist ausgegossen in ihre Herzen. So ist die Liebe zu dem Vater, der Seinen Sohn gab, zu dem Sohn, der sich selbst opferte, und zu den Brüdern und Schwestern ein Kennzeichen des Lebens aus Gott (l. Joh 3,14). Auch diese göttliche Liebe ist dem natürlichen Menschen fremd. Ihre Darstellung im Gläubigen wird uns in 1. Korinther 13, dem Hohenlied der Liebe, gezeigt. Diese Liebe überwindet alle Hindernisse, alle Schwierigkeiten zwischen Brüdern. Sie scheut keine Mühe, keine Arbeit „um der Auserwählten willen". Diese Liebe war bei dem Apostel kein leeres Wort, sondern er selbst war ein lebendiges Beispiel dieser Liebe für Timotheus.

Aber auch das *Ausharren* fehlte bei dem Apostel nicht. Wie oft war es bei ihm bereits auf die Probe gestellt worden! Er, den der Herr selbst ein auserwähltes Gefäß genannt hatte, hatte die Zeichen eines Apostels unter den Korinthern in allem Ausharren vollbracht (2. Kor 12,12; vgl. Kap 11).

Als Letztes erwähnt Paulus seine *Verfolgungen und Leiden*, in denen sein Ausharren offenbar geworden ist. Das bereits angeführte Kapitel (2. Kor 11) zählt uns eine Reihe dieser Leiden auf, wie sie kaum ein anderer Knecht des Herrn erlitten hat. Wie gut kannte Timotheus die Verfolgungen und Leiden, die Paulus in Kleinasien widerfahren waren! In Antiochien (in Pisidien) hatten die Juden eine Verfolgung gegen Paulus und Barnabas erweckt und sie aus ihren Grenzen vertrieben (Apg 13,50). In Ikonium hatten die ungläubigen Juden die Seelen derer aus den Nationen wider die Brüder gereizt, so dass in der Stadt zwei Parteien entstanden. „Als aber ein ungestümer Angriff geschah, sowohl von denen aus den Nationen als auch von den Juden samt ihren Obersten, um sie zu misshandeln und zu steinigen, entflohen sie, als sie es inne wurden, in die Städte von Lykaonien: Lystra und Derbe und die Umgegend; und daselbst verkündigten sie das Evangelium" (Apg 14,5-7). In Lystra ging die Verfolgung jedoch noch weiter. Dort wurde Paulus von den Volksmengen gesteinigt und im Glauben, dass er tot sei, aus der Stadt hinausgeschleift (Apg 14,19). Aber wie der Psalmist konnte auch Paulus dankbaren Herzens sagen: „Viele sind der Widerwärtigkeiten des Gerechten, aber aus allen denselben errettet ihn der HERR" (Ps 34,19).

> Vers 12: *Alle aber auch, die gottselig leben wollen in Christus Jesus, werden verfolgt werden.*

Fast beiläufig lässt Paulus der Schilderung seiner eigenen Verfolgungen den kurzen, aber inhaltsschweren Nachsatz folgen: „Alle aber auch, die gottselig leben wollen in Christus Jesus, werden verfolgt werden." Diese Worte sind ein Prüfstein für den Wandel jedes Kindes Gottes. Ist es mein Wunsch, in Christus Jesus gottselig zu leben? Dann werde ich verfolgt werden! Wenn mir Verfolgungen jeglicher Art etwas Fremdes sind, dann muss ich mich fragen, ob es wirklich mein Wunsch ist, ein gottgefälliges Leben zu führen! Dabei brauchen wir nicht an die Christenverfolgungen größeren Ausmaßes zu denken, die wir aus der Geschichte des Christentums kennen. In Galater 4,29 lesen wir, dass Ismael den Isaak *verfolgte;* wenn wir dazu 1. Mose 21,9 aufschlagen, finden wir, dass Sara sah, wie der Sohn Hagars *spottete.* Seinen Jüngern sagte der Herr kurz vor Seinem Tod am Kreuz: „Wenn die Welt euch hasst, so wisst, dass sie mich vor euch gehasst hat. Wenn sie mich verfolgt haben, werden sie auch euch verfolgen" (Joh 15,18-20). Wie ihr Herr, so wurden Christen verfolgt, weil sie „anders" waren als die Übrigen (vgl. Mk 3,21; Apg 16,20.21), weil sie von Gott und Seiner

Liebe und Gerechtigkeit zeugten (Joh 10,25-39; Apg 7), kurz, weil Finsternis und Licht einander ausschließen. Deshalb rief Petrus den gläubigen Juden zu: „Geliebte, lasst euch das Feuer (der Verfolgung) unter euch, das euch zur Versuchung geschieht, nicht befremden, als begegne euch etwas Fremdes; sondern insoweit ihr der Leiden des Christus teilhaftig seid, freut euch, damit ihr auch in der Offenbarung seiner Herrlichkeit mit Frohlocken euch freut. Wenn ihr im Namen Christi geschmäht werdet, glückselig seid ihr! Denn der Geist der Herrlichkeit und der Geist Gottes ruht auf euch" (l. Pet 4,12-14; vgl. 2. Thes 1,4.5; Apg 14,22).

Hier steht nicht, dass alle Christen, und erst recht nicht diejenigen, die nur eine Form der Gottseligkeit haben (V. 5), verfolgt werden, sondern nur diejenigen, die gottselig leben wollen in Christus Jesus.

Der Nachdruck liegt hier auf dem „wollen", d.h. dem aufrichtigen Wunsch und Herzensentschluss, und auf den Worten „in Christus Jesus", d.h. der Verwirklichung der völlig neuen Stellung, die der Gläubige in dem verherrlichten Menschen Christus Jesus besitzt (vgl. Röm 8,1; Eph 2,6.10).

> Vers 13: *Böse Menschen aber und Betrüger werden zu Schlimmerem fortschreiten, indem sie verführen und verführt werden.*

Wir erinnern uns daran, dass in diesem Abschnitt nicht von den Menschen im Allgemeinen, sondern von der Christenheit die Rede ist. Dadurch gewinnen die Worte „böse Menschen" und „Betrüger" eine besondere Bedeutung. Hier wird der Gedankengang der Verse 6-9 wieder aufgegriffen. Der Ausdruck „Betrüger" (griech. *goes*), der im NT nur an dieser Stelle vorkommt, ist von einem Wort abgeleitet, das „heulen, wehklagen" bedeutet. Es bezeichnet ursprünglich die Zauberer, die ihre Zaubersprüche in heulendem Ton vortrugen, dann auch Gaukler und Betrüger. Welch ein Gedanke, dass solche Männer noch zu Schlimmerem fortschreiten. Die Macht des Teufels zeigt sich in der Tatsache, dass sie andere verführen, aber auch selbst verführt werden. Darin sehen wir bereits ein Vorzeichen der zukünftigen Periode nach der Entrückung der Versammlung. Wenn dann die Wirksamkeit Satans in aller Macht, Zeichen und Wundern der Lüge und in allem Betrug der Ungerechtigkeit zur vollen Entfaltung kommt, sendet Gott denen, die die Liebe zur Wahrheit nicht angenommen haben, eine wirksame Kraft des Irrwahns, dass sie der Lüge glauben werden (2. Thes 2,9-12).

> Vers 14: *Du aber bleibe in dem, was du gelernt hast, und wovon du völlig überzeugt bist, da du weißt, von wem du gelernt hast.*

Zum zweiten Mal in diesem Kapitel und in diesem Brief ruft der Apostel seinem jungen Mitarbeiter zu: „Du aber!" Aber während er Timotheus in Vers 10 an das erinnerte, was dieser genau erkannt hatte, fordert er ihn nunmehr auf, dasjenige, was er gelernt hatte, festzuhalten und darin zu leben. Dieser zweite Aufruf geht also einen Schritt weiter als der erste, denn es ist auch in geistlichen Dingen leichter, etwas zu erkennen, als es dann in der Praxis zu verwirklichen. Ein Kind Gottes kann jedoch nur dann geistlich wachsen, wenn beides vorhanden ist: das Erkennen der Wahrheit und das Bleiben in dem Gelernten.

Paulus wusste außerdem, dass Timotheus von dem Gelernten völlig überzeugt war. Er hatte es ja in Gegenwart vieler Zeugen von dem Apostel gehört (Kap 2,1). Das durch „völlig überzeugt sein" übersetzte griechische Wort *pistous-*

thai ist eine Ableitung von *pistos* „treu, zuverlässig", das wiederum eng verwandt ist mit dem Wort *pistis* „Glaube". Diese völlige Überzeugung von dem, was Timotheus gelernt hatte, beruhte auf der Tatsache, dass er wusste, von wem er gelernt hatte. Es war der Apostel Paulus und vielleicht die Übrigen, die der Herr auserwählt hatte, um von seiner Gnade und Wahrheit zu zeugen. Hierzu sagt J. N. Darby: „Die Sicherheit beruht auf der Gewissheit des *unmittelbaren* Ursprungs der Lehre, die er empfangen hat, sowie auf den Schriften, die ihm als verbürgte und inspirierte Dokumente gegeben sind, und die den Willen, die Handlungen, die Ratschlüsse und die Natur Gottes offenbaren. Wir bleiben in dem, was wir gelernt haben, weil wir wissen, von wem wir gelernt haben. Dieser Grundsatz ist einfach, aber wichtig. Wir machen Fortschritte in der Erkenntnis Gottes, aber wir werden – insofern wir von Gott belehrt worden sind – dasjenige, was wir aus einer unmittelbar göttlichen Quelle empfangen haben, niemals wegen irgendwelcher neuer Meinungen aufgeben. Unter einer unmittelbar göttlichen Quelle verstehe ich eine Person, der Gott selbst die Wahrheit durch Offenbarung mitgeteilt hat, mit der gleichzeitigen Vollmacht, diese Wahrheit zu verkündigen. In diesem Fall nehme ich das Gesagte als göttliche Meinung an (wenn ich weiß, dass der Redende von Gott beauftragt ist). Zwar bleiben die Schriften immer als Prüfstein bestehen, wenn aber, wie im Fall der Apostel, jemand als Diener Gottes erwiesen und von Ihm begabt ist, Seine Gedanken mitzuteilen, dann nehme ich das, was er in Ausübung seines Dienstes sagt, als von Gott kommend an. Hier ist nicht die Rede von der Versammlung. Sie kann nicht das Gefäß sein, dem die göttliche Wahrheit unmittelbar von Gott mitgeteilt wird; damit werden einzelne Personen betraut. Wir haben gesehen, dass es das Teil der Versammlung ist, die Wahrheit, nachdem sie mitgeteilt worden ist, zu bekennen, nicht sie mitzuteilen. Wir sprechen hier von einer Person, der und durch die Gott die Wahrheit unmittelbar offenbart, wie im Fall der Apostel und Propheten. Gott hat ihnen als zu diesem Zweck erwählten Gefäßen das mitgeteilt, was Er der Welt mitteilen wollte, und sie haben es weitergegeben. Nur wer es selbst von Gott als Offenbarung empfangen hatte, konnte dies tun. Andernfalls ist der Mensch daran beteiligt.

Dann könnte ich nicht sagen: Ich weiß, von wem ich gelernt habe und dabei das Bewusstsein haben, dass es unmittelbar von Gott und durch göttliche Offenbarung kommt.

Wenn Gott der Versammlung selbst etwas mitzuteilen hatte, tat Er es durch Männer wie Paulus, Petrus usw. Die Versammlung setzt sich aus Einzelpersonen zusammen und kann als Ganzes, als Versammlung, keine göttliche Offenbarung empfangen, außer wenn alle gemeinsam eine göttliche Stimme hören würden, was jedoch nicht Gottes Weise ist. Der Heilige Geist teilt einem jeden insbesondere aus, wie Er will. So gibt es Propheten, und der Geist sagt: „Sondert mir nun Barnabas und Paulus aus." Christus hat den Menschen Gaben gegeben, die einen als Apostel und andere als Propheten usw. Dementsprechend sagt der Apostel hier nicht: „wo", sondern „von wem du gelernt hast".

Dies ist also für den Menschen Gottes die erste Grundlage der Gewissheit, Kraft und Überzeugung im Blick auf die göttliche Wahrheit, die ihm nicht unmittelbar offenbart worden ist. Paulus und andere waren die von Gott zu dieser besonderen Gnade erwählten Werkzeuge; aber er weiß, von wem er gelernt hat, nämlich von jemand (in diesem Fall Paulus), dem die Wahrheit unmittelbar durch Inspiration kundgetan worden ist, und der von Gott die Vollmacht zur Weitergabe hat, so dass diejenigen, die von ihm lernen, wissen, dass es göttliche Wahrheit ist, genau wie Gott sie mitgeteilt hat sowie in der Form, in der Er sie mitteilen wollte, vgl. 1. Korinther 2" (J. N. Darby, Collected Writings 5, S. 146 f).

Vers 15: *Und weil du von Kind auf die heiligen Schriften kennst, die imstande sind, dich weise zu machen zur Errettung durch (den) Glauben, der in Christus Jesus ist.*

Als zusätzlichen Grund führt Paulus noch die Tatsache an, dass Timotheus von Kind auf die heiligen Schriften kannte. Paulus kannte die Mutter und Großmutter des Timotheus und deren Glauben (Kap 1,5). So war Timotheus schon als Kind in den heiligen Schriften unterwiesen worden. Damit sind die Schriften des AT gemeint. Die neutestamentlichen Schriften waren zur Zeit, als Paulus diesen Brief schrieb, ja erst im Entstehen begriffen.

Dieser Vers wirft also ein besonderes Licht auf die Botschaft des AT. Bei der Betrachtung von Kapitel 1,9 und 2,10 haben wir bereits erwähnt, dass die Errettung (oder: Seligkeit, Heil, griech. *soteria*), im NT von drei Gesichtspunkten aus beleuchtet wird. Hier sehen wir, welche Rolle das Wort Gottes dabei spielt. Es ist wichtig, was wir glauben. Dazu sind die heiligen Schriften (ein Ausdruck, der nur hier vorkommt und auch von dem jüdischen Schriftsteller Josephus für das AT verwendet wird) erforderlich.

Ein deutliches Beispiel dafür, dass die alttestamentlichen Schriften weise machen zur Errettung durch den Glauben, der in Christo Jesu ist, finden wir in Galater 4,21-31. Der Apostel Paulus ruft dort den Galatern, die in Gefahr standen, aus der Gnade zu fallen, zu: „Sagt mir ... hört ihr das Gesetz nicht?" Die vorbildlichen Gestalten eines Abraham, einer Sara und Hagar geben uns zusätzliches Verständnis über die christliche Errettung, die wir aus dem NT kennen. Dies kann jedoch nur geschehen „durch (den) Glauben, der in Christus Jesus ist". Der Herr Jesus wird hier nicht als der Gegenstand des Glaubens gesehen, an den man glaubt, sondern als das Fundament, in dem der Glaube ruht (vgl. Gal 3,26; 1. Tim 3,13).

Vers 16: *Alle Schrift ist von Gott eingegeben und nützlich zur Lehre, zur Überführung, zur Zurechtweisung, zur Unterweisung in (der) Gerechtigkeit,*

Im NT werden zwei Worte zur Bezeichnung des geschriebenen Wortes benutzt: *gramma* (eigentl. Buchstabe, Brief) und *graphe* (eigentl. das Geschriebene, die Schrift). Das erste Wort wird nur einmal in Verbindung mit dem Wort „heilig" in Vers 15 für die Schriften des AT gebraucht; in Johannes 5,47 werden damit die Schriften des Mose bezeichnet. Sonst kommt dieses Wort im NT nur in seinem ursprünglichen Sinn „Buchstabe, Brief" (Röm 2,27 u. 29; 7,6; Apg 28,21; Gal 6,11), und „Gelehrsamkeit" vor (vgl. Joh 7,15; Apg 26,24). Das Wort *graphe* wird im NT mehr als fünfzigmal verwendet, und zwar ausschließlich für das geschriebene Wort Gottes. Im Plural bezeichnet es die Gesamtheit der alttestamentlichen Schriften, z.B. Matthäus 21,42; Johannes 5,39, teilweise jedoch auch schon die im Entstehen begriffenen Schriften des NT (vgl. Röm 16,26; 2. Pet 3,16). Im Singular wird das Wort *graphe* meist für eine einzelne Schriftstelle des AT gebraucht (z.B. Mk 12,10; Lk 4,21). In 1. Timotheus 5,18 werden zwei Schriftstellen angeführt, die eine aus 5. Mose 25,4 und die andere aus Lukas 10,7. Hieraus entnehmen wir, dass das Lukasevangelium ebenso wie die alttestamentlichen Schriften von dem inspirierten Apostel bereits zur damaligen Zeit als zur Heiligen Schrift gehörig anerkannt und bezeichnet wurde.

Auch in unserem Vers wird das Wort *graphe* im Singular für die heiligen Schriften des AT, die bereits bei den Juden als

Kanon anerkannt waren, und diejenigen Schriften des NT, die wie das Lukasevangelium und die Schriften des Apostels Paulus (vgl. 2. Pet 3,16) bei der Abfassung des 2. Timotheus-Briefes vorlagen, verwendet. Gott selbst hat dafür gesorgt, dass Sein Wort, so wie Er es wollte, niedergeschrieben und aufbewahrt wurde. An verschiedenen Stellen der Schrift können wir die Art des Wirkens Gottes in dieser Hinsicht erkennen. Als Mose die Stiftshütte, das Zelt der Zusammenkunft, aufgerichtet hatte, nahm er das „Zeugnis", d.h. die Zehn Gebote, und legte sie nach dem Geheiß Gottes in die Bundeslade (2. Mo 40,20; vgl. 5. Mo 31,24-26). Gott hat Sorge dafür getragen, dass die von Ihm inspirierten Schriften in die Bibel aufgenommen wurden.

Wie bereits erwähnt, wird das Wort *graphe* nur für die Bücher der Heiligen Schrift verwendet. Wir erfahren nun weiterhin, dass alle Schrift von Gott eingegeben (griech. *theopneustos*) ist. Dieses Wort setzt sich zusammen aus *theos* „Gott" und *pneo* „hauchen", wovon auch das Wort *pneuma* (Windhauch, Geist) abgeleitet ist. Kein Mensch, sondern Gott ist der Urheber aller Schrift. Sie ist von Ihm eingehaucht, d.h. eingegeben. Wie dies geschehen ist, erfahren wir allerdings nicht an dieser Stelle. Dazu führen wir für das AT 2. Petrus 1,21 an: „Denn die Weissagung wurde niemals durch den Willen des Menschen hervorgebracht, sondern heilige Männer Gottes redeten, getrieben vom Heiligen Geist." Hier ist zwar speziell von den prophetischen Schriften die Rede, aber der Grundsatz gilt für das gesamte AT (und auch für das NT). Gott selbst suchte sich Seine Werkzeuge, „heilige Männer Gottes" aus, und diese wurden durch Seinen Heiligen Geist getrieben, die Worte niederzuschreiben, die Er ihnen eingab.

Im 1. Korintherbrief teilt Paulus uns mit, dass auch die Werkzeuge Gottes, die die neutestamentliche Botschaft mitteilten, in gleicher Weise von Gott benutzt wurden: „Was kein Auge gesehen und kein Ohr gehört hat ... nicht in Worten, gelehrt durch menschliche Weisheit, sondern in Worten, gelehrt durch den Geist, mitteilend geistliche Dinge durch geistliche Mittel" (1. Kor 2, 9-13).

Eine weitergehende Offenbarung über das Wesen der Inspiration der Heiligen Schrift besitzen wir nicht. Wir wissen, dass Gott uns in Seinem Wort alles mitgeteilt hat, was für uns als Menschen wichtig zu wissen ist. Wenn wir uns vor diesem Wort beugen, können wir an seinen Wirkungen erkennen, dass es *Gottes Wort* ist. Wäre es nicht absurd, wenn wir mit einer Lampe versuchten, die Sonne anzustrahlen, um diese besser zu sehen und zu erkennen? Das Licht der Sonne ist so viel stärker als das armselige Licht auch der stärksten Lampe, dass wir damit nichts erreichen würden. Ebenso wenig können wir mit unserem Verstand erklären, auf welche Weise Gott Seine Knechte bei der Abfassung der heiligen Schriften benutzt hat. Aber wir können Sein Wirken dankbar anerkennen. Gott selbst hat sich in Seinem Wort offenbart und uns den Weg gezeigt, auf dem verlorene Menschen gerettet werden können.

Bei einem Vergleich der einzelnen Bibelbücher erkennen wir leicht, dass große Unterschiede in der Ausdrucksweise vorhanden sind. Daran sehen wir, dass die Schreiber keine Roboter waren, die blind oder mechanisch wie eine Maschine das niedergeschrieben haben, was der Geist Gottes wollte. Im Gegenteil sehen wir deutlich, dass die einzelnen Schreiber ihren persönlichen Stil behalten haben. Ein Lukas hatte eine andere Art zu schreiben als ein Johannes und ein Paulus. Die Inspiration war nicht mechanisch, wie von manchen Kritikern der Heiligen Schrift argumentiert wird. Andererseits war es jedoch auch nicht so, dass Gott die Schreiber zwar als Personen berufen und „inspiriert" hat, während es ihnen selber überlassen blieb, was sie schrieben. Dann wären zwar die Menschen „inspiriert", nicht aber die einzelnen Gedanken und Worte. In diesem Fall gäbe es keinerlei Sicherheit, ob das geschriebene Wort auch wirklich das von Gott gewollte ist. Paulus sagt jedoch, dass auch die Worte *durch den Heiligen Geist gelehrt,* eingegeben sind (l. Kor 2,13).

Als Nächstes wird mitgeteilt, wozu die von Gott eingegebene Schrift nütze ist. Das erste und wichtigste Ziel ist die *Lehre.* Auch in Vers 10 wird die Lehre als Erstes und Wichtigstes erwähnt. Dort war es die besondere Offenbarung der Gedanken Gottes, die Paulus gegeben wurde; hier, wo das AT eingeschlossen ist, ist der Begriff „Lehre" allgemeiner zu sehen.

Die Schrift ist auch nützlich zur *Überführung.* Wenn das Verhalten an diesem göttlichen Maßstab gemessen wird, werden die Gedanken, Worte und Taten beurteilt und aufgedeckt. „Denn das Wort Gottes ist lebendig und wirksam und schärfer als jedes zweischneidige Schwert, und durchdringend bis zur Scheidung von Seele und Geist, sowohl der Gelenke als auch des Markes, und ein Beurteiler der Gedanken und Gesinnungen des Herzens; und kein Geschöpf ist vor ihm unsichtbar, sondern alles bloß und aufgedeckt vor den Augen dessen, mit dem wir es zu tun haben" (Heb 4,12-13).

Das Wort Gottes überführt den Menschen jedoch nicht nur, sondern dient auch zur „Zurechtweisung". Es legt nicht nur den Finger auf Sünde und Versagen, sondern zeigt auch den rechten Weg für das Volk Gottes. „Dein Wort ist Leuchte meinem Fuß und Licht für meinen Pfad" (Ps 119,105).

Schließlich dient das Wort Gottes zur *Unterweisung in (der) Gerechtigkeit.* Es erleuchtet und belehrt uns über unser Verhältnis zu Gott und die damit verbundene Verantwortung, aber ebenso im Blick auf die Geschwister und die Menschen im Allgemeinen. Das Wort Gottes ist die einzige, aber auch die vollkommene Quelle der Belehrung für Sein Volk auf der Erde.

Vers 17: *Damit der Mensch Gottes vollkommen sei, zu jedem guten Werk völlig geschickt.*

Der Ausdruck „Mensch Gottes" (vgl. 1. Tim 6,11) kommt bereits im AT als „Mann Gottes" mehrfach vor, und zwar besonders in Verbindung mit Mose (5. Mo 33,1), dem Mann Gottes von Juda (1. Kön 13,1), Elia (1. Kön 17,18), und Elisa (2. Kön 5,8). Der Mann Gottes steht für die Interessen Gottes in Tat und Wahrheit ein, wenn auch nur in Schwachheit. Im NT finden wir diesen Ausdruck nur in den beiden Briefen an Timotheus; im ersten Brief wird Timotheus selbst so angeredet, während hier alle damit gemeint sind, die in den letzten Tagen in treuer und heiliger Hingabe an Gott leben.

Das hier verwendete Wort für „vollkommen" (griech. *artios*) bedeutet „von rechter Beschaffenheit, so wie jemand seiner Naturanlage nach sein soll", während das sonst gebrauchte Wort *teleios* mehr die Bedeutung von „erwachsen" hat. Wir haben in Kapitel 2 gesehen, dass derjenige, der sich von den Gefäßen zur Unehre reinigt, ein Gefäß zur Ehre, geheiligt, nützlich dem Hausherrn, zu jedem guten Werk bereitet ist. Hier sehen wir, dass die Kenntnis der Gedanken Gottes, wie wir sie in der Schrift finden, ebenso notwendig ist, damit der Mensch Gottes zu jedem guten Werk völlig geschickt sein kann. Aus Kapitel 2 lernen wir, dass das Gefäß geheiligt, und aus Kapitel 3, dass es mit der Kenntnis des Wortes Gottes gefüllt sein muss, um im Dienst des Herrn nützlich zu sein. So war es bei Timotheus, und dasselbe gilt auch für jeden, der auf demselben Weg wandeln möchte.

Der treue Herr eines treuen Dieners

2. Timotheus 4

Vers 1: *Ich bezeuge ernstlich vor Gott und Christus Jesus, der da richten wird Lebendige und Tote, und bei seiner Erscheinung und seinem Reich.*

Im vorigen Abschnitt (Kap 3,14-17) hatte der Apostel von der vollkommenen Zurüstung des Dieners durch das inspirierte Wort Gottes gesprochen. Daran schließen die ersten fünf Verse von Kapitel 4 an, in denen Timotheus zur ernsten und sorgfältigen Ausübung seines Dienstes angehalten wird. Es besteht also ein enger Zusammenhang zwischen diesen beiden Abschnitten.

Wie schon in 1. Timotheus 5,21, bezeugt Paulus in ernster und feierlicher Weise vor Gott, der höchsten Autorität, der auch „alles in allen wirkt" (1. Kor 12,6) und vor Christus Jesus, dem auferstandenen und verherrlichten Menschen, der Lebendige und Tote richten wird (vgl. 1. Pet 4,5), damit auch Timotheus sich seiner Aufgabe und des Ernstes der Lage völlig bewusst ist. Gott hat einen Tag gesetzt, an dem Er den Erdkreis richten wird in Gerechtigkeit durch einen Mann, den Er dazu bestimmt hat, und hat allen den Beweis davon gegeben, indem er Ihn auferweckt hat aus den Toten. Er hat Ihm Gewalt gegeben, Gericht zu halten, weil Er des Menschen Sohn ist (Apg 17,31; Joh 5,27). Nicht die Gläubigen kommen in dieses Gericht (Joh 3,18; 5,24), wenn sie auch vor dem Richterstuhl des Christus offenbar werden müssen (2. Kor 5,10; vgl. Röm 14,10). Das Gericht der Lebendigen, von dem hier die Rede ist, nimmt seinen Anfang in dem Augenblick, wenn der Sohn des Menschen kommen wird in Seiner Herrlichkeit und alle Engel mit Ihm, wenn Er auf Seinem Thron der Herrlichkeit sitzen wird und vor Ihm alle Nationen der Erde versammelt werden und Er sie voneinander scheiden wird, wie der Hirte die Schafe von den Böcken scheidet (Mt 25,31-46). Bevor das tausendjährige Friedensreich beginnen kann, wird der Herr Jesus alle dann lebenden Menschen danach beurteilen und richten, wie sie Seine Brüder, die Boten des Evangeliums des Reiches, aufgenommen und behandelt haben. Aber wie wir aus dem AT wissen, wird dieses Gericht der Lebendigen auch während des tausendjährigen Friedensreiches fortgesetzt werden. Im vierten Psalmbuch (Ps 90-106), wo wir die Einführung des Erstgeborenen in den Erdkreis und Seine Herrschaft finden, heißt es in Psalm 101,8: „Jeden Morgen will ich vertilgen alle Gesetzlosen des Landes, um aus der Stadt des Herrn auszurotten alle, die Frevel tun", und in Jesaja 66,24: „Und sie werden hinausgehen und sich die Leichname der Menschen ansehen, die von mir abgefallen sind; denn ihr Wurm wird nicht sterben und ihr Feuer nicht erlöschen, und sie werden ein Abscheu sein allem Fleisch."

Aber nach den tausend Jahren, bevor der Sohn des Menschen Seinem Gott und Vater das Reich übergibt, wird Er das Gericht über die Toten ausüben. Alle Toten, die im Unglauben gestorben sind, werden vor dem großen weißen Thron erscheinen und nach ihren Werken gerichtet werden. Dann wird es für sie keine Gnade, sondern nur noch Gericht, den zweiten Tod im Feuersee geben (Off 20,11-15).

Die Kenntnis dieser Gerichte sollte für Timotheus ein Ansporn zur Liebe in der Ausübung seines Dienstes sein. Sie stellte ihm einerseits den ganzen Ernst der Dinge vor, aber zum anderen sollten seine Hände gestärkt werden durch das Bewusstsein der Verbindung mit dem Herrn, der diese Gerichte ausübt, und durch das persönliche Verantwortungsbewusstsein.

Die Tatsache, dass der Mensch Christus Jesus Lebendige und Tote richten wird, ist eng mit Seiner Erscheinung und Seinem Reich verknüpft. Wenn im NT von der Wiederkunft des Herrn Jesus aus dem Himmel die Rede ist, werden drei verschiedene Worte gebraucht. Das allgemeinste ist „Ankunft" (griech. *parousia*), das sich entweder auf das Kommen Christi zur Entrückung der Braut (z.B. 1. Thes 4,15; 2. Thes 2,1) oder auf Seine Erscheinung auf der Erde beim Anbruch des Tausendjährigen Reiches beziehen kann (z. B. Mt 24,3; 1. Thes 2,19 und 3,13). Zweitens wird das Wort „Offenbarung" (griech. *apokalypsis*) u.a. auch für die Erscheinung des Herrn Jesus mit den Seinen in Herrlichkeit gebraucht (z. B. 2. Thes 1,7; 1. Pet 1,13). Drittens finden wir das auch in unserem Vers vorkommende Wort „Erscheinung" (griech. *epiphaneia*), wenn es sich um das Wiederkommen des Herrn Jesus in Herrlichkeit handelt (vgl. 2. Thes 2,8: „Erscheinung seiner Ankunft"; 1. Tim 6,14; 2. Tim 4,8; Tit 2,13). Mit der „Erscheinung unseres Heilandes Jesus Christus" in 2. Timotheus 1,10 ist jedoch ausnahmsweise Sein Kommen in Niedrigkeit vor nunmehr fast zweitausend Jahren gemeint.

Der Apostel Paulus erinnert Timotheus hier also nicht an die Entrückung der Versammlung und die damit verbundenen herrlichen Vorrechte, sondern an die Erscheinung des Herrn Jesus, die in Verbindung mit unserer Verantwortung steht. Was vor dem Richterstuhl Christi von Ihm als wertvoll beurteilt wurde, wird bei Seiner Erscheinung in Herrlichkeit gesehen und bewundert werden (vgl. 2. Thes 1,10; 1. Pet 1,7).

Wenn dann der Herr auf der Erde erscheint, werden wir mit Ihm in Herrlichkeit erscheinen. Es wird die Herrlichkeit des Reiches sein, von der Er Seinen Jüngern einen Vorgeschmack auf dem Berg der Verklärung gab. Dieses Königreich von tausend Jahren wird für diese Welt etwas völlig Neuartiges darstellen. Nur diejenigen, die den König, den Messias, im Glauben unter großen Trübsalen erwartet haben, können in dieses Reich hineingehen. Der bei Seinem ersten Kommen auf die Erde verworfene und getötete König wird in Gerechtigkeit und Frieden regieren, während Satan gebunden ist. Dieses Reich beginnt bei der Erscheinung des Herrn auf der Erde und endet in dem Augenblick, „wenn er das Reich dem Gott und Vater übergibt" (1. Kor 15,24). Die Stellung der Seinigen in diesem Reich wird ihrer Treue im Dienst während ihres Erdenlebens entsprechen (vgl. Lk 19,12-27). Welch eine feierliche Ermahnung des Apostels an seinen jungen Mitarbeiter! Er ruft gleichsam Gott und Christus Jesus als Richter und Belohner zum Zeugen an, um Timotheus an den Ernst seiner Aufgabe als Prediger zu erinnern.

> Vers 2: *Predige das Wort, halte darauf zu gelegener und ungelegener Zeit; überführe, weise ernstlich zurecht, ermahne mit aller Langmut und Lehre.*

Der Auftrag an Timotheus lautet einfach: „Predige das Wort (griech. *logos*)." Ähnlich hatte einst der große Lehrer und Prophet von sich selbst gesagt: „Der Sämann sät das Wort" (Mk 4,14). Dieses Wort kannte Timotheus aus den heiligen Schriften und aus dem, was er von dem Apostel Paulus gelernt hatte und wovon er völlig überzeugt war, wie wir in Kapitel 3,14-17 gesehen haben. Dieses Wort ist die Gesamtheit der offenbarten Wahrheit Gottes (vgl. 1. Thes 1,6; Gal 6,6). Timotheus konnte sich als Verkündiger seine Botschaft nicht aussuchen. Er hatte von seinem Herrn eine Botschaft erhalten und sollte nur diese predigen. Das griechische Wort für „predigen" *(kerysso)* bedeutet eigentlich die offizielle Verkündigung einer Mitteilung des Kaisers oder einer anderen Regierungsstelle in einer öffentlichen Versammlung. So sollte auch die Predigt des Timotheus von der Würde und dem Bewusstsein gekennzeichnet sein, dass seine Autorität von dem König der Könige herrührte.

Nach dem „Was" folgt nun das „Wann": „Halte darauf zu gelegener und ungelegener Zeit." Timotheus sollte zu jeder Zeit darauf halten, d.h. darauf bestehen. Für ihn gab es keine gelegene oder ungelegene Zeit, denn „siehe, jetzt ist die wohlangenehme Zeit, siehe, jetzt ist der Tag des Heils" (2. Kor 6,2; Eph 5,16; Kol 4,5). Aber wie oft mochte es ihm so ergehen wie Paulus vor Felix, der, als Paulus über Gerechtigkeit und Enthaltsamkeit und das kommende Gericht redete, mit Furcht erfüllt wurde und antwortete: „Für jetzt gehe hin; wenn ich aber gelegene Zeit habe, werde ich dich rufen lassen" (Apg 24,25)!

Schließlich erteilt Paulus dem Timotheus Ratschläge über das „Wie". Er sollte das Wort nicht nur predigen, was ja einen allgemeinen Charakter trägt, sondern (im Blick auf die Gefahr, die uns im nächsten Vers geschildert wird) gezielt auch zu den Einzelnen sprechen. „Überführen" (vgl. Kap 3,16 und 1. Tim 5,20) ist ein Appell an das Gewissen, der zur Erkenntnis und zum Bekenntnis der Schuld führt. „Ernstlich zurechtweisen" (vgl. Mk 8,33) ist bei denen angebracht, die Widerstand leisten und dadurch der Wahrheit entgegenstehen. Dieses Wort kommt außer an dieser Stelle und in Judas 9 nur in den synoptischen Evangelien vor, wo es häufig durch „bedrohen" übersetzt wird (z.B. Mt 12,16; Mk 1,25; Lk 4,35). Das Wort „ermahnen" (griech. *parakaleo*) hat auch die Bedeutungen „bitten" (Mt 8,34) und „trösten" (2. Kor 1,4). Das zeigt uns, dass bei allem Ernst Liebe und Milde walten sollen.

Diese Arbeit erforderte *alle* Langmut, d.h. Geduld und Ruhe, aber auch Festigkeit. Nur so ist der Diener überzeugend, ohne dass Widerstand oder Feindseligkeit entsteht. Aber er selbst darf dabei nicht von der Lehre abweichen, die in dem inspirierten Wort Gottes enthalten ist, von dem der Apostel einige Verse zuvor gesprochen hat. Bei dem Wort „Lehre" (griech. *didache*) liegt hier die Betonung mehr auf dem aktiven Belehren, Unterweisen.

> Verse 3-4: *Denn es wird eine Zeit sein, da sie die gesunde Lehre nicht ertragen, sondern nach ihren eigenen Begierden sich selbst Lehrer aufhäufen werden, indem es ihnen in den Ohren kitzelt; und sie werden die Ohren von der Wahrheit abkehren, sich aber zu den Fabeln hinwenden.*

In 1. Timotheus 4, Titus 1 und 1. Petrus 2 werden die Leser vor falschen Lehrern gewarnt. Hier stehen jedoch nicht die Führer im Vordergrund, sondern diejenigen, die „die gesunde Lehre nicht ertragen, sondern nach ihren eigenen Begierden sich selbst Lehrer aufhäufen werden". Zwar war diese Zeit damals noch nicht angebrochen, aber der Apostel sah sie deutlich voraus. Einem aufrichtigen Kind Gottes ist die gesunde Lehre (Tit 1,9; 2,1) immer willkommen. Aber wenn diese Lehre und diejenigen, die sie bringen, nicht mehr ertragen werden, sondern man sich nach eigenen Begierden Lehrer aufhäuft, so kommt dieser Wunsch nicht aus einem von dem Herrn geübten Gewissen, sondern daher, dass „es ihnen in den Ohren kitzelt". In diesem Vers wird ein anderes Wort für „Lehre" (griech. *didaskalia*) verwendet. Es bezeichnet hauptsächlich dasjenige, was gelehrt wird, und weist somit auf die Autorität des Lehrers zurück.

Diese gesunde Lehre gründet sich auf die Wahrheit, die Gesamtheit der offenbarten Gedanken Gottes, besonders im Blick auf das Christentum. Immer wieder hatte der Apostel in diesem Brief darauf hingewiesen, wie wichtig es war, dass

Timotheus daran festhielt (Kap 1,13; 2,2.15.24-25; 3,10.14-17). Wie muss daher den Apostel Paulus der Gedanke bewegt haben, dass es eine Zeit geben würde, in der die Menschen ihre Ohren von dieser Wahrheit abkehren und sich zu den Fabeln hinwenden würden!

Schon im ersten Brief hatte Paulus den Timotheus vor „Fabeln und endlosen Geschlechtsregistern" (Kap 1,4) und „altweibischen Fabeln" (Kap 4,7) gewarnt. In Titus 1,14 sind es „jüdische Fabeln und Gebote von Menschen", zu denen man sich hinwandte, anstatt an der Wahrheit festzuhalten. Aber auch die griechische Welt war reich an solchen Fabeln (griech. *mythos*) über die Welt der Götter und Halbgötter. Die Gefahren kamen also aus zwei Richtungen, dem jüdischen Aberglauben und der heidnischen, besonders der griechischen Gedankenwelt.

Die Worte „sich hinwenden" können auch übersetzt werden: „hingewandt werden". Es ist ein sehr ernster Gedanke, dass jemand, der sich bewusst von der Wahrheit abwendet und sich dadurch der Wirksamkeit des Geistes Gottes entzieht, in die Gewalt Satans, des großen Verführers gerät und damit dessen willenloses Werkzeug wird (vgl. Kap 2,26). Wer sich von dem Herrn und Seiner Wahrheit abwendet, hat das Ende nicht mehr in der Hand!

> Vers 5: *Du aber sei nüchtern in allem, leide Trübsal, tu (das) Werk eines Evangelisten, vollführe deinen Dienst.*

Zum drittenmal in diesem Brief begegnen uns die Worte „Du aber". Beim erstenmal legte Paulus den Nachdruck darauf, dass Timotheus die für ihn notwendigen Dinge *erkannt* hatte (Kap 3,10). Danach forderte er ihn auf, in dem zu *bleiben*, d.h. zu verwirklichen, was er gelernt hatte (Kap 3,14). Hier gibt er ihm vier Ermahnungen für den *Dienst*, den er zu

tun hatte. Die gleiche göttliche Reihenfolge sehen wir auch bei Esra, der sein Herz darauf gerichtet hatte,
1. das Gesetz des HERRN zu erforschen,
2. es zu tun,
3. in Israel Satzung und Recht zu lehren (Esra 7,10).

In erster Linie musste Timotheus „nüchtern in allem" sein. Er musste sich von allen irgendwie berauschenden und falschen Einflüssen freihalten, damit er einen klaren, nüchternen Geist und Verstand behielt. Die Epheser wurden aufgefordert, sich nicht mit Wein zu berauschen, in dem Ausschweifung ist, sondern mit dem Geist erfüllt zu werden, um so wahrhaft nüchtern zu sein (Eph 5,18).

Zweitens musste Timotheus Trübsal leiden. In Kapitel 1,8 hatte Paulus ihn bereits aufgefordert, Trübsal „mit dem Evangelium" zu leiden. Er selbst schämte sich dieser Botschaft Gottes nicht, und er wünschte, dass sein Mitarbeiter ihm darin glich. In Kap 2,3 haben wir die Teilnahme an den Trübsalen als guter Kriegsmann Jesu Christi gesehen, die auch zum Los des Timotheus gehörten. Hier geht es nun nicht um das Mitleiden, sondern einzig und allein um die Bereitschaft, an seinem Platz und in seinem Dienst Trübsale (eig. „Böses") zu erdulden.

Als Nächstes lesen wir: „Tu das Werk eines Evangelisten." Er sollte also nicht nur das Wort lehren und predigen, wie wir bereits in Kapitel 2,2; 3,15 und 4,2 gesehen haben, sondern auch das Evangelium verkündigen. Es wäre jedoch falsch, hieraus ableiten zu wollen, dass Timotheus eigentlich keine Gabe als Evangelist gehabt hätte. Eher bestand die Gefahr, dass der junge Diener des Herrn durch die verschiedenen Probleme, mit denen er sich innerhalb der Versammlung zu befassen hatte, von seiner eigentlichen Aufgabe, der Verkündigung des Evangeliums, und den damit verbundenen

Überlegungen abgehalten wurde. Evangelisten werden von dem verherrlichten Herrn gegeben und haben immer einen besonderen, eigenen Platz eingenommen. Das sehen wir an den beiden anderen Stellen im NT, wo das Wort „Evangelist" vorkommt. Der Diakon Philippus ist der einzige Mann, der ausdrücklich so genannt wird (Apg 21,8), und in Epheser 4,11 werden die Evangelisten deutlich von den Aposteln und Propheten (die es nur am Anfang der Versammlungen gab) sowie von den Hirten und Lehrern unterschieden. Aber alle zusammen sind erforderlich „für das Werk des Dienstes, für die Auferbauung des Leibes des Christus, bis wir alle hingelangen zu der Einheit des Glaubens und der Erkenntnis des Sohnes Gottes …"

Die vierte Aufforderung lautet: „Vollführe deinen Dienst." Alle seine Aufgaben im Dienst für den Herrn und an den Seinigen sollte er vollständig durchführen, indem er sein ganzes Leben in der Kraft des Geistes dem Werk widmete, zu dem er berufen war.

Es ist ermunternd, in einem Brief, der von Verfall und Niedergang spricht, diesen Gedanken der Vollständigkeit und Vollendung zu finden. Im letzten Vers des dritten Kapitels haben wir gesehen, dass der Mensch Gottes *vollkommen*, zu jedem guten Werk *völlig* geschickt sein soll. Hier wird Timotheus ermuntert, seinen Dienst zu *vollführen*, und in Vers 7 sagt Paulus, dass er selbst den Lauf bereits vollendet habe. Wir neigen dazu, uns zu stark mit dem Niedergang zu beschäftigen und dadurch selbst bedrückt zu werden. Aber der Herr zeigt uns hier, dass Er Sein Werk auch unter solchen Umständen durchführen lassen und Seinen Dienern vollkommene Zurüstung dafür geben will.

Vers 6: *Denn ich werde schon als Trankopfer gesprengt, und die Zeit meines Abscheidens ist gekommen.*

Unter dem Alten Bund gab es neben den Schlacht- und Speisopfern auch Trankopfer, die aus Wein bestanden. Zu gewissen Opfern war ein Trankopfer sogar vorgeschrieben, z. B. bei dem beständigen Brandopfer, das täglich am Morgen und am Abend dargebracht werden musste (2. Mo 29,38-40). Das Trankopfer von Wein, dem Bild der Freude (Ri 9,13; Ps 104,15), bildete den Abschluss des Opfers. Dieses Bild gebraucht Paulus schon im Brief an die Philipper: „Wenn ich aber auch als Trankopfer über das Opfer und den Dienst eures Glaubens gesprengt werde, so freue ich mich …" (Phil 2,17). Durch die Tatsache, dass die Nationen dem Evangelium geglaubt hatten, wurden sie gleichsam Gott als ein Opfer dargebracht (vgl. Röm 15,16). In ihrem Glauben stellten sie sich Gott als ein lebendiges, wohlgefälliges Schlachtopfer dar. Der Apostel freute sich, als Trankopfer über dieses Opfer gesprengt zu werden, so dass das Schlachtopfer und das Trankopfer ein Gott wohlgefälliges Ganzes bildeten. Hier fehlt das „wenn" des Philipperbriefes, und Timotheus verstand, dass der Apostel auf seinen bevorstehenden Zeugentod anspielte. Wie hatte er sich im Dienst für seinen Herrn verzehrt! Nun war die Zeit seines Abscheidens gekommen; sie stand nicht bevor, wie manchmal übersetzt wird (z.B. Revid. Elberfelder Übersetzung), sondern sie war bereits da.

> Vers 7: *Ich habe den guten Kampf gekämpft, ich habe den Lauf vollendet, ich habe den Glauben bewahrt;*

Angesichts seines nahen Todes konnte der Apostel nicht von Eitelkeit oder Selbstüberschätzung zu solchen Worten geleitet werden. Wir haben es auch hier mit Aussprüchen Gottes zu tun. Der Kampf, von dem der Apostel hier spricht, ist nicht gegen die innewohnende Sünde oder das

Fleisch, wie er in Römer 7 beschrieben wird, sondern der Kampf einer Seele, die Christus vor sich sieht und die Befreiung erfahren hat. Es ist der heilige Kampf für die Herrlichkeit und Wahrheit Gottes in einer feindlichen Welt. Nur der kann ihn bestehen, der diese Wahrheit, das Glaubensgut und für sich selbst ein gutes Gewissen bewahrt (vgl. 1. Tim 1,18; 6,12).

Den Ältesten von Ephesus hatte Paulus vor seiner Abreise nach Jerusalem gesagt: „Ich nehme keine Rücksicht auf mein Leben, als teuer für mich selbst, damit ich meinen Lauf vollende ..." (Apg 20,24). Mit welchem Eifer und welcher Hingabe er sein Ziel verfolgte, wobei er sich durch nichts ablenken lassen wollte, ersehen wir aus Stellen wie 1. Korinther 9,24-27 und Philipper 3,14. Dort verwendet er ebenfalls das den griechischen Sportwettkämpfen entnommene Bild des Wettläufers, der nur ein Ziel kennt: Die Rennbahn, in der er angetreten ist, als Sieger zu verlassen (vgl. Kap 2,5). Nun konnte er auf diesen Lauf zurückblicken und sagen: „Ich habe den Lauf vollendet."

Paulus hatte auch den Glauben bewahrt. Der einmal den Heiligen überlieferte Glaube (hier mit Artikel, d.h. das Glaubensgut, die göttliche Wahrheit, vgl. Jud 3) spielt in den beiden Briefen an Timotheus eine wichtige Rolle. Die Diener sollten das Geheimnis des Glaubens in reinem Gewissen bewahren (l. Tim 3,9), und Timotheus selbst sollte durch die Worte des Glaubens genährt werden und den guten Kampf des Glaubens kämpfen (l. Tim 4,6; 6,12). Denn schon in der damaligen Zeit hatten einige, was den Glauben betrifft, Schiffbruch gelitten (l. Tim 1,19; vgl. 5,8; 6,10), und andere hatten sogar den Glauben etlicher zerstört (2. Tim 2,18). Daher ist es so wichtig, dass Paulus sagen konnte, er habe den Glauben, dieses ihm von Gott anvertraute Gut, unangetastet und rein bewahrt.

> Vers 8: *Fortan liegt mir bereit die Krone der Gerechtigkeit, die der Herr, der gerechte Richter, mir zur Vergeltung geben wird an jenem Tag; nicht allein aber mir, sondern auch allen, die seine Erscheinung lieben.*

Verantwortung und Dienst für den Herrn stehen nicht im Zusammenhang mit dem Kommen des Herrn, um die Gläubigen ins Vaterhaus aufzunehmen, sondern mit Seiner Erscheinung auf der Erde, wenn die Treue Seiner Heiligen offenbar werden wird – oder vielleicht auch nicht (vgl. 1. Kor 3,14-15). Die Entrückung der Versammlung gehört zu dem Gnadenratschluss Gottes. Jedes Glied des Leibes Christi hat diese Hoffnung (1. Kor 15,51-54; 1. Thes 4,13-18; vgl. Joh 14,2-3). Nach der Entrückung werden alle Gläubigen, die daran teilhaben, vor dem Richterstuhl Christi offenbar werden (Röm 14,10-12; 2. Kor 5,10; vgl. 1. Kor 3,12-15; 4,5). Danach, wenn die Hochzeit des Lammes stattgefunden hat (Off 19,7-8), wird der Herr mit Seinen Heiligen in Herrlichkeit auf der Erde erscheinen, um die tausendjährige Herrschaft des Friedens anzutreten (Off 19,11-20,6). An „jenem Tag" wird Er verherrlicht werden in Seinen Heiligen und bewundert in allen denen, die geglaubt haben (2. Thes 1,7-10). Der Richterstuhl, der hier mit dem Ausdruck „jener Tag" gemeint ist (vgl. Kap 1,12.18), und die Erscheinung Christi mit den Seinen auf der Erde stehen fast immer in der Schrift in engem Zusammenhang. So auch in diesem Vers.

Die Krone der Gerechtigkeit, die der Herr, der gerechte Richter, an jenem Tag zur Vergeltung für den für Ihn getanen treuen Dienst geben wird, ist das Zeichen Seiner Anerkennung eines Lebens in praktischer Gerechtigkeit für Ihn. Dabei werden nicht in erster Linie die sichtbaren Ergebnisse der Arbeit für den Herrn belohnt, sondern die Treue und Hingabe, mit der der Einzelne der ihm persönlich auferlegten Verantwortung entsprochen hat. Auch Petrus ermuntert die Ältesten bei ihrem Hirtendienst mit den Worten: „Und wenn der Erzhirte offenbar geworden ist, so werdet ihr die unverwelkliche Krone der Herrlichkeit empfangen" (1. Pet 5,4). Er weist damit ebenfalls hin auf jenen Tag, an dem die Herrlichkeit des Herrn und derer, die Ihm in ihrem Leben treu gedient haben, offenbar werden wird.

Welch ein Licht wirft der Tag, an dem wir mit Ihm in dieser Welt offenbart werden, auf unser Leben! Wir werden Ihm, dem verherrlichten Menschen, gleich sein und Ihn als den Sohn Gottes sehen, wie Er ist! „Und jeder, der diese Hoffnung zu ihm hat, reinigt sich selbst, wie er rein ist" (1. Joh 3,3). Auch Paulus besaß diese Hoffnung und liebte daher die Erscheinung seines Herrn. Aber er schließt alle, die diese Erscheinung lieb gewonnen haben und lieben, mit ein in den Ausblick auf die herrliche Belohnung, die an diesem Tag gesehen werden wird.

> Verse 9-10: *Befleißige dich, bald zu mir zu kommen; denn Demas hat mich verlassen, da er den jetzigen Zeitlauf lieb gewonnen hat, und ist nach Thessalonich gegangen, Kreszenz nach Galatien, Titus nach Dalmatien.*

Der hier beginnende Schlussteil des Briefes enthält eine Reihe interessanter persönlicher Mitteilungen des Apostels über Mitarbeiter, Freunde und ihn selbst. Aber zu allererst bringt er den Wunsch zum Ausdruck, dass Timotheus ihn bald aufsuchen möge. Bereits in Kapitel 1,4 hatte er erwähnt, dass er nach der Anwesenheit seines Kindes im Glauben verlangte, denn er war inzwischen in Rom mit Lukas allein (V. 11). Das Wörtchen „bald" erhält seine Erklärung durch Vers 21: „Befleißige dich, vor dem Winter zu kommen", denn dann würde das Reisen unter den damaligen Umständen schwierig oder gar unmöglich sein.

In Vers 10 erfahren wir, dass seine anderen bisherigen Begleiter nicht mehr bei ihm waren. „Demas hat mich verlassen, da er den jetzigen Zeitlauf lieb gewonnen hat." Noch im Brief an Philemon, den Paulus ebenfalls als Gefangener aus Rom schrieb, wurde Demas zusammen mit Markus, Aristarchus und Lukas als Mitarbeiter erwähnt (Phlm 24). Im Brief an die Kolosser, der um die gleiche Zeit geschrieben wurde, fällt uns jedoch auf, dass Paulus bei seinen Grüßen Lukas mit dem Zusatz „der geliebte Arzt", Demas jedoch nur mit Namen nennt. Vielleicht ahnte er schon, dass in Demas eine Veränderung vorging, dass seine Liebe zu dem Herrn Jesus erkaltete und die Liebe zu dem jetzigen Zeitlauf in seinem Herzen Raum gewann. Satan, der Fürst dieser Welt (griech. *kosmos*; s. Joh 14,30) und der Gott dieses Zeitlaufs (griech. *aion*, s. 2. Kor 4,4), hatte dieses Kind Gottes betört, so dass es den gegenwärtigen bösen Zeitlauf lieb gewann, aus dem der Herr Jesus die an Ihn Glaubenden herausgenommen hat, indem Er sich selbst für ihre Sünden hingegeben hat (Gal 1,4). Es wird hier nicht gesagt, dass Demas Christus verlassen oder dass Christus ihn verlassen habe. Er war und blieb ein Kind Gottes, wenn er den Herrn als seinen Erlöser angenommen hatte. Aber er hatte vergessen, dass seine Berufung, sein Bürgertum und seine Segnungen himmlisch waren und war nach Thessalonich gegangen als einer, der den jetzigen Zeitlauf lieb gewonnen hatte. Welch ein „Nachruf" für einen einstigen Mitarbeiter des treuen Apostels! Welch ein Gegensatz auch – und welch eine Warnung – für den jungen Empfänger dieses Briefes!

Von Kreszenz und Titus, die auch gegangen waren, wird uns nichts Negatives berichtet. Es gibt daher auch keinen Anlass, daran zu zweifeln, dass sie im Dienst für den Herrn ausgegangen waren.

Kreszenz wird nur an dieser Stelle im NT erwähnt. Er war nach Galatien gegangen, d.h. in die mittleren Gebiete Kleinasiens in der heutigen Türkei. Von Titus erfahren wir, dass er nach Dalmatien gegangen war. So heißt auch heute noch das Gebiet entlang der bosnisch-kroatischen Mittelmeerküste. Er hatte wohl die ihm übertragene Aufgabe in Kreta erfüllt (Tit 1,5), hatte den Apostel in Rom aufgesucht und war nun wieder fortgezogen im Dienst für den Herrn, den er einst wie Timotheus als Begleiter des Apostels Paulus begonnen hatte (vgl. Gal 2,1).

> Vers 11: *Lukas ist allein bei mir. Nimm Markus und bringe ihn mit dir, denn er ist mir nützlich zum Dienst.*

Lukas war also der einzige Mitarbeiter des gefangenen Apostels, der ihm jetzt in Rom persönlich zur Seite stand. Er ist der Schreiber eines Evangeliums, der einzigen neutestamentlichen Schrift, die im NT zitiert und dabei mit den inspirierten Schriften des AT auf die gleiche Stufe gestellt wird (vgl. 1. Tim 5,18 und Lk 10,7). Er schrieb auch die Apostelgeschichte, und zwar nicht wie das Evangelium aufgrund von mündlich überlieferten Berichten, sondern teilweise als Augenzeuge; denn er begleitete Paulus auf der zweiten Reise von Troas bis Philippi (Apg 16,10-40) und auf der dritten Reise von Philippi nach Jerusalem (Apg 20,6-21,17). Dies ist leicht an dem Wechsel der Worte „sie" und „wir" festzustellen.

Paulus wünschte, dass Timotheus auch Markus mitbringen möchte, da dieser ihm jetzt nützlich zum Dienst war. So war es nicht immer gewesen. Johannes, der Markus als Beinamen trug (Apg 12,12), kam aus Jerusalem, wo seine Mutter Maria für die Kinder Gottes ein offenes Haus hatte. Er war ein Neffe (oder Vetter) des Zypriers Barnabas (Kol 4,10; Apg

4,36). Auf der ersten Missionsreise wurden Paulus und Barnabas bis Perge von Markus begleitet. Von dort kehrte er jedoch nach Jerusalem zurück, und die beiden reisten allein weiter (Apg 13,5.13). Als sie nach einiger Zeit die zweite Reise antreten wollten, war Barnabas gesonnen, „auch Johannes, genannt Markus, mitzunehmen. Paulus aber hielt es für recht, den nicht mitzunehmen, der sich in Pamphylien von ihnen getrennt hatte und nicht mit ihnen gegangen war zu dem Werk. Es entstand aber eine Erbitterung, so dass sie sich voneinander trennten und Barnabas den Markus mitnahm und nach Zypern absegelte. Paulus aber erwählte sich Silas und zog aus, von den Brüdern der Gnade Gottes anbefohlen" (Apg 15,37-40). So kam es wegen dieses wahrscheinlich noch jungen Mannes zum Bruch zwischen zwei bewährten Dienern des Herrn. Aber die Gnade wirkte an Markus, so dass er doch noch ein brauchbares Werkzeug für seinen Herrn werden konnte. Über zehn Jahre vergingen jedoch, bis Paulus den Kolossern schreiben konnte, dass sie den Befehl erhalten hatten, Markus aufzunehmen, wenn er käme, da sie wohl – verständlicherweise – zurückhaltend waren. Dabei hebt er hervor, dass Markus jetzt zu den wenigen Mitarbeitern am Reich Gottes gehörte, die ihm ein Trost waren (Kol 4,10-11; vgl. Phlm 24). Nun aber geht er noch weiter, wenn er ihm bescheinigt, dass er gerade dazu nützlich sei, worin er früher einmal ganz versagt hatte! Darin sehen wir eine völlige Wiederherstellung! Wie Lukas wurde auch er vom Heiligen Geist benutzt, das Leben des Herrn Jesus zu beschreiben, und zwar als den vollkommenen Diener Gottes!

Vers 12: *Tychikus aber habe ich nach Ephesus gesandt.*

Gewiss deutet das Wort „aber" einen feinen Unterschied zu Kreszenz und Titus an, die aus eigener Verantwortung gegangen waren. Tychikus, der den Apostel schon früher begleitet hatte (Apg 20,4), war jetzt nochmals nach Ephesus gesandt worden. Während der ersten Gefangenschaft des Apostels war er schon einmal auf Wunsch des Apostels dort gewesen, um die Epheser über die Umstände des Paulus und seiner Begleiter zu informieren und ihre Herzen zu trösten. Er war „der geliebte Bruder und treue Diener im Herrn" (Eph 6,21.22). Mit Onesimus war er um die gleiche Zeit auch in dem nicht sehr weit entfernten Kolossä (Kol 4,7). Wie wertvoll war ein solcher Mitarbeiter für Paulus, den er zu den Versammlungen schicken konnte, um ihnen über Paulus zu berichten, sich nach ihrem Wohlergehen zu erkundigen und ihre Herzen zu trösten!

> Vers 13: *Den Mantel, den ich in Troas bei Karpus zurückließ, bring mit, wenn du kommst, und die Bücher, besonders die Pergamente.*

Es ist manchmal der Gedanke geäußert worden, dass die göttliche Inspiration der Heiligen Schrift sich nur auf geistliche Wahrheit bezieht und nicht auf äußerliche Dinge, wie die in diesem Vers beschriebenen. Dabei wird jedoch vergessen, dass Gott ein Interesse an dem ganzen Menschen nach Geist, Seele und Leib hat. Der Leib des Gläubigen ist der Tempel des Heiligen Geistes, der in ihm wohnt (vgl. 1. Thes 5,23; 1. Kor 6,19). Kein Kind Gottes darf die „täglichen Kleinigkeiten" seines Lebens aus seinem Glaubensleben ausschließen, als ob Gott daran kein Interesse hätte. Der Herr Jesus sagte Seinen Jüngern, dass selbst die Haare ihres Hauptes gezählt seien (Lk 12,7). Gott nimmt Kenntnis von den unscheinbarsten Kleinigkeiten im Leben Seiner Kinder. Paulus legte sein ganzes Leben in die Hand seines Gottes und Vaters und ist uns darin Vorbild. „Ob ihr nun esst oder trinkt oder irgendetwas tut, tut alles zur Ehre Gottes" (l. Kor 10,31).

So erwähnt er auch hier den Mantel, den er bei Karpus zurückgelassen hatte, und bittet Timotheus, ihn mitzubringen, weil der Winter bevorstand und er ihn dringend brauchen würde. Aber Timotheus sollte auch die Bücher, besonders die Pergamente, mitbringen. Wir wissen nicht, was für Bücher Paulus meinte, aber er hätte auf seinen Reisen wohl kaum irgendwo eine Buchrolle der Schriften des AT zurückgelassen. Dazu waren sie in jener Zeit viel zu kostbar. Die Bücher konnte er jetzt im Gefängnis – gewiss im Zusammenhang mit seinem Werk – gebrauchen. Das gleiche gilt für die Pergamente, um die er Timotheus mit besonderem Nachdruck bittet. Pergament war zu jener Zeit das dauerhafteste und teuerste Schreibmaterial, und daher besonders wertvoll. Wenn diese noch unbeschrieben waren, was anzunehmen ist, konnte er sie gut zur Niederschrift wichtiger Mitteilungen benutzen. Da jedoch der zweite Timotheusbrief der letzte uns bekannte Brief aus der Feder des Apostels ist, wissen wir nicht, was er mit diesen Pergamenten getan hat.

> Verse 14-15: *Alexander, der Schmied, hat mir viel Böses erwiesen; der Herr wird ihm vergelten nach seinen Werken. Vor ihm hüte auch du dich, denn er hat unseren Worten sehr widerstanden.*

In Apostelgeschichte 19,33 wird von den Juden ein Mann namens Alexander bei dem Aufruhr der Silberschmiede vorgeschoben, um die Schuld auf die Christen abzuwälzen. Möglicherweise handelt es sich hierbei um dieselbe Person, der wir dann nochmals im 1. Timotheusbrief zusammen mit Hymenäus begegnen, die Paulus dem Satan überliefert hatte, damit sie durch Zucht unterwiesen würden, nicht zu lästern (1. Tim 1,20). Auch der Name Hymenäus wird im 2. Brief an Timotheus nochmals erwähnt (Kap 2,17), so dass wohl anzunehmen ist, dass es sich bei dem in 1. Timotheus 1,20 und in diesem Vers erwähnten Alexander um die gleiche Person handelt. Von ihm muss Paulus nun sagen, dass er ihm viel Böses erzeigt habe. Er erscheint hier als ein aktiver, persönlicher Feind des Apostels. Paulus enthält sich hier der Schilderung von Einzelheiten, sondern überlässt ihn dem, den er bereits in Vers 8 als den gerechten Richter vorgestellt hat: „Der Herr wird ihm vergelten nach seinen Werken." Vor dem Richterstuhl des Christus werden die Gläubigen und – mehr als tausend Jahre später – auch die Ungläubigen offenbar werden, damit ein jeder empfange, was er in dem Leib getan hat, es sei Gutes oder Böses (2. Kor 5,10).

Auch Timotheus sollte sich vor Alexander hüten. Offensichtlich befand dieser sich in der näheren Umgebung des Timotheus und tat dort alles, um den Gläubigen und dem Werk des Herrn zu schaden. Aus der Begründung: „Denn er hat unseren Worten sehr widerstanden", schließen wir, dass außer dem Apostel auch andere Brüder, zu denen vielleicht auch Timotheus gehörte, ihn ermahnt und zurechtgewiesen hatten, aber ohne sichtbaren Erfolg. Er war und blieb daher ein zu meidendes Werkzeug Satans, wenn er nicht später noch zur Buße kam.

> Vers 16: *Bei meiner ersten Verantwortung stand mir niemand bei, sondern alle verließen mich; es werde ihnen nicht zugerechnet.*

In den folgenden drei Versen wendet der gefangene Apostel sich kurz seinen eigenen Umständen zu. Bei den Römern war es erlaubt und üblich, dass Freunde und Verwandte den

Angeklagten vor Gericht begleiteten, um als Zeugen für ihn zu plädieren oder um ihm ihre Sympathie zu bekunden. Das Wort „Verantwortung" (griech. *apologia*), das auch durch „Verteidigung" übersetzt werden kann (vgl. Phil 1,7), war ein juristischer Fachausdruck. Er bezog sich auf eine mündliche Verteidigung in einer Gerichtsverhandlung, bei der man sich gegen die vorgebrachten Beschuldigungen äußern konnte. Wie muss es den Apostel getroffen und geschmerzt haben, dass ihm bei dieser Verhandlung *niemand* beistand, sondern *alle* ihn verließen! Wie sein Herr, dessen Nachahmer er sein wollte (1. Kor 11,1), stand er völlig verlassen und allein vor seinen Anklägern. „Da verließen ihn die Jünger alle und flohen" (Mt 26,56). Paulus glich dem Herrn Jesus jedoch auch in seiner Langmut und Liebe, wenn er sagte: „Es werde ihnen nicht zugerechnet." Diese Worte galten den Brüdern, die den Apostel der Nationen in dieser Stunde höchster Not verlassen hatten. Unser Herr jedoch bat am Kreuz sogar für Seine Feinde: „Vater, vergib ihnen, denn sie wissen nicht, was sie tun" (Lk 23,34)! Aber wie mag der Herr die beurteilen, die Seine treuen Diener verlassen oder verraten?

> *Vers 17: Der Herr aber stand mir bei und stärkte mich, damit durch mich die Predigt vollbracht würde, und alle die (aus den) Nationen hören möchten; und ich bin gerettet worden aus (dem) Rachen (des) Löwen.*

Nachdem der Herr vor Damaskus in das Leben des Paulus getreten war, sprach Er zu Ananias: „Dieser ist mir ein auserwähltes Gefäß, meinen Namen zu tragen, sowohl vor Nationen als Könige und Söhne Israels. Denn ich werde ihm zeigen, wie viel er für meinen Namen leiden muss" (Apg 9,15 u. 16). Nach seiner Gefangennahme in Jerusalem stand der Herr bei ihm und sprach: „Sei guten Mutes! Denn wie du von mir in Jerusalem gezeugt hast, so musst du auch in Rom zeugen" (Apg 23,11). Diese beiden Aufgaben (wenn wir sie so nennen dürfen), seinen Dienst in Wort und Schrift zu vollbringen und für Christus und Seine Versammlung zu leiden, standen immer klar vor dem Apostel, und er identifizierte sich völlig damit. Aber dies alles konnte er nur mit der Hilfe dessen tun, der ihn kräftigte.

So erfuhr er auch in dieser schwierigen Situation, dass der Herr ihm beistand und ihn stärkte. Er hatte ja selbst gesagt, dass Paulus auch in Rom, dem Zentrum der damaligen Welt, von Ihm zeugen sollte. Aus dem Philipperbrief entnehmen wir, dass er schon vorher während seiner Gefangenschaft die Botschaft des Heils bis in die nächste Umgebung des römischen Kaisers bezeugen durfte (Phil 1,13; 4,22). Während seines wechselvollen Lebens hatte er vor Kleinen und Großen, Geringen und Mächtigen gepredigt. Jetzt stand er vor den höchsten Autoritäten des römischen Reiches, damit durch ihn die Predigt vollbracht wurde und alle Nationen sie hörten.

Der Feind versuchte, diesen hingebungsvollen Zeugen zum Schweigen zu bringen und benutzte dazu die weltliche Macht, die er als Fürst dieser Welt an sich gerissen hatte. Aber der Herr griff ein und benutzte diese Gelegenheit, damit Paulus vor seinen Feinden von dem Herrn Jesus zeugen konnte. So wurde die List des Feindes offenbar, und Gottes Pläne wurden durchgeführt. Satan hatte seinen Rachen als brüllender Löwe gegen das schwache Werkzeug aufgerissen (vgl. 1. Pet 5,8). Wenn Paulus untreu geworden wäre, hätte Satan einen Sieg errungen. Aber der Herr bewahrte ihn davor. Es ist viel darüber nachgedacht worden, wer oder was unter dem „Rachen des Löwen" zu verstehen sei. Es scheint sicher zu sein, dass Nero zu jener Zeit als Kaiser regierte. Wenn er als der große Widersacher des Paulus auftrat, so war er doch nur ein Werkzeug in der Hand Satans. An eine Rettung vor Löwen in der Arena ist hierbei nicht zu denken, da vor beiden Worten der Artikel fehlt und somit wohl nicht auf die damals üblichen Löwenkämpfe angespielt wird.

> Vers 18: *Der Herr wird mich retten von jedem bösen Werk und bewahren für sein himmlisches Reich, dem die Herrlichkeit (sei) von Ewigkeit zu Ewigkeit! Amen.*

Die Errettung aus dem Rachen des Löwen war für den Apostel ein Beweis dafür, dass der Herr ihn von jedem bösen Werk retten würde, das seine Feinde gegen ihn ersinnen mochten. In wie viel Gefahren hatte der Apostel während seines aufopferungsvollen Dienstes für den Herrn gestanden! Er schreibt den Korinthern einmal: „Denn wir wollen nicht, dass euch unbekannt sei, Brüder, was unsere Bedrängnis betrifft, die uns in Asien widerfahren ist, dass wir übermäßig beschwert wurden, über Vermögen, so dass wir sogar am Leben verzweifelten. Wir selbst aber hatten das Urteil des Todes in uns selbst, damit wir nicht auf uns selbst vertrauen, sondern auf den Gott, der die Toten auferweckt, der uns von so großem Tode errettet, auf den wir unsere Hoffnung gesetzt haben, dass er uns auch ferner erretten werde" (2. Kor 1,8-10). Die Errettung von jedem bösen Werk seiner Gegner mochte die verschiedensten Formen annehmen. Wenn Paulus nach der Überlieferung den Märtyrertod in Rom erlitt, so mag uns dies zunächst gerade als das Gegenteil einer Rettung erscheinen. Aber für ihn war der Tod, das Abscheiden, der Weg, um bei Christo zu sein und das Bild des Himmlischen zu tragen (vgl. 1. Kor 15,48-50). Der Herr würde ihn für Sein himmlisches Reich bewahren. Es ist die Seite des Reiches Gottes und Christi, die für die himmlischen Heiligen vorbehalten ist, die einmal als das

Weib des Lammes mit Ihm in Herrlichkeit auf dieser Erde erscheinen und mit Ihm tausend Jahre herrschen werden. Das Reich Gottes nahm seinen Anfang mit der Erscheinung des Messias, des gesalbten Königs auf dieser Erde. Durch seine Verwerfung von Seiten Seines irdischen Volkes nahm es eine besondere Form an, die bis zur Entrückung der Versammlung andauern wird. Jetzt befinden sich alle, die den Namen Christ tragen, äußerlich in diesem Reich. Aber nur diejenigen, die von neuem geboren sind, werden in das zukünftige Reich eingehen, sei es in das himmlische Reich, das den Gläubigen bis zur Wiederkunft des Herrn vorbehalten ist, oder das irdische tausendjährige Friedensreich (vgl. Joh 3,3 u. 5; 1. Kor 6,9-11; Eph 5,5).

Der Gedanke an diese herrliche Zukunft lässt Paulus in Lob und Preis ausbrechen: „Dem die Herrlichkeit sei von Ewigkeit zu Ewigkeit! Amen" (vgl. Röm 16,27; Eph 3,21; Phil 4,20 u. a. Stellen).

Vers 19: *Grüße Priska und Aquila und das Haus des Onesiphorus.*

Priska und Aquila waren „alte Bekannte" des Apostels Paulus. Aquila war ein Jude, der aus Pontus, dem nordöstlichen Kleinasien stammte, wo viele Juden ansässig waren. Von dem römischen Kaiser Claudius, der von 41-54 n. Chr. regierte, wurden Aquila und seine Frau Priska (Priscilla ist die Verkleinerungsform dieses Namens) aus Rom vertrieben. Der römische Geschichtsschreiber Suetonius berichtet hierüber: „Da die Juden unter ihrem Anführer Chrestos beständig Unruhe stifteten, vertrieb er sie aus Rom" (Claudius 25). Chrestos ist wahrscheinlich nur eine falsche Schreibweise für Christus, der von den Römern irrtümlicherweise als ein noch lebender geistlicher Führer der Juden betrachtet wurde. So begegnete Paulus den beiden auf seiner zweiten Reise in Korinth (Apg 18,2-3). Als Zeltmacher arbeitete Paulus bei ihnen. Dann reisten sie mit Paulus nach Ephesus, wo sie dem Apollos später eine geistliche Hilfe waren (Verse 18-26).

Sie befanden sich auch noch in Ephesus, als Paulus den ersten Korintherbrief schrieb. Bei dieser Gelegenheit erfahren wir, dass in ihrem Haus eine Versammlung war (1. Kor 16,19). Zur Zeit der Abfassung des Römerbriefes wohnten beide wieder in Rom: „Grüßt Priska und Aquila, meine Mitarbeiter in Christus Jesus (die für mein Leben ihren eigenen Hals preisgegeben haben, denen nicht allein ich danke, sondern auch alle Versammlungen der Nationen), und die Versammlung in ihrem Haus" (Röm 16,3-5). Jetzt treffen wir sie wiederum in Ephesus an. Diesen langjährigen treuen Mitarbeitern und Mitstreitern, die ihm bis zum letzten Augenblick treu geblieben waren, lässt Paulus nun Grüße durch Timotheus übermitteln.

Mit ihnen verbindet er das Haus des Onesiphorus, von dem er bereits am Anfang des Briefes geschrieben hatte (Kap 1,16-18).

Vers 20: *Erastus blieb in Korinth; Trophimus aber habe ich in Milet krank zurückgelassen.*

Erastus war Timotheus gut bekannt. Gemeinsam hatten sie dem Apostel in Ephesus gedient und waren von ihm nach Mazedonien vorausgesandt worden, als er sich auf seiner dritten Reise befand (Apg 19,22). Wenn der in Römer 16,23 erwähnte Stadtrentmeister Erastus dieselbe Person ist, war er wieder mit Paulus und Timotheus in Korinth vereint (vgl. Vers 21). Später scheint er dann nochmals mit Paulus gereist zu sein; zur Zeit der zweiten Gefangenschaft des Apostels blieb er dann aber in Korinth. Vielleicht hätte der Apostel ihn gern in dieser schweren Zeit bei sich gehabt, und vielleicht hatte er ihm, wie früher einmal Apollos, viel zugeredet (vgl. 1. Kor 16,12). Aber niemand wusste besser als Paulus, dass jeder Diener seinem Herrn persönlich verantwortlich ist. Deshalb hütete er sich, in dieses Verhältnis irgendwie einzugreifen. So blieb Erastus in Korinth.

Ganz anders lag der Fall bei Trophimus, den Paulus in Milet krank zurückgelassen hatte. Auch Trophimus war ein Bruder, der Paulus bereits verschiedentlich begleitet hatte (vgl. Apg 20,4; 21,29).

Hätte Paulus diesen Bruder nicht heilen können? Der Herr hatte ihm doch die Gabe dazu gegeben! Er hatte Lahme gesund gemacht, böse Geister ausgetrieben, und es war sogar einer, der tot aufgehoben wurde, wieder lebendig geworden (vgl. Apg 14,10; 16,18; 20,9-12; 28,8-9). Nach den Worten des Herrn in Markus 16,17-18 gehörte dies alles zu den *Zeichen*, die am Anfang der Gnadenzeit und der Ausbreitung des Evangeliums denen folgen würden, welche glaubten. Gott zeigte dadurch, dass hier nicht Menschenweisheit gepredigt und praktiziert wurde, sondern dass es sich um eine göttliche Botschaft an den Menschen handelte. So hatte Er auch Seinen Knecht Mose durch besondere Zeichen unterstützt, damit die Ägypter und das Volk Israel seine Hand erkennen konnten. In 1. Korinther 12,29 werden die Gnadengaben der Heilungen und das Reden in Sprachen bei der Aufzählung verschiedener Gaben erwähnt. Aber anders als die Gaben der Evangelisten, Hirten und Lehrer, die zur Vollendung der Heiligen, für das Werk des Dienstes, für die Auferbauung des Leibes Christi gegeben wurden, bis wir alle hingelangen zu der Einheit des Glaubens und der Erkenntnis des Sohnes Gottes (Eph 4,11-13), d.h. solange die Versammlung Gottes auf der Erde ist, dienten die vom

Herrn als Zeichen vorausgesagten, außergewöhnlichen und teilweise übernatürlichen Fähigkeiten des Heilens und des Redens in anderen Sprachen nicht der Erbauung der Gläubigen, sondern der Überführung der Ungläubigen (vgl. 1. Kor 14,22). In ganz besonderer Weise galt dies in der ersten Zeit, als das Wort Gottes noch nicht vollendet und somit die Gedanken Gottes noch nicht in ganzer Fülle offenbart waren. Aber schon der Schreiber des Hebräerbriefes muss um das Jahr 65 rückblickend sagen, dass die in Christus offenbarte Errettung „den Anfang ihrer Verkündigung durch den Herrn empfangen hat und uns von denen bestätigt worden ist, die es gehört haben, indem Gott außerdem mitzeugte, sowohl durch Zeichen als durch Wunder und mancherlei Wunderwerke und Austeilungen des Heiligen Geistes nach seinem Willen" (Heb 2,3-4; vgl. Apg 5,12). An dem Wort „mitzeugte" sehen wir, dass dies damals schon Vergangenheit war!

Das erklärt, warum wir an keiner Stelle im NT lesen, dass Gläubige auf solch eine wunderbare Weise geheilt wurden. Diese Gabe war eben nur dazu bestimmt, im Dienst des Herrn und des Evangeliums ausgeübt zu werden und in gar keinem Fall aus einem persönlichen Interesse an sich selbst oder an anderen. Auch Timotheus, der einen schwachen Magen hatte, gab Paulus daher den Rat, nicht länger nur Wasser, sondern ein wenig Wein zu trinken (l. Tim 5,23). Weder Timotheus noch der kranke Trophimus wurden von Paulus geheilt.

Die von modernen, charismatischen Krankenheilern oft angeführten Verse aus dem Jakobusbrief (Kap 5,14-16) dürfen mit der erwähnten Gabe nicht verwechselt werden. Im Jakobusbrief handelt es sich um solche Fälle, in denen die Krankheit von Gott als Züchtigung für begangene Sünden von Gläubigen auferlegt wurde. Der Weg zur Heilung geht hierbei über das Bekenntnis der Sünde und das Gebet des

Glaubens. Eine Wunderwirkung irgendwelcher Art wird hierbei überhaupt nicht erwähnt, sondern nur das Gebet des Glaubens.

Vers 21: Befleißige dich, vor (dem) Winter zu kommen. Es grüßt dich Eubulus und Pudens und Linus und Klaudia und die Brüder alle.

Durch die Abwesenheit der Brüder Erastus und Trophimus wird Paulus nochmals an seine Einsamkeit im Gefängnis erinnert. Er wiederholt daher die bereits in Vers 9 ausgesprochene Bitte, dass Timotheus zu ihm kommen möchte, aber statt „bald" schreibt er jetzt: „vor dem Winter". Das erklärt auch, warum er so großen Wert auf den Mantel legte, den er in Troas bei Karpus zurückgelassen hatte (Vers 13).

Er schließt mit den Grüßen einiger Brüder und einer Schwester, die einzeln mit Namen genannt werden, sowie von Seiten der Brüder im Allgemeinen. Gottes Weisheit ließ ihn in Vers 19 den Namen der Frau vor dem des Mannes nennen, und in Vers 21 umgekehrt. Wir wissen nichts Näheres über die hier genannten Personen. Schon in der frühesten Christenheit hat sich die Spekulation ihrer bemächtigt. So wird Linus von der Tradition als Nachfolger des Petrus und erster Papst bezeichnet, obwohl es dafür keine authentischen Zeugnisse gibt und es als gesichert gelten kann, dass Petrus in seinem ganzen Leben nie in Rom gewesen ist. Wie schnell gingen die Worte des Apostels in Erfüllung, mit denen er Timotheus vor solchen gewarnt hatte, die die Ohren von der Wahrheit abkehren und sich zu den Fabeln hinwenden würden (V. 4)!

Vers 22: Der Herr Jesus Christus (sei) mit deinem Geist! Die Gnade (sei) mit euch!

Der letzte inspirierte Wunsch des Apostels Paulus für sein Kind im Glauben ist: „Der Herr Jesus Christus sei mit deinem Geist!" Einen gleichen Gruß finden wir sonst in keinem der Briefe des Paulus. Einige Briefe, wie der an Philemon, schließen mit den Worten: „Die Gnade unseres Herrn Jesus Christus sei mit eurem Geist" (vgl. Gal 6,18; Phil 4,23), aber in seinem letzten Brief stellt Paulus zum Schluss den Herrn Jesus Christus vor, der ihn und uns geliebt hat und sich selbst für uns hingegeben hat, und dem er seit seiner Bekehrung ohne Unterlass gedient hatte. Er sollte mit dem Geist des jungen Timotheus sein und ihn stärken und leiten.

Persönlich hatte er ihm schon zugerufen: „Du nun, mein Kind, sei stark in der Gnade, die in Christus Jesus ist" (Kap 2,1). Er schließt daher mit den allgemeinen Worten: „Die Gnade sei mit euch"! Alle Briefe des Apostels Paulus enden mit diesem oder einem ähnlichen Wunsch. Die Gnade Gottes, die in Christus Jesus heilbringend für alle Menschen erschienen ist, unterweist uns, besonnen und gerecht und gottselig in dieser Zeit zu leben. Möchte sie auch immer unser Teil sein!